敦克爾克奇蹟

Dunkirk: The Complete Story of The First Step In The Defeat of Hitler

諾曼・格爾伯 著
Norman Gelb
張佩傑 譯

目次

第一篇

敦克爾克 009
序幕 013
戰爭 035
突破 059
混亂 087

第二篇

第一天 五月二十六日，星期天 135
第二天 前景堪憂 155
第三天 漫長的撤退 183
第四天 穿越鬼門關 203
第五天 迷你大艦隊 225
第六天 全民皆知 245
第七天 致命的空中攻擊 263
第八天 希望破滅 281
第九天 救出法軍 293
第十天 行動中止 303

尾聲 307
結語 313
謝誌 317

戰爭將人類天性範疇中，可接受及無法接受的人性標準加以揭示。

——格林·葛雷《戰士：沙場軍人的反省》

PART I

敦克爾克

一九四〇年五月十日破曉時刻，納粹德國的軍隊迅速地從其鄰近國家的邊界展開一場征服西歐的長征。德軍在一支可怕的坦克龐大先鋒部隊的領軍以及有史以來攻擊性威力最強的軍機大力支援下，準備完成二、三十年前在第一次世界大戰中未能達成的使命——擊潰法國並重挫不列顛。

雖然同盟國的防衛部隊已做好將被攻擊的準備，但不論在武力、戰略的運用等方面都明顯地不如德軍，因而在遭到一番猛攻之後，很快就崩潰了。在不到三個星期時間，阿道夫・希特勒這位喪心病狂且意識型態相當濃烈的德國獨裁者，達成了現代史上最為不凡的軍事勝利。不僅原先被認為是世界上最不屈不撓的戰鬥部隊——法軍處於全面崩潰的危機，就連派遣到法國協助阻撓德軍的英國遠征軍（British Expeditionary Force, BEF），也受困在法國西北海岸的敦克爾克。

對於頑強抵抗納粹德軍威脅的部隊來說，大災難的到來已是隱約可見。奧地利、捷克斯拉夫、波蘭、丹麥、荷蘭，以及盧森堡早已落入希特勒的手中。比利時大多數的地區已遭到德軍的蹂躪，正面臨著即將投降的危機。同樣地，挪威也將臣服於德軍，即使是一向高傲的法國也正準備和德國簽定喪權辱國的投降條約。

倫敦的政府官員和軍事將領不但對於橫掃法國北部的德軍之速捷和大範圍之攻擊感到震驚，而且也對於英國遠征軍在絲毫沒有預警但卻突然遭受極度危難的情形感到憂心不已。英國遠征軍涵括了英國所有可立即作戰的部隊、訓練幹部，以及經驗豐富的軍官。當他們瞭解到英國遠征軍陷於「前有追兵，後有大海」，而且幾乎不可能突破的境地時，都極為震驚。雖然戰爭才展開不久，但英國卻將面臨沒有軍隊可供運用的窘境。

英國政府已願意接受此一殘酷的事實——英軍所有的重武器裝備是注定要遭到完全毀損的噩運了。雖然如此，英國政府還是迅速地擬定各種計劃，試圖解救一些被困在法國的英國遠征軍。英國的各型船隻集結起來並橫渡英吉利海峽，以便盡可能地將部隊從敦克爾克運抵英格蘭。可是，德軍的轟炸機早已接連幾天轟炸敦克爾克的港口設施，使它們幾乎再也無法使用。而一再地向前逼進的德軍地面部隊距離敦克爾克已不過數哩之遙。即使是英軍領導階層最為樂觀的人士，也都認為此次撤退行動絕無成功的可能。英方人士認為，在德軍的圍攻行動展開之前，至多能解救出極少數的人，而根據他們的估計，大約是十分之一，也就是三萬名士兵。至於一些資深的英軍軍官則認為，事實上，沒有任何一名士兵能從德軍的圍攻中逃脫出來。

為在歐陸作戰的英軍禱告的全國禱告日已選定日期舉行，聽到消息的英國遠征軍官兵因此推論，他們被認定必會戰死。一些政府官員建議應讓英國大眾（早前有嚴格的新聞管制）先了解狀況，一旦最壞情況出現時，不會過於震驚。

很多人相信德軍將會入侵不列顛，而那些瞭解英國遠征軍困境的人則擔心英國將無可用之兵來驅退德軍。溫斯頓・邱吉爾——被任命為新首相，他在被任命時曾被倫敦的許多老一輩的保守份子斥為政治的門外漢，因而不適合擔任首相的職務——則向下議院提出預警，必須鼓起勇氣來接收「悲慘且沉重的消息」。

有些人認為那些消息過於悲慘和沉重，將令人無法承受。資淺的內閣成員哈洛德・尼古森（Harold Nicolson）和他的作家妻子維塔・莎克維爾威斯特（Vita Sackville-West）曾經考慮過要自殺。資深的外交部官員亞歷山大・凱德肯爵士（Sir Alexander Cadogan）並沒有如同常人般地陷入愁雲慘霧的情緒當中，但他也相當沮喪，以致於在日記中記載著：「假如希特勒統治英國的話，那我應該會把死亡列為最先考慮的事項。」由於英方擔心置身在敦克爾克的英軍命運，有一位資深的內閣部長；他對於邱吉爾不惜任何代價也要作戰到底的決心感到相當憤怒，呼籲必須採取行動確保能和德國獨裁者達成「體面」的和平條款，讓希特勒在重新展開征服行動之前，就先取得他在歐洲大陸的勝果。

接下來所發生的，對於直接牽涉其中的國家和軍隊產生了極大的衝擊。有許多事情是必須在敦克爾克裁定的，但沒有立即這麼做。最後決定戰爭結果的兩個國家受到非常深遠的影響。美國政府相信，由於英國已陷入極大的困境當中，這使得英國政府終究會臣服於希特勒並聽從他的指揮。華府持續面對高升的壓力——假如英國在已沒有可用之兵而且將被迫臣服於希特勒的情形之下，美國不應再坐視納粹德國掌控整個歐洲而不採取與之對抗的行動。不過，美國政府不但沒有立即運送軍需補給品給陷於掙扎狀況中的西方民主國家，反而準備派遣為數眾多的美軍部隊前往拉丁美洲，因為美國政府一直堅信，希特勒在征服西半球並在歐洲獲致勝果之後，一定會隨之計劃攻打拉丁美洲。同時，美國政府也認真地考慮，是否應該為了美國的國家安全著想，而兼併英屬西印度群島。

至於莫斯科的蘇聯政府官員也焦慮不安地觀看戰局的發展。由於蘇軍必須執行其統治者約瑟夫．史達林在整肅軍官叛變行動中逮捕或槍殺的任務，使得紅軍無法有所行動。雖然史達林在一年前曾和希特勒簽定互不侵犯條約，但納粹德國的元首仍然不斷地重申，摧毀共產政權以及征服蘇聯是他首要的目標之一。由於法國已瀕臨崩潰的地步，假如英國也遭到挫敗，那將沒有對手可以牽制住希特勒不把其注意力轉移到東線。

因此，敦克爾克的撤退行動就顯現出多重面向。若從整個撤退行動的核心來說，這是一個大規模逃離圍攻的行動；行動的結果也把原本對英國軍隊大規模失敗的結果，轉變成德國軍隊的災難，從而使其陷入似乎走向終結的陷阱。

它也是一個把龐大英軍擊敗並迫使其陷入絕境的德軍勝利轉變成將遭受大災難的部隊之撤退行動。同時，這也是一個不朽的海軍救援行動，在立即下令展開的救援行動當中，不但對於所將遭遇到的對手所知有限，事實上也判斷沒有救援成功的機會，但最後卻達成了救援的目的。就個人的層面來說，這是一個充滿了對比的撤退行動——澄澈和混淆之比，真正的膽識和深沉的沮喪之比，非凡的機敏和顯著的無能之比，無我的同袍之愛和盲目的驚惶失措之比等，所有在求生存過程中出現過的元素都包含其中。

本書在接下來的篇幅當中，也將詳加說明整個撤退行動的經過。而在敘述始末當中，吾人將發現，許多該學卻未學到的教訓，該注意卻被忽略的警訊，以及該避免卻又讓其發生的錯誤重複不斷地出現。此外，吾人也將發現，由於政府和將領們的錯誤決策，幾乎使其步入人類史上最大的災難之路，而要是沒有那十天的敦克爾克大撤退，或是大撤退未能成功的話，那勢必將演變成更大的災難。

序幕

當歐洲國家仍然未能從第一次世界大戰的廢墟和悲傷中復原過來之前，卻再度被無情地捲入另一場大浩劫。位於歐洲大陸心臟地帶的德國，不祥的宣言和舉動早已意味著危機的到來。

德國在第一次世界大戰時，已被美國、英國和法國打得只能跪地求饒。由於戰後簽定的和平條約中遭到嚴厲的懲罰，德國非得經過一段長時間才能再度成為主要的強權國家，軍隊被消滅的比例相當驚人。德國禁止生產任何具侵略性目的的武器、建立空軍部隊，並且大幅度地消減海軍規模。德國被迫割讓十分之一的領土，當地不但居住著德國百分之十的人口，還蘊藏著豐富的天然資源。同時還被迫放棄海外的殖民地——當時殖民主義尚未被視為是負面的。除此之外，德國也被迫支付大量且使其財政面臨危機的賠款，以便補償其在戰爭中對受害國所造成的破壞。就一個國家來說，德國早已名存實亡；就一個軍事強權來說，德國早已不復存在。也正因為如此，德國的部隊在極為短暫的時間之內，即能把先前將其征服的各國部隊加以擊敗，或陷困在敦克爾克這個煉獄之中，實在是令人難以想像。

其實，即使是在戰後的一代還沒有長大成人之前，德國早已經復原，而且還成為一個武裝強大、昂首闊步的巨人。除此之外，德國也已變成一個足以威脅其他歐洲國家以及美國的超級強權。希特勒的納粹黨標誌「卐」已經從中竄起而成為一個如同魔鬼般的護身符，象徵著一個以殘酷、種族主義、瘋狂的民族榮耀，和侵佔他國領土為根基的「邪惡十字軍」（Sinister Crusade）。殘暴和凶狠的氣氛，再加上秘密警察的恐怖行動，使得世人很難想像，這個國度的土地上曾孕育出貝多芬、歌德，和愛因斯坦。

希特勒從不掩飾其利用犧牲鄰國的方法而擴展德國疆域的決心。他曾經如此地寫著：「歐洲的土壤是為擁有武力奪取的人而存在的。」一到德國的工業中心參觀的人都會發現，德國早已違反凡爾賽和約的規定，大肆生產戰爭的軍需品。至於到德國北海港口參觀的人，則可很容易地發現，各造船廠裡到處都是建造中的潛艇和其他軍艦。不過，當他們必須思考到有一天可能會和強大且具威脅性的德軍相遭遇時，腦海中卻又因浮現出先前德軍戰敗的淒涼情景而遭矇蔽了。

在第一次世界大戰中，有一千多萬人喪生，兩千多萬人受傷。年輕一代的人當中，有十分之一遭到殺害。無數的婦女成為寡婦，無數的孩童也都失去了父親。死去的還受到人們的悼念，傷殘者絕大多數依然在街角販賣著火柴和鞋帶。他們都會使人憶起戰爭的意義。大量的國家資源遭到耗損，國家的經濟也因而癱瘓，財物的損失相當嚴重，任誰也無法想像若此一現象再度出現，那將變成什麼樣子。

西方國家普遍認為，備戰和交戰是沒有多大差別的。當希特勒把自已定位成注定要統治歐洲的時候，牛津大學的學生卻一面倒的認為不應為英王或國家而戰。這種看法並不只存在於英國的秀異分子而已。一般大眾也認為，不論處於怎樣的進展、情況、原因，或是煽動，都不可能據此作為動武的藉口。

英國各地紛紛成立和平協會。這些協會舉辦了無數個和平會議、和平示威以及和平遊行。英國全國各地共有數千人加入和平宣誓聯合會。許多書籍、戲劇、歌曲、雜誌、報紙和牧師的講道也都譴責戰爭的徒勞無功以及重整軍備的荒謬可笑。

英國有些頗具影響力的人士雖然不是納粹主義支持者，但他們卻認為，當希特勒在重建德國和重新建軍時，沒有必要對其加以阻撓。如同符合希特勒公開表達的擴張主義的願望，人們擔憂萬一希特勒感到冒犯之後，很可能會採取戰爭手段，來消除一戰時德國所受到的苦楚和挫折。倫敦《泰晤士報》（Times）編輯吉佛利・勞森（Geoffrey Lawson）對朋友說：「我花了好幾個晚上的時間把（報紙上）我認為會傷害德國的任何文章都給抽掉。」

即使是在那些被希特勒所震驚以及對納粹的野蠻行為感到恐懼的英國人來說，仍然有些人不願過度地對其加以批評。他們對於德國在第一次世界大戰末期遭到戰勝國的報復感到相當遺憾。他們認為，由於德國先前遭受到嚴酷的待遇，很自然地會試圖找回自尊、尊嚴，甚或其所喪失的一些領土。有些人甚至據理地堅稱：除非德國再度成為強大且有尊嚴的國家，否則國際局勢將無法平穩下來。

並非所有試圖平息希特勒情緒的人都採用這種推理。很多人就相當擔憂，在德國軍力日益強大的情勢發展之下，德國將出現一位獨裁者。不過，由於納粹主義比共產主義出現得晚，因此，他們的擔憂對象主要是指蘇聯共產主義而言。那時的共產主義不但已震撼了俄羅斯長達二十多年，而且也在蘇聯以外的其他地區極力鼓吹暴動。他們擔心，假如德國再度被痛擊和羞辱，那蘇聯及其對西方價值觀極具威脅的意識型態終將掌控歐洲絕大部分的地方，而此一擔憂後來證實也成為事實。

此外，又有誰能對德國加以痛擊？僅英國這個國家是沒有這種能力的。當希特勒的威脅已成為千真萬確的事實，英國的三軍部隊不論在規模或武器等都遠遜於德軍。更何況，德國的威脅也沒有完全引起英國民眾的注意。對於世界最強大的帝國來說，它還有許多迫切的事務待處理，包括日軍對於其位於東方的殖民地之威脅，以及義大利軍隊對其中東殖民地的威脅。

緊臨著德國的法國雖然也擔心另一場戰爭所將帶來的嚴重後果，但法國卻沒有展現出想要和希特勒對抗的跡象。蘇聯的軍隊由於其軍官團遭政治整肅而元氣大傷，因而無法擔綱對抗希特勒的任務。美國由於孤立主義的盛行，以及廣大的美國民眾認為大英帝國是個十足的暴君機構，因此斷定不值得支援它。英國首相奈維爾・張伯倫（Neville Chamberlain）深信：「認為能從美國那裡獲得援助的人，一定是非常草率而不加思考。」即使後來當英國覺得除了和德國交戰而別無他法時，張伯倫也還曾透露：「我根本就不想讓美國人來幫助我們作戰。假如美國有權在和平條款上提出要求的話，那我們將會付出極高的代價。」

面對陷入衰退期的英國經濟，張伯倫感到相當擔憂，假如英國耗費財力支援另一場戰爭，後果將不堪設想。經濟學者也估計，假如英國再度參戰，將很快地無法支付由外地進口的食物和原物料等基本民生用品的費用。在上一次大戰期間，英國和法國都曾經向美國商借物品以維持國家的經濟。不過，這次英國決心讓美國保持中立，再加上上次借貸尚未償還的痛苦影響，使得國會已經決議，不准再度向美國政府借貸。

第一次世界大戰期間最主要的西戰場就是法國北部滿佈戰壕的地帶。法軍每十人當中就有一人（數量幾達一百五十萬人）戰死，另外也有一百萬名士兵因受傷而導致殘廢。曾經是富庶的國家卻遭到嚴重的摧殘。煤礦區遭到破壞，鋼鐵廠被摧毀；全國的鐵路網也大多被破壞。都市和城鎮有許多地區被夷為平地，鄉村地帶有許多地區遭砲火摧殘，導致數百萬英畝的富庶農地變成了荒原。法國也只有在中世紀黑死病猖獗時，曾遭受過這麼大的浩劫。

法國人一想到即將爆發另一場戰爭，都感到相當恐懼。軍人過去一度被視為一種極具榮譽的職業，如今卻遭到鄙視。先前的戰爭故事都隱含著榮耀的意義，但當今的戰爭故事則都充滿了憂鬱和沮喪的氣氛。登記入學就讀聖西爾（Saint-Cyr）軍事學院的人數急劇下降，孩童們甚至不再玩打仗的遊戲了。

作為強盛國家的鄰國，法國顯得相當焦慮。它了解自己是暴露在德國的監視之下。加上法國在一戰結束後，比其他戰勝國都更強烈要求對德國施以嚴懲，因而使自己的焦慮又更為加倍。法國的領導階層一再強烈地主張向德國索取大量的賠款，以補償因戰爭遭到破壞的損失。如今，希特勒即將展開尋回日耳曼尊嚴和榮耀的行動，法國更加擔心會遭到日耳曼人的報復。法國面積只及德國的一半，人口只及德國的三分之二，因而使法國覺得自己就像個小男孩。這個小男孩過去雖然結合一群朋友將這個粗暴的鄰居惡漢打敗，但如今卻相當害怕必須獨自面對那個惡漢，因為這個惡漢比以前更強大、更憤怒。

希特勒於一九三〇年代在德國崛起時，同時期的法國卻發生了大動亂。左派和右派人士不斷地在街頭發生暴力衝突，不但造成國內政局的不穩，而且也因而分心無法全力注意到邊境的危險正持續地高漲。巴黎的政治局勢持續不斷演變，政府交替的速度快得令人喘不過氣來，也因而一直對德國釐定不出一致性的政策。此外，由於法國中產階級的憤怒而引發一連串使法國政府感到相當棘手的工廠罷工，不但強化了階級之間的敵意，也更進一步導致無法關注國家安全等相關課題上。

法國各政黨的資深人士都深切地體認，法國並不像英國，擁有天然的屏障可供仰賴以阻擋日益好戰的鄰國。法國民眾雖然也厭惡戰爭，卻不得不接受此一事實——他們並不能像英國和平主義者般，光靠道德意志來說服敵人不要對其動武。他們非常清楚，一旦在邊境聽到砲彈的爆炸聲，就必須準備應戰了。

然而，法國軍方和政治領導階層因受到一戰恐怖經歷的陰影所影響，無法有效地施展其戰爭策略。當時他們所釐定出的戰略計劃之首要目標，即在於避免法國重蹈上一次交戰中被屠殺的浩劫。雖然法國可能必須投入戰爭，但最主要的目標並不在於征服敵軍，而是在於不使敵軍靠近，也就是阻止敵軍踏上法國的土地。各種軍事準備的目的是在於防禦而非攻擊，在於靜態而非動態。基於以上種種，聲名狼藉的馬奇諾防線就於焉誕生了。

馬奇諾防線是以前法國國防部長的名字命名的，它彷彿是由許多靜止不動的地上戰鬥艦組成、一條勢不可當的防線，是歷史上最堅固的防禦工事之一。它包括了「軍事科學裡各種可資運用材料的設計」，由混凝土和鋼筋所建造而成，總計高達七層深，內部和外部都有防禦設施，以防止敵軍的侵入。它像一條蛇般地沿著德法邊界從瑞士而抵比利時。法國方面相信，一旦防線建造完成，將能有效地阻止德軍直接逼進。法方當然也知道，德軍很可能會在防線的某些地方企圖展開突破的戰術。但是，展開此一戰術的先頭部隊很快地就會被掩護的部隊所夾攻而落敗。法國北方和比利時交界長達兩百英里的邊界起先並沒有建構如此強固的防禦工事，後來才在該處建造和加強固定的防禦設施。不過，駐守在該邊界地區負責阻擋德軍逼進法國的比利時部隊，原本應該自己設計出一個足以阻止德軍入侵的關卡。

建造了此一堅固的防禦牆，使法軍將領們產生陶然自滿的感覺。由於法軍把先發制人的權利讓給了德軍，法軍將領除了等待敵軍前來攻擊之外，別無他事可做。當法軍要重整軍備的時候，其軍事將領並沒有對在巴黎的國防和財政等部長提出任何具體的裝備換置計劃，只建議應繼續維持和強化馬奇諾防線。高齡六十七的法軍參謀總長莫瑞斯．甘末林將軍（Maurice Gamelin）並不清楚接下來的戰況將會如何，他甚至根本就不去擔心戰局的演變。戰機和裝甲部隊是足以決定法國命運的兩大武器，但甘末林卻公開地對其作用產生質疑：「戰機無法決定戰爭的結果，」以及「裝甲師過於笨重和累贅，它們或許能穿透我們的防線，但我們的預備隊將緊跟在其所產生的明顯軌跡之後，並將其摧毀。」

當法國得知德國秘密建軍的消息之後，就立即展開整軍經武的行動。法國生產了大量的軍需品和武器裝備，卻沒有人知道要將它們安置在何處。於是，只好將絕大部分的軍需品和武器裝備加以儲存起來。就在法國被迫簽訂投降條約之後，德軍對於他們的發現感到相當驚訝——數百萬枚砲彈仍然儲存在陸軍的軍火庫裡，而數萬枚炸彈則還被儲存在空軍的航空站裡。

法軍早已決定採取防禦性戰略，當德軍的攻擊行動一步一步地展開來的時候，法軍已不可能採取較具彈性的軍事對策。當最危險的時刻逼近時，必須全力展開動員，以便對敵軍展現警示作用。可是，當那個時刻真正來臨的時候，法國民眾和其領導階層卻非常恐懼。他們把總動員看成是猛然地投入戰爭，也正因為如此，總動員就不被列入其考量的戰略。由於法軍沒有進行總動員以便展現警示的作用，反而使希特勒獲得「可展開攻擊」的暗示。

對於法國和英國來說，這兩個國家的確應該擔憂，一旦德國又再度變成歐洲最強大的國家並且充滿報復的心理，那該如何處理？英法兩國關係的鴻溝導致無法合力阻擋德國。美國總統顧問阿道夫．伯萊（Adolf Berle）曾語帶諷刺地說：「英國與法國為鄰長達數百年之久，卻一點也不瞭解法國，這真是英國的一大錯誤。」不僅是因為英國的仇外情結才使得英國人認為「中東土包子是從加萊（Calais）地區發跡的。」法國人和他們的生活方式總是令英國人極為困惑。英國人一直無法確定，究竟是被法國人的瀟灑和洞察力所迷惑，或者是該輕蔑他們的多愁善感和妄自尊大。這種「誤解」現象並不光是出現在其中一方而已。法國人其實也對英國人感到不知所措。法國人對英國人的觀感也是相當微妙——他們既激賞英國人的優雅和沉穩，但卻又厭惡英國人的自負和一本正經的樣子。

英國對於法國在第一次世界大戰之後，一再堅持對德國採取嚴厲懲罰，最終導致中歐局勢不安而感到不悅。法國對於英國人以道德原則來處理第一次世界大戰後德國賠償的問題，以及其對德國重整軍備加以漠視這兩件事感到相當不屑。此外，倫敦和巴黎競相爭取對油源豐富的中東地區之影響力和掌控力也使得兩國之間產生了磨擦。不過，由於德國的威脅日益增大，使法國絲毫沒有任何選擇。它不但必須藉著和英國結盟以便強化其外交政策，而且還呼籲英國不要被希特勒「毫無攻擊跡象」的假相所迷惑。

然而，英法兩國卻還是繼續各自為政。就在戰爭快要爆發之前，兩國的高階軍事人士還未曾詳細地交換意見。而在第一次交換意見的會場裡，由於沒有翻譯人員在場，因而使得出席的高級軍官無法真正地瞭解對方談話的意思。

蘇聯是列強當中對納粹德國最為戒懼的國家。希特勒不但早就聲稱蘇聯的領土是德國人的生活空間，應該納入德國的版圖；他甚至還絲毫不加掩飾地揚言早已垂涎富庶的烏克蘭多時。

在一九三〇年代期間，蘇聯不但兵力極為薄弱，而且還遭到世界上另外一個強國的極大壓迫。極具侵略性且帶有濃烈軍國主義色彩的日本早已佔據了滿洲，而今又虎視眈眈，在蘇聯東面邊界上部署軍隊。在邊界地區曾爆發數起嚴重的衝突事件，其中涉及數千名士兵、空中的攻擊，也導致慘重的傷亡人數。由於蘇聯發生飢荒，農業嚴重衰退，以及因五年計劃的挫敗而導致的工業斷層等因素，因而相當恐懼必須投入戰線相隔數千英里的兩面戰爭。

俄國革命不久之後即成立共產國際，其不遺餘力地鼓吹工人階級顛覆資本家所建立的政府。不過，史達林現在卻下令在政策上做重大的改變。他企圖建立一個集體安全同盟，以對抗納粹德國。蘇聯加入了先前被其斥為帝國主義者工具的國際聯盟。史達林將他那位歐化極深且溫文有禮的外交部長馬克西姆．利特威諾夫（Maxim Litvinov）派遣到巴黎、倫敦、國際聯盟總部所在地的日內瓦，以及其他地方，鼓吹各國集體以防衛措施對抗德國的入侵。世界各地的共產黨也接到「停止顛覆資產階級政府」的訓令。

由於各國對共產主義的厭惡已深，再加上對蘇聯潛在的不信任，史達林向各國爭取同情的行動終告失敗。各國領袖在聽取克里姆林宮提出的建議之後，大多本能地退避三舍。他們認為史達林的動機在於轉移德國對其領土的野心。事實上，史達林的心中倒也真的是這麼想。

各國對蘇聯的不信任，是源自於俄國在第一次世界大戰時的背信。英法兩國許多元老都想起一戰期間，布爾什維克黨人在奪取政權之後，不但片面地和德國締結和約，而且還拋棄了仍在戰場上作戰的協約國戰友。如此，德軍統帥部能夠從戰局已趨緩和的東線抽調一百萬大軍到西線，支援和協約國軍隊展開血腥作戰的德國部隊。和一個先前已表現出是個不值得信賴的國家結盟，又能獲得什麼好處呢？除此之外，史達林對軍官的整肅也使人質疑和蘇聯結盟究竟有何效用？外國觀察家對於為數眾多的蘇聯高級軍官遭到處決或監禁一事感到震驚。張伯倫認為：「即使蘇聯想維持一個有效率且具攻擊力的部隊，卻也是欲振乏力。」

歐洲各國大多沒有想到再度把美國拉攏進來參加一場血腥的武裝衝突。美國人自己該擔心的事都已經夠多了，因此根本不想再擔憂歐洲的事務。經濟大恐慌以及一九二九年華爾街的崩盤早已使美國心力俱疲。世界上最富裕的國家卻不斷地出現失業、貧窮，以及經濟蕭條等現象。數以百萬計的美國人陷入了絕境。都市裡等待分配食物的隊伍以及可憐的移民在鄉間遊盪著。這些景象已大大地動搖了美國傳統「什麼都能完成」的信心。顯然地，還是有一些事情是美國無法完成的。

即使是政客再怎麼大力鼓吹，有一件事情是絕大多數的美國人所最不願做的——再度被捲入外國的爭端。左派人士希望美國要保持清醒，因為任何的介入——即使是從遠方做有限的物資租借——都意味著把佛蘭克林．羅斯福總統所擬定的計劃，和他的新政所需使用的公共基金給分散運用，那些計劃和新政目的就是希望能夠幫助美國脫離經濟不景氣。右派人士則認為，若是介入戰爭，將使美國有限的軍事資源因轉移做他用而無法擔負其最主要的任務——確保美國的安全。即使是對於歐洲局勢發展相當關切的美國人，也大多認為，試圖排解他人的難題是既錯誤且沒有多大用處的。

有人甚至舉美國在第一次世界大戰中所獲得的教訓，並據此認為美國不應該介入才對。第一次世界大戰實在是一場毫無意義的爭鬥，美國人為歐洲的忘恩負義者以及無能者在這場爭鬥當中浪費了生命和錢財，可是其代價卻是在數年之後還必須再次捲入戰爭。

暢銷書籍、雜誌上的文章，以及由參議員所組成的調查委員會，都同聲譴責貪婪和無恥的軍火商，為了金錢利益把美國捲入第一次世界大戰的歐洲戰場。前總統胡佛甚至堅稱，由於美國在一戰期間於歐洲耗損了許多資源，導致後來美國的經濟大恐慌。他警告美國，千萬不要再重蹈覆轍。由於美國大眾的孤立主義氣息相當濃烈和廣泛，國會通過了中立法案，其中明白地規定，不論戰爭在何處爆發，美國人都不得販售軍火武器給交戰國家。

羅斯福總統和美國政界的領導階層都痛恨希特勒以及納粹黨人的所做所為。美國駐柏林大使威廉·陶德（William Dodd）在希特勒剛開始統治時說：「當我看見這個人時，就立即產生一股恐怖的感覺。」由於美國很可能再度被誘騙捲入另一場戰爭，一想到戰爭的景象，就使人引發一股更為強烈的恐怖感。雖然很多孤立主義者都懷疑是羅斯福處心積慮地把美國導向戰爭，然而，就連羅斯福本人也同樣地對於將被捲入戰爭一事感到膽寒。

> 我曾親眼目睹戰爭。我曾親眼目睹地面戰爭和海上戰爭。我曾親眼目睹鮮血從受傷者的身上流下來。我曾親眼目睹有人把肺咳出。我曾親眼目睹死者躺在泥濘中。我曾親眼目睹城鎮被毀。我曾親眼目睹兩百名跛腳疲憊的士兵從防線裡走出來投降——他們是一團原先人數高達一千人的作戰單位，在經過四十八小時作戰之後的生還者。我曾親眼目睹孩童挨餓。我曾親眼目睹為人母親和妻子者痛哭流涕。我憎恨戰爭。我曾經花了無數個小時，我也將再花無數個小時來思考和擬定計劃，使這個國家遠離戰火。

羅斯福不久之後不得不相信，美國最後終將必須接受納粹德國的挑戰。除了將可能遭到軍事威脅之外（因為德國已開始併吞歐洲部分地區），羅斯福的經濟顧問們也告訴他，美國的經濟復原和福祉都面臨重大的危險。

德國用不著以軍事來征服我們。她可以藉著自己和被她所征服的國家之勞動力，將世界上各種市場的各項產品之價格加以操控，使我們的產品在價格上完全沒有競爭能力可言。如此一來，不但會摧毀了我們的生活水準，而且也會搖撼我們早已處於緊張狀態的身心。

雖然羅斯福曾公開建議，當歐洲各國在戰爭中無力對抗德國時應加入戰局。但是，由於美國民眾普遍充滿孤立主義的心態，加入戰局的提議終被制止而不再提出。一架美軍轟炸機在飛行測試中，失事墜毀於加州時，遭到美國民眾紛紛指責，而當美國民眾後來發現，殉職人員當中竟然有一位是法國空軍軍官時，抗議的情緒變得更加高昂了。美國行政當局被指控一方面聲稱害怕戰爭，另一方面卻又積極地計劃投入歐洲戰場。

雖然大多數的美國民眾從報章雜誌和電台，獲知有關納粹德國的種種行為之後都感到極為震驚。但是，當他們知道美國不但遠離戰爭，而且也沒有和任何國家有所糾纏之後，情緒頓時紓解不少，同時對德國的不恥和厭惡程度也不再那麼過度激烈。一向備受敬重的報紙專欄作家華特．利普曼（Walter Lippmann）就建議：「讓我們持續維持不涉入的現狀吧。讓我們不要和任何國家結盟。讓我們不要做出任何承諾。」流行歌手凱特．史密斯（Kate Smith）在她那每週一次的電台節目裡，以堅定的語調唱著：「當暴風雨的雲層群集在海那邊的遠方，讓我們宣誓絕對效忠自由的土地。」

許多美國人是基於種族的考量而反對美國捲入歐洲戰場。很顯然地，假如美國被捲入的話，那將不可能站在德國那一邊。大多數的德裔美國人都極為厭惡納粹黨人的意識型態，也因而只有極少數德裔美國人希望美國能夠參戰並且出現在他們祖先的土地上。他們還記得，在第一次世界大戰期間所遭受的痛苦。那時候美國境內反德國的情緒高漲，因而使得報紙上相當受到歡迎的漫畫人物「卡家一族（Katzenjammer Kids）」——一對非常可愛且淘氣的德裔小鬼——為了迎合一戰全國的反德情緒，不得不將漫畫改成不那麼德文發音的「森家一族（The Shenanigan Kids）」。至於人數眾多且一向堅持反英的愛爾蘭裔美國人，不但沒有對英國遭到的困境感到些許的同情，反而對於美國將可能再度趕往他們祖先世仇的土地上協助作戰一事感到極為憤怒。

有些頗具知名度的美國人則訝異於納粹的成就——不但讓她的人民有工作可做，而且又能提振國家的整體士氣。因為在同一時期，西方的民主國家一直籠罩在愁雲慘霧之間。報業大亨威廉・藍道夫・赫斯特（William Randolph Hearst）到德國訪問返回美國後，對於納粹的成就讚不絕口。身兼航空冒險家、國家英雄，以及國際名人等諸多身分的查爾斯・林白在訪問德國期間受到熱烈的接待，而他個人對於德國的軍事航空業之發展，以及納粹在對他展現其成就時所展現的信心十足之精神也同樣地訝異不已。美國駐瑞士大使休・威爾森（Hugh Wilson）告訴國務卿考狄爾・赫爾（Cardell Hull），他察覺希特勒的思想已逐漸變得溫和，因此他呼籲應同情德國的民族復興運動。

英軍在面對德軍的挑戰卻落敗一事，起先並沒有激發起原本就認為必須對希特勒加以制止的人士之同情心。堪薩斯的一名報社編輯威廉・艾倫・懷特（William Allen White，不久之後成立全美一個極具影響力的傾同盟國遊說團體）的批評則更為嚴苛。

英國所犯的一連串錯誤已使得世界上的民主國家大為震驚。原本像隻獅子般雄糾糾氣昂昂的英國，如今看起來卻是如此卑下且雙眼腫痛。這隻獅子不但需要除蟲，而且也應該看牙醫。他甚至無法大聲怒吼。

最直接受到二次大戰之前幾年間局勢發展影響的美國人，當屬國務院的高級官員和軍隊裡的軍官。海軍是美國當時最強大，也是最重要的兵力。不過，美國當時絕大多數的軍艦都部署在太平洋，以對抗來自日本擴張主義份子的威脅。美國海軍當時寄望於英國艦隊能阻撓已重整軍備的德國海軍，使其不致於掌控大西洋，因此美國海軍在西半球仍屬未被列為值得重視的武裝力量。

由於當時乃至於現在，拉丁美洲被美國視為戰略上和經濟上的重要地區，國務院相當擔心納粹德國可能會侵襲該地。長久以來即已掌控拉丁美洲的美國不僅從該處獲取廉價的原物料，而且當地的市場也非常適合美國產品的輸出。同時，不少德國移民在南美建立了許多聚落，當地許多公眾人物對於希特勒的作風和成就頗為讚賞。從駐南美各國美國大使館所獲得的報告使美國政府得知，德國在許多國家的影響力與日俱增。顯然，歐洲局勢的發展對於西半球有很重大的影響，也因而影響了美國的政策。

希特勒剛開始展開其征服計劃時，所採取的軍事行動規模不大。一九三六年三月七日，德國部隊進駐萊茵非武裝區。這塊屬於德國的土地和位於萊茵河西岸的法國交界，但在凡爾賽和約中，卻明訂條文禁止德國部隊進入該地。德軍高級將領曾力勸希特勒不要執行此一軍事行動。他們甚至對希特勒提出警告，當時駐守在萊茵地區的法國軍隊將能輕易地消滅在兵力上相對薄弱的德國部隊。當時擔任德軍參謀總長的阿弗烈德・約德爾（Alfred Jodl），於戰後的紐倫堡大審中曾經供出：「衡量當時我們所處的情勢，法國負責掩護的部隊真的可以把我們給炸成碎片。」

當時法軍一直抱持死守馬奇諾防線的理論，不願對進駐萊茵地區的德國部隊採取行動。至於英國官方的看法，則可從英國外交老兵洛西恩爵士（Lord Lothian）的談話而一窺究竟：「畢竟，德軍只不過是回到他們自己的後花園而已。」事實上，這句話說得一點也沒錯。要是當時法國連同英國的支持之下，對德軍進駐萊茵地區一事採取行動殲滅德軍，又或者是希特勒在他初次跨國進軍的行動就遭到嚴重挫敗的話，或許會讓他被軍方將領和在柏林的一些人士罷免。這些人其實早就對於在一戰中只不過是個下士，而今卻搖身一變成為他們元首的希特勒的能力抱持著質疑的態度。

由於納粹一再地漫罵布爾什維克主義，再加上德軍進駐萊茵地區的事件，蘇聯呼籲召開一場國際會議，探討應採取那些方法對抗德軍的威脅。英國外交部並不認為曾發生過任何重大事件，法國則因為還不斷回憶起一戰恐怖的經驗，因而顯得使不上力。至於美國雖然曾經公開表達反對希特勒派兵進駐萊茵地區，但假若歐洲人都不願對此採取行動，那美國人倒也不想去介入這一件事。此時希特勒的武裝部隊兵力還不是很強大，但他卻從這一場賭注當中踏上了勝利的第一步。

萊茵地區事件發生兩年之後，希特勒準備開始對德國東面的三個鄰國，奧地利、捷克斯拉夫（Czechoslovakia），以及波蘭展開攻擊。一九三八年三月十二日，德軍戰車和卡車穿越德奧邊境，為德國「收復」失土。雖然英國和法國曾經象徵性地稍作抗議，但是這兩個國家稍早以前就曾表示，基於歷史的因素，並不反對德奧兩國建立較密切的關係。畢竟，希特勒自己就有奧地利的血統。假如無可避免的合併即將發生，縱使發生的時間比原先預期的要來得早，似乎也用不著過於激烈地反對。更何況，當希特勒進入維也納時，還受到夾道群眾熱烈的歡迎，可見奧地利也相當渴望被第三帝國合併。

希特勒輕鬆合併奧地利之後，下一個目標對準捷克斯拉夫，但顯然這是一個較為冒險的軍事行動。從來沒有人同意他對捷克斯拉夫擁有主權的論述。希特勒憤怒地公開譴責布拉格政府，迫害捷克斯拉夫北部以德語為主要語言的蘇台德區（Sudetenland）境內之人民，他進而要求必須立即答應讓該區成為自治區。希特勒並不否認，在蘇台德成為自治區之後，他下一步動作就是把其併入第三帝國。希特勒也不諱言，假如他對捷克斯拉夫所做的要求無法實現，德國將不會罷休的。

捷克斯拉夫人並不想臣服於希特勒的威脅。雖然他們的國家不大，但他們自己擁有第一流的部隊。除此之外，他們也有不少朋友。假如他們遭到攻擊，法國必須履行互助條約前來援助，而一旦法國開始履行條約上所規定的責任，蘇聯也必須派兵。

當捷克斯拉夫危機發生的時候，反對希特勒作為的德國人要不是被恐嚇不得持相異的意見，就是被放逐到國外，或者就被殺害了。不過，有一群高級軍官，其中不乏參與或熟悉入侵捷克斯拉夫的計劃者卻深信，他們的國家在希特勒的治理之下，將會把德國推向一個根本無法贏得戰爭的絕境中，為此他們打算制止希特勒。他們計劃逮捕他，並以「魯莽地把德國拉進一場宛如一戰那種毫無勝算之戰爭，人民與軍隊卻要承擔慘重代價」的罪名將他起訴。

他們計劃的成功與否，取決於時機是否正確。在希特勒被逮捕之後，將在軍方人員嚴密的看管之下加以監禁，但這一切都必須在他下令對捷克斯拉夫開始展開攻擊之後才能進行。策劃行動的人士擔心，由於希特勒非常受到德國人民的擁護，如在他真正發動使德國陷入自殺式絕境的戰爭之前就採取行動，將會因發動時機過早而以失敗收場。參加行動的資深軍方人士包括陸軍參謀長法蘭茲・哈爾德將軍（Franz Halder）；軍情局首長威廉・卡納里斯上將（Wilhelm Canaris）；以及柏林軍區、就近的波茨坦衛戍部隊，和駐防在柏林市郊的一個裝甲師等單位的指揮官。一旦希特勒被逮捕和監禁之後，這些部隊將負責壓制納粹親衛隊。

雖然整個行動計劃得相當周詳，但意圖推翻希特勒的人士仍然認為，假如想成功的話，必須和英法兩國合作。這些人一直認為，假如西方國家再度屈服於希特勒的話，他在國內的地位將更加鞏固，如此不但他們的政變計劃不成，德國也將在那之後不久投入一場註定要失敗的戰爭。一九三八年八月，冒著極大危險的情況下，他們派遣相當受到敬重的富有地主依瓦德・馮・克利斯特（Ewald von Kleist）秘密前往倫敦，意圖說服英國的領導階層應堅定地反對德國出兵捷克斯拉夫。

馮・克利斯特受到外交部首席顧問羅伯特・凡斯塔特爵士（Sir Robert Vansittart），以及邱吉爾的熱烈招待。當時處於政治低潮的邱吉爾，與凡斯塔特都反對張伯倫的姑息政策，卻沒有任何的成果。他們的觀點都被英國駐柏林大使奈維爾・韓德森爵士（Sir Nevile Henderson）輕易地否決掉。韓德森一再地告知倫敦當局，雖然希特勒表面上說了許多不合適的語，但他沒有發動戰爭的意圖。韓德森對此認為不屑於一顧，英國實在沒有必要認真考慮。從陰謀者看似可憐的要求，他們可能要得到外國的支持後，才能在國內起事。

幾個星期之後，決定是否阻撓德國出兵捷克斯拉夫一事最後變成一場可悲的鬧劇。英法兩國極力地勸阻希特勒，希望他不要採取行動，這兩國甚至還說，不排除出兵到捷克斯拉夫的可能性。他們先是威脅希特勒，武裝衝突將帶來許多危險，然後又懇請他打消採取軍事行動的念頭。整個過程在一九三八年九月廿九日於慕尼黑所召開的高層會議中結束。英法兩國在會議中懇求希特勒兼併蘇台德區，並要求他不要為了實踐他的威脅而發動戰爭。駐巴黎美國大使威廉・布立特（William Bullitt）在告訴羅斯福總統，英法兩國的領導階層在那個秘密會議中是如何地滿足那位德國獨裁者所提出的要求，他們的舉動「就好像小男孩在穀倉後面做一些見不得人的污穢事……歐洲事務變得越來越齷齪，我們應明哲保身，最好不要淌入這個渾水當中。」英國當時一位編年史家，生動地描述西方國家領導人士不知羞恥的行徑。

就好像是聽到小偷在樓下而驚惶失措的一家之主般，英國和法國政府討論著應該採取什麼防範措施。他們拿起了鐵棍，然後又放下，並大聲對著樓下嚷嚷，假如小偷不馬上離開的話，他們就會攻擊他，或者，至少也會叫警察；即使在考慮是否應和他交涉，他們計劃提出建議，假如小偷把殺魚刀放下來，那主人並沒有反對小偷拿起其他刀子的理由；最後，他們又自我安慰地認為，不管怎麼說，他並不知道打開保險櫃的方法。

但是，希特勒相當清楚自己要的是什麼。除了藉由他早已精通的粗暴方式來獲取更多的生存空間（Lebensraum）之外，他想征服更多的土地，他想發動戰爭。武裝鬥爭是希特勒的優越民族信條中的核心概念。對於一個過去一直擁有精緻文化和強大經濟的德國來說，在納粹黨人的治理之下，必須靠著永不間斷的強大動力，才能不被納粹黨人的剛愎壓得喘不過氣，而能施行希特勒所擬定的和政府、經濟，以及社會秩序有關之改造事項。德國的經濟事實上已陷入極大的壓力，除非出兵征服他國之後能獲得工業器材、新的原料出產地，以及勞動力，否則單是全力地準備戰爭，將會陷入極為嚴重的困境。

德國的宣傳人員準備展開下一個步驟。他們向西方民主國家的人民大肆宣揚，一旦戰爭爆發，他們將因落敗而成為德軍的階下囚。此舉的目的在於打擊西方國家的士氣以及使其民眾產生恐懼的心理。他們挑選一些極具影響力的人士到德國訪問，然後帶著這些人士參觀空軍機場，並展示德國空軍的新型戰機。情報人員和大眾媒體都報導——其實是過分渲染——德國空軍的規模和實力。當法國空軍參謀長訪問德國的時候，他和他的隨從人員「從一座機場被帶到另一座機場。在他們抵達之前，先前被參觀過的武器裝備總比他們早一步運抵，重複展示給他們看。」參觀者因此產生「德國武力比想像中還要壯大」的印象。

法國情報人員甚至向政府提出報告，在德國宣戰的那天，巴黎很可能會遭到猛烈的轟炸。德軍轟炸機於西班牙內戰期間，摧毀格爾尼卡城（Guernica）的情景被拿來當作宣傳；並暗示一旦戰爭爆發，別的地方也可能遭到同樣的命運。根據倫敦戰爭部官員的概略估算結果，一旦德國空軍下令轟炸機隊飛往英國城市的上空，將有數十萬平民喪生。軍事專家還公開了可怕的預測。

……在未來的戰爭，包括倫敦在內的許多大城市都將遭到來自空中的攻擊，以五百架飛機為一組的每一機群，將裝載著五百枚十英磅重的炸彈，根據估計，在其抵達上空的半小時之內，將導致二十萬人傷亡，並且還將使整個倫敦市陷入一片驚惶失措……幾天之後，倫敦將會處於瘋狂的狀態，醫院遭襲擊，交通會中斷，無家可歸的人會大聲求救，整座城市將變成一座人間地獄……政府將因一連串的雪崩式恐慌而不復存在。

英國開始做最壞的打算。三軍已接獲局部動員令，重整軍備的速度加快了。倫敦市的公園到處都挖了戰壕。高射砲也都就定位。防毒面具也分發出去給民眾。地下室被徵用為防空洞，同時政府建議民眾在自己家中找一個最安全的地方佈置避難室，以便在空襲時有藏身之處。另外，還規劃將學童撤出倫敦。由於深信戰爭即將爆發，因此有些人拋棄了在大都市裡的家園和工作，朝著較安全的威爾斯和英格蘭西部遷移。

在蘇台德地區脫離捷克斯拉夫之後，希特勒幾乎不費吹灰之力就攻佔了該國。捷克斯拉夫不但遭到西方國家的遺棄，還被警告切勿做出會引起騷動的動作，因而淪為士氣低落、孤立且遭分割的國家。結果捷克斯拉夫的軍隊無法有效動員，在沒有對抗的情況之下就被攻佔了。一九三九年三月十五日，德國部隊越過邊境。同時兩千名德國傘兵也降落在布拉格機場。到了傍晚時刻，希特勒就已經能夠大事聲稱：「捷克斯拉夫已不復存在了！」

有鑑於戰爭即將發生，對於那些不久之後被迫和德國作戰的國家來說，過去重大軍事挫敗的陰影一直揮之不去，進而導致這些國家沒有動武的意願。捷克斯拉夫被出賣和遭分割之前，還擁有三十四個訓練有素、紀律嚴整，以及士氣高昂的師級部隊。而那個時候，希特勒只有四十個師可供運用。他那威力強大的裝甲兵團尚未組成。曼斯坦將軍（Fritz Von Manstein）後來也證實，德國不但無法「有效地防衛」與法國的邊界，假如當時捷克斯拉夫抵抗德軍的入侵，也不會如此輕易地就被併吞了。

事實上，一直極為渴望和平的英國卻一直沒有做好備戰的工作。雖然希特勒一再地威脅和高談闊論，但是德國本身其實也還沒有做好重大軍事衝突的準備。希特勒的將領們都知道，德國根本無法同時和法國、捷克斯拉夫的部隊作戰。更何況還會有依約前來的蘇聯紅軍。假如英國當初能基於國家利益為出發點，加入對抗納粹的聯盟陣營，以其銳不可當的皇家海軍，相信必能對納粹的野心有所遏阻。可是，卻還是錯過了如此大好的機會。

然而，捷克斯拉夫是一個轉捩點。此時的西方國家，憤怒的聲浪已經淹沒了那些人數稀少，卻仍然希望藉由姑息希特勒可以避免戰爭者的想法。張伯倫悲慟地承認，他被德國的獨裁者矇騙了。因此當希特勒在一九三八年三月三十一日，把下一個主要目標指向波蘭時，張伯倫語氣明確地承諾，一旦波蘭遭到德軍的攻擊，英國將「立即……盡全力伸出援手幫助波蘭政府。」可怕且無可避免的戰爭已經迫近的想法，現在已經深深地籠罩在英國人的心裡。

不祥的預兆甚至更加瀰漫在法國人的心中。法國人和波蘭人之間的友誼有一段很深的文化和歷史淵源。法國早就承諾，假如波蘭遭到攻擊，一定會義無反顧地前往協助。法國政府甚至一再地保證，此次將是其光榮地履行承諾的時刻。

至於在華盛頓方面，行政部門一再地企圖藉著普遍高漲的反希特勒情緒來減低孤立主義者的反戰情緒。羅斯福要求國會放寬中立法案的條款，如此一來，他才能夠向倫敦和巴黎對戰爭補給品的迫切需求有所回應。雖然白宮不斷地施予政治壓力，國會仍然要求美國不得介入歐洲的亂局。

蘇聯情非得已的情況下，也對戰局採取敬鬼神而遠之的態度。法國政府希望蘇聯能繼續不斷地鼓吹建立一個安全同盟。英國外相哈利法克斯勳爵（Lord Halifax）同意，不論建立安全同盟可能會有什麼缺點，若西方國家能和蘇聯建立同盟關係，或許可以迫使希特勒重新思考他那擴張的野心。雖然曾努力和莫斯科取得相互瞭解以及達成協議，但是張伯倫一直深信，史達林的主要動機在於驅策各資本主義列強「互相殘殺對方」，因此任何可能的突破都還是胎死腹中了。

結盟對抗德國的計劃之所以失敗，波蘭的不願合作也是主因之一。波蘭對於蘇聯不但恐懼、懷疑，也非常仇恨。假如沒有波蘭的同意，縱使和莫斯科達成了協議，那也是毫無任何作用可言。一旦波蘭阻止蘇聯紅軍借道其領土，那希特勒根本就用不著懼怕蘇聯部隊。當波蘭面對西方國家的壓力時，則會理直氣壯地說：「德國人能使我們失去自由，但蘇聯人則會使我們失去靈魂。」

令人擔憂的是，英法兩國以不合理的表現和良好的意圖打動蘇聯，蘇聯人越來越相信，西方國家的目標是將納粹的侵略方向導向自己。於是，蘇聯秘密展開與希特勒達成和解的嘗試。雖然蘇聯和英法兩國的會談時日已久，卻沒有達成任何結論，蘇聯和納粹的會商卻很快地就有所進展。希特勒一直希望趕快發動入侵波蘭的戰爭，避免他的裝甲部隊陷入秋季的泥濘當中。他希望當德軍攻打波蘭時，俄國人能保證不從旁惹事生非而壞了他的計劃。雙方於是在一九三九年八月廿三日簽訂了互不侵犯條約，蘇聯免除了被德國攻打的危險。

巴黎和倫敦聽到德蘇兩國簽訂互不侵犯條約的消息之後，著實大為吃驚。雖然德蘇會談的消息早已外洩，但即使最為虔誠的反共產主義者也不敢相信，史達林竟然能夠和在柏林的那位法西斯主義的信徒達成協議。希特勒不但一向把消滅布爾什維克主義視為其首要目標之一，也曾公開地侮辱斯拉夫人，將他們視為劣等民族。歐洲所有的政治和軍事的局面突然出現了轉變。希特勒再也沒有任何理由害怕，那個與他對抗的龐大三國同盟不會成立了。他的部隊已經準備要出動了。第二次世界大戰也即將要爆發。

就在德蘇兩國簽訂互不侵犯條約後的第九天——也就是一九三九年八月三十一日，十二名來自德國集中營的拘留人被迫穿上波蘭陸軍制服。他們被黨衛軍軍醫注射致命的藥劑之後，再被子彈打得滿身是洞。當天夜晚，黨衛軍士兵將這些遺體運到德波邊界靠近德國這一邊的森林裡。遺體被四處擺放，看起來就像某個波軍單位因入侵德國領土被反制，其他人逃走後把死者遺棄在現場的場景。

大約就在同一時間，小股黨衛軍士兵佔領了靠近波蘭邊界的格維里策市（Gleiwitz）的一座廣播電台。期間，他們讓一名會講波蘭語的士兵透過廣播，呼籲波蘭人對德國展開攻擊，並說波蘭和德國攤牌的時刻已經到來。

為應對這些虛構的入侵和挑撥，以及對所謂的住在波蘭的德國人遭到虐待等情事有所回應，尤其後者希特勒已經憤怒地表達了有幾個月之久，德國在隔天清晨入侵波蘭。德軍戰機在九月一日清晨五時轟炸邊境地區的波蘭軍事陣地和設施。一個小時之後，德軍大舉入侵波蘭。四十個步兵師和十四個機械化師很快就摧毀了波蘭的邊境防禦，對著波蘭的內陸長驅直入。

希特勒解釋道：「波蘭這個國家拒絕我所提出的和平要求……波蘭境內的德國人先遭到血腥恐怖的迫害，然後又被趕出他們的家園……從一連串強大武力的邊境入侵可以證實，波蘭早已不再尊重德國的邊界。」

這是希特勒到目前為止最為大膽的賭注。他的高級將領們又再度對他提出警告——他正走在一條極為危險的道路上。他不但將他們的擔憂斥為無稽之談，而且還信誓旦旦地認為，德國部隊的怒吼之聲以及其動員能力之強大，是膽怯的西方國家所不能相比的。

德國民眾不像希特勒那麼有信心。大多數的德國人和其他的歐洲人一樣，都清楚地記得一戰給人類帶來的慘痛教訓——兩百多萬名年輕人喪命，四百多萬人受傷。希特勒的高談闊論和捏造的似是而非論調使德國民眾擔心，入侵波蘭很可能會引發另一場大戰。

一名派駐柏林的美國特派記者，形容一般德國民眾「與歐洲其他國家的人民相比……幾近於恐慌」，大概當天的那些波蘭人不包含在這些歐洲國家在內吧。另外一位特派記者則描述了戰爭第一天德國首都的民眾戰戰兢兢的情形。

> 黃昏時空襲警報大作，這是一個響聲頗長的尖嘯聲，是特地為世界末日而響的。每個人就像是蟻丘被踢壞、四處逃竄尋找掩護的螞蟻。巴士和汽車停在街邊。十分鐘之後，解除警報聲響後，四百萬人邊談論邊匆忙地回家去，大家整夜在討論，那究竟是真的空襲警報還是演習而已。

駐柏林哥倫比亞廣播公司記者威廉·夏伊勒（William Shirer）在日記中寫道：「人們還不知道希特勒已經帶著他們投入一場世界大戰……人們臉上顯露出驚訝和沮喪。根本看不到任何興奮和愉悅的表情，更聽不到歡呼的聲音，也看不到民眾投擲鮮花的景象……」

希特勒的「西方國家都相當膽怯」的論調，在事件一開始的時候似乎證實他所言不假。優柔寡斷也幾乎是英法兩國政府的本能反應。他們相當擔憂，一旦他們採取行動阻撓希特勒之後不到幾個小時之內，德國空軍一定會把巴黎和倫敦部分地區給轟得只剩一片瓦礫。兩國必須共同討論該怎麼做。過去幾個月，危機持續不斷升高，但他們都疏忽了要制定聯合處理偶發性事件的計劃。當德國坦克已經轟隆作響地行駛在波蘭平原上時，法國外交部長喬治·博內

（Georges Bonnet）甚至還妄想召開另一次和談——另一次慕尼黑會議，出賣另一個盟邦。

倫敦方面，張伯倫宣稱：「現在，我們只好咬緊牙關來參與這一場戰爭了。」國會下議院對於張伯倫除了威脅動武之外，沒有其他的行動而感到挫敗的情緒蔓延在死硬派黨員之間。這些人數龐大到足以阻撓保守黨和當時在野的工黨兩黨合作的死硬派，直至今日仍然存在。德國開戰後當天，工黨的代理黨魁亞瑟．格林伍德（Arthur Greenwood）——不受保守黨人喜愛的人士，在國會當中挺身支持張伯倫對於英國處境的看法。此舉使得一位著名的保守黨人士對他大聲地說：「亞瑟，請你以英國的利益說話。」這證明國會議員當中，有許多人認為首相早就不為英國的利益說話了。

九月二日晚上，也就是德國入侵波蘭的第二天，英國政府面對「不要再猶豫」的壓力，大到再也無法承受的地步了。下議院議員的情緒已憤怒到極點，整個情況似乎意味著，除非採取對抗希特勒的行動，否則張伯倫首相的職位將不保。皇家海軍時刻準備著一旦宣戰，要如何來部署艦隊。即使是英國國家廣播公司，也停止過去那種對德國的客氣態度，他們為了表達憤怒之意，不再用對尊稱希特勒的名諱，而是直指他的名字。

英國再也無法忍受更進一步的拖延了，駐德國大使於九月三日上午九時，在柏林將最後通牒交予德方。除非德方能保證在當天上午十一時之前，迅速地將部隊撤離波蘭，否則兩國將處於交戰狀態。

到了上午十一時，英方仍然沒有獲得德方的保證，神情沮喪且老態龍鍾的張伯倫於是前往英國國家廣播公司悲傷地告訴英國民眾，英國又再度地參戰了。由於法國也對希特勒發出最後通牒，在英國對德宣戰六個小時之後，法國也跟進宣戰。此時，倫敦實施第一次的戰時空襲演習。當警報聲大作的時候，汽車和巴士都靜止不動地停在街上，戴著鋼盔的官員和警察則護送著擔心、害怕的民眾進入防空避難所。急救小組匆忙地集合並趕往需救助的地方。首都上空昇起了許多防空阻攔氣球，最後證實是假警報。英國駐法國空軍武官搭乘一架輕型飛機，他沒有經過允許及知會有關當局的情況下，即飛越英吉利海峽上空造成的誤會。

雖然希特勒一直深信，不論英法兩國做出任何舉動，都不會為波蘭而戰，當這兩個國家真的對德國宣戰的時候，他極為震驚。他的大批兵力正在波蘭，將領們警告他，認為他正冒著極大的危險；希特勒又不斷地懷疑國內有人想背叛他；他擔憂第三帝國很可能在還沒有穩固之前，就會被摧毀。對他來說，接下來的幾天是一項極大的考驗。他靜待著結果，看同盟國對於其入侵波蘭的宣戰究竟是虛張聲勢或者真有其事。

德軍入侵波蘭的消息在午夜時刻傳到白宮，羅斯福被喚醒後告知事情的經過。他和同樣也被搖醒的高級助理共同討論整個情況。他在破曉之前，同意傳送電文給西方同盟國各個政府，以及波蘭、德國和義大利，呼籲所有的相關國家不要從空中攻擊民居。不過在那之前，華沙早就已經遭到德國空軍的轟炸了。

美國國內各界幾乎異口同聲地對德國入侵波蘭一事大力譴責。雖然大多數的孤立主義者和其他反對意見者同感憤怒，但他們也擔憂，德國的入侵將使那些早就呼籲應運送物資給同盟國的主張聲浪更為高漲。因此，他們更加強烈地要求美國政府一定不能被歐洲各國的參戰情緒所感染。這種觀點可以從紐約《世界電訊報》（*New York World Telegram*）的文章中清楚地看出。

我們認為，日後史學家在記載這段歷史的時候，絕對能斬釘截鐵地寫下誰該為此一戰爭負責。由於我們何其有幸地居住在大西洋的這邊，因此我們不必扛起承擔在歐洲所將發生的這一場悲劇之責任。相反地，我們應把精力和決心投注在使我們國家不介入其中的工作上。

助理國務卿蘇諾．威勒斯（Sumner Welles）說：「除了在一、兩個地區之外，全美孤立主義的情緒已沸騰到極點。美國民眾要求政府不要採取任何行動，即使是表態也不可以。他們擔心如此一來，會讓那些曾對德國發出警告的強權國家誤認為美國將介入其中。」

羅斯福在記者會上說，他不但希望而且也相信，美國一定不會介入戰爭，「美國各行政部門將盡各種力量來達成此一目的。」羅斯福在英法對德國宣戰當天，也就是九月三日，在他其中一次著名的爐邊談話廣播中告訴美國民眾，歐戰必然會對美國造成影響。以當時的民意，他僅能點到為止。他承諾，「只要我還有能力避免參戰，那麼在美國境內仍可看見和平。」同時，美國遊客也群聚在倫敦和巴黎的美國大使館，尋求返回美國的協助，因為不久之後，德國戰機很可能會在這裡投彈轟炸。

在宣戰後沒幾個小時，英國就開始採取軍事行動。皇家空軍轟炸從威廉港出發的德國海軍艦艇。那是一次還算成功的轟炸行動，但因為英方擔心德國空軍會對英國城鎮展開報復，轟炸機指揮部不但不能繼續轟炸德國本土，還敦促法國不要採取「貿然的行動」，免得對德國老百造成可能的傷害。

法軍高級指揮部根本就不想採取大膽或躁進的行動。倫敦擔心的「貿然的行動」，根本就是錯誤判斷。英國空軍參謀長西瑞爾．尼華爾上將（Sir Cyril Newall）告訴戰時內閣，除非法軍已經開始採取積極行動的前提下，若非如此，巴黎要求皇家空軍的航空前進打擊部隊（Advanced Air Striking Force）和法國陸軍密切合作的話，他是不會給法國人好臉色看的。而法國根本就不想積極參戰。

開戰之後的最初幾天，皇家空軍轟炸機確實曾對德國發動兩次小規模的空襲行動。然而，只局限於投擲心戰傳單，如同邱吉爾後來所說，其目的在於「激發德國人較高的道德意識」。由於德軍早已如閃電般馳騁在波蘭境內，也沒有遭到波蘭盟友有多顯著的反應，那些傳單似乎不可能對德國人的道德標準產生任何提昇的影響。當有人向空軍大臣艾爾．金斯里．伍德（Sir Kingsley Wood）爵士建議，對德國可能藏有大量的軍火和武器的黑森林地區投擲燃燒彈時，他卻不悅地反問說：「難道你不知道那是私人土地嗎？」

皇家空軍避免轟炸其認為非軍事的目標——例如鐵路機廠，但沒有料到，德軍藉著這些機廠運送軍隊和設備。一個轟炸機中隊在德國北方的基爾港執行偵察，卻因猛烈的防空砲火而喪失了五架轟炸機，卻始終沒有對港內的軍艦投擲炸彈，原因就是害怕傷害到港口工人或是破壞了非軍事性的設施。

一向對姑息政策批評最為嚴厲的邱吉爾，不但在此時被任命為海軍大臣，而且還強烈要求同盟國要掌握先發制人的機會。邱吉爾出現在張伯倫的內閣當中，使該政府展現出較為強勢的作戰決心，這是張伯倫和其顧問們即使已經對希特勒態度轉變了，都無法展現出來的。當德國空軍總司令，同時也是希特勒的密友——赫曼．戈林聽到邱吉爾被任命為海軍大臣之後，即憂心地說：「這意謂著戰爭真的展開了。」

邱吉爾敦促英國皇家空軍和法國陸軍即刻對德國的西牆（West Wall）——齊格飛防線（Siegfried Line）展開聯合作戰行動，減輕波蘭的壓力。雖然他的建議受到內閣同仁的贊同，但張伯倫仍舊顯得過份小心翼翼。當時若採取行動，將會有重大的成果，張伯倫卻提議與巴黎商討兩國部隊在行動中所該擔綱的角色為何。

然而，派遣英國遠征軍到法國總算是個開始。步兵和支援部隊做為先頭部隊運往法國，到了九月初已經有兩個師抵達，預計在夏季和冬季之間將部隊增加到十個師。一些在八月份配合年度教召的後備軍人，在沒有機會返回家中料理家事以及向其家人道別的情況下，就被直接送往法國，他們其中許多人再也沒有回到自己的家。

當載運英軍的火車和卡車奔馳在法國時，受到當地民眾的熱烈歡迎。巴黎許多餐館都供應如「張伯倫鱒魚」等佳餚；雖然只有少數湯米大兵（英國人習慣暱稱其子弟兵為Tommy）有緣接近巴黎市區，不少酒吧還是掛起「此處販售英國啤酒」和「歡迎湯米大兵」等標語。大多數的英國遠征軍士兵被直接運往與比利時接壤的法國北部，假如德軍要攻擊法國的話，將會突然出現在此。

在英國，不祥的氣氛已日益高升。一名美國外交人員在觀察英國民眾對宣戰的反應後向華府報告：「在倫敦，整個環境都處於焦躁不安的狀態。」

> 無憂無慮的日子再也見不到了！步槍上刺刀的閃光在英國到處可見。在每一個重要的鐵路交會點——每一座大車站、橋樑、隧道、工廠等，都可看見衛兵把守。鐵路沿線都如雨後春筍般出現了本土防衛軍（Home Guard）進駐的許多營地、營房，……穿著制服的海、空和陸官兵三五成群各處走動……酒吧還是相當吵雜和歡樂。「約翰牛」（指英格蘭人）還不至於擔心戰局而悲傷到不去飲酒作樂……雖然英國民眾臉上露出了嚴肅、焦慮和不悅的表情——但他們的意志是極為堅定的……巡警非常嚴格地執行燈火管制，只要任何一個窗戶有燈光外洩，屋子裡的人很快地就會被斥責，這是十分嚴重的事情……沙袋正以成千上萬的數量運送到城鎮裡……每一個地下室都會檢視以便充當防空避難所……學童都撤離倫敦。很多家庭都上路了……那些有錢有閒的人都到哪裡去了？……在國會辯論裡，有位工黨議員帶著擔憂之情說，有錢人都撤離倫敦，勞工階級和貧苦民眾則只能待在倫敦。雖然這句話並非全然事實。但我認為其中也有不少事實存在。

燈火管制時間是從日落到隔天日出為止，這段期間在秋天到來以及正要邁向冬天時將日益增長。英國政府要求民眾讓車上的頭燈變成較暗。除了空襲警報之外，工廠的汽笛聲和其他類似的聲音都不准再使用。未免因空襲炸開館場後出逃，倫敦動物園下令撲殺毒蛇。電影院和歌劇院也下令關閉，直到進一步通知才能重新營業，這其中還包括一家正在上映名為《道奇之城》（Dodge City）的西部槍戰片之電影院。雖然有人建議在戰爭期間一律關閉所有的電影院，但擔心會對民眾的士氣產生負面的影響而遭到否決。

在巴黎，空襲的預防措施也計劃得相當周詳。而且也開始對可能出現的第五縱隊展開大力整飭的行動。政府試圖過濾任何破壞民眾士氣的言論，導致法國被檢查過的媒體上都出現了許多空白處。原本在巴黎上映的輕鬆滑稽歌劇《玫瑰瑪麗》（Rose Marie），其中男聲合唱部分有一句是要求人們響應去從軍的，還因此被迫禁止演出。

英法兩國在德軍入侵波蘭時未立即對德國加以還擊，事後證明是釀成重大錯誤的結果。當時單是法國部隊的總人數就已遠超過齊格飛防線上的德國守軍。大部分的德國陸軍以及幾乎空軍所有的兵力，都被派往波蘭征戰。德軍在德法邊界只部署了十一個正規師和二十三個後備師，後者當中沒有任何一個連隊曾經做過實彈演練。至於法軍方面，不但可以部署八十五個師，還可配賦二千五百輛坦克以及一萬門大砲。德軍的西牆根本就不是一個堅固而無法攻破的防線。事實上，它根本就是一條不應存在的防線。德軍將領魏斯特伐（Siegfried Westphal）對於法國在對德宣戰之後，卻未採取行動感到驚訝。

> 九月期間，德軍的西部防線連一輛坦克也沒有，所儲存的彈藥只能滿足三天作戰使用。我們的後方並沒有真正可供運用的後備部隊。德國空軍所有的飛行單位都在波蘭作戰，

西部戰線只留下一些偵察機和老舊的戰機。在西戰服役的德國軍事專家想到法軍可能會立即展開攻擊時，都緊張得毛骨悚然。不過令他們不解的是，法軍竟沒有進攻。他們非常慶幸，法國的領導階層似乎不知道德軍的防衛能力是何等弱得驚人。

法國第二集團軍司令安德烈．加斯頓．布利特雷特將軍（André-Gaston Pretelat），確實被授權可對法德邊境展開軍事行動。但是，他的行動只能局限於偵察和「小規模攻擊」。甘末林將軍告訴他，「身為同盟國一員，我們主要責任就在於應在邊界之外展開行動。」此舉對於波蘭來說，實在談不上忠誠可言。法國仍然希望戰爭將會遠離。

可是，英國報紙的讀者們卻並非如此來看待法軍的意圖。倫敦《每日郵報》（*Daily Mail*）的特派員從法國發回以下的報導：「在這一片玉米田、葡萄園，以及牧場遍佈的美麗大地上，任何一座村莊或城鎮，無不顯現出對其六百萬經過武裝的男孩壯大和紀律嚴整的軍容……我……看見了一個強大和充滿信心的國家正出現在我眼前。」該報在倫敦的頭條新聞標題如此地寫著：「法國軍隊正湧向德國邊境。」

上述有關法軍是世上最強大軍隊的報導，與英國軍方所獲得的情報有很大的差距。法軍進駐馬奇諾防線和齊格飛防線之間，約十二英里寬的無人地區。德軍從來就不想防守這裡，法軍只會遭遇到一些詭雷和地雷而已。不到一個月，華沙落入德軍手中之時，法軍也只不過越境還不到五英里的地方，很快地撤回法國。根據他們的解釋，法軍已經不可能影響波蘭的戰局。

就在波蘭人投降的前幾天，軍方才終於向法國政府報告——法軍已經完成動員，足以應付法國多年來一直焦躁等待開打的戰爭。甘末林將軍向軍隊大聲疾呼：「法國的軍人們，從現在開始，不論在任何時刻，一場決定我們國家命運的大規模戰爭將可能再度展開。」不過在那個時候，許多被徵召的士兵還是不清楚他這句話的重點究竟是什麼。

同盟國無法制止德軍對波蘭展開的閃擊戰，加上又無法對希特勒展開任何主要的軍事行動，同時也影響了英國人的情緒。當時即將成為新聞大臣的達夫．庫珀（Alfred Duff Cooper）後來回憶：「……人們開始說：『我們對於波蘭感到遺憾，但又無法再做更多的事情，既然如此，為什麼我們要繼續作戰呢？』」

美國大使約瑟夫．甘乃迪（Joseph Kennedy）從倫敦傳回的報告指出，和張伯倫相當親近的前任外交大臣山姆．荷瑞爵士（Sir Samuel Hoare）對於希特勒很可能在征服波蘭之後，轉與英法發生衝突似乎一點也不在意。甘乃迪深信，英國即使傾全力作戰，還是會被打敗。他認為，所有當權的英國領導階層人士，即使嘴上說的是另一套，但也是持相同的想法。甘乃迪就九月十八日與張伯倫的對話，向華府做出他對於整個局勢的看法。

> 在聽完全部之後，根據我的經驗，我得到了以下的印象：當年我還在電影業時，每當一部新電影做內部試映前，少數高層看過以後步出放映室那一刻，大家都會圍上前來想瞭解我們對那部影片的觀點。我在那四年期間，從來不曾看到高層出來時不是說「太好了！」。同時間，在外守候的人們，從高層的口氣就能明確知道影片評價的好壞。雖然高層每次所用的詞都是相同的，但其真正的意涵卻能被正確地領略。從我的電影業經驗與今日對話相比，可以說是有異曲同工之處。雖然張伯倫並沒有說一切事情都很好，他也不想讓我覺得事情是糟透了，但我認為，一切事情真是糟透了。

白宮和國務院都對甘乃迪的局勢分析感到懷疑。羅斯福和甘乃迪的看法不同，他認為不應該把歐洲匆促達成的停戰協定看成是一種滿意的結果。他擔心，為了早日獲得和平而匆忙結束的戰爭，很可能會在一或兩年之後又重燃戰火。同時，甘乃迪親姑息政策的傾向，也和羅斯福及國務卿赫爾強烈反對納粹的觀點有所衝突。羅斯福告訴他的財政部長亨利・莫根索（Henry Morgenthau）：「喬（Joe）一直是個姑息主義者，未來也將會是如此。假如德國……明天提出一個條件良好的和平方案，喬將開始規勸英王、他的朋友、王后，以及英國的民眾，務必使每一個人都同意。對我來說，他真的很討人厭。」

就是因為如此，羅斯福採取跳過張伯倫首相和外交大臣哈利法克斯的方式，直接與邱吉爾通信。他想更清楚地瞭解戰局的發展，而不是透過張伯倫派駐華府的大使或是甘乃迪的轉述。

在德蘇簽訂秘密條約之後，蘇聯軍隊於九月十七日，趁著波蘭軍隊還在和西面入侵的德軍作戰時，從東面攻入波蘭。波軍防線很快就崩潰了，進而被兩個入侵的強權瓜分。史達林對於九月初英法兩國，未能在德軍入侵波蘭時採取強硬措施不但絲毫不覺得訝異，反而加深了他的觀點——同盟國指望德軍攻打蘇聯，而不是他們。假如英法兩國試圖和德國展開停戰交涉，那此刻的蘇聯應該可以從中獲取一些利益。蘇德共同瓜分波蘭使西方國家體認到，假如西方國家與德國發生全面性戰爭，肖想可以從蘇聯那裡獲得任何援助。

在波蘭淪陷後的幾個月時間，關於德軍立即向西線攻擊的謠言與日俱增。同盟國部隊不斷來回地處於提高警戒與解除警戒的循環中。然而，英國遠征軍總司令高特勛爵（Lord Gort）確信，德軍不會在春季之前發動攻勢，因為秋末和冬季鬆軟土壤和雲層狀況將妨礙坦克和戰機的行動。

高特勛爵（之後承襲他父親的爵位，改稱約翰・斯坦迪什・瑟蒂斯・普倫德加斯特・維里克，John Standish Surtees Prendergast Vereker）在宣戰那一天之前，就已經被任命為英國遠征軍總司令。對於他的任命引來許多的抱怨。高特在一戰時因個人於戰鬥中所展現的英勇——

他曾在嚴重受傷之後，還在戰場上率領部下英勇作戰，而獲得維多利亞十字勳章（Victoria Cross）——是無庸置疑的。但有不少前輩卻質疑他的領導統御能力。這項任命，使他超越許多經驗和階級都比他資深的將領，也因此引發了許多怨言。現役資深軍官艾德蒙·艾侖賽將軍（Sir Edmund Ironside）是一位精力充沛、經驗豐富，但已年長的軍人。他一直想成為英國遠征軍總司令，但是當他被任命接替高特的職務——帝國參謀總長時，則顯得極為失望。他以為，參謀總長只不過是個空有名聲，只處理文書工作的職務。艾侖賽認為，高特「甚至不知道如何處理大場面。」

不久後將前往巴黎擔任邱吉爾個人代表的愛德華·史皮爾斯少將（Sir Edward Spears）認為，雖然高特是位值得信賴、腳踏實地，以及十分勇敢的人，但不是很聰明。英國遠征軍下轄三個軍的兵力，其中一名軍長，亞倫·布羅克將軍（Alan Brooke）不但非常妒忌高特，而且還對高特的「領導能力缺乏信心」。布羅克認為高特缺乏施展先發制人的動力。而是否具有施展此種軍事行動的能力，其重要性不容忽視。由於英軍地面部隊人數不多——規模只及法軍的十分之一——布羅克擔心高特和英國遠征軍會被置於法軍的領導之下。高特將接受法軍第一集團軍司令蓋斯頓·比洛特將軍（Gaston Billotte）的節制。比洛特則聽命於法國東北方聯軍司令，阿爾方斯·喬吉斯將軍（Alphonse Georges）的命令。至於喬吉斯則是下轄聯軍同盟國司令甘末林將軍的指揮。

由於馬奇諾防線阻撓德軍無法直接侵略法國攻擊，甘末林深信德軍將經由比利時來攻打他的國家——也就是沿著德皇威廉的軍隊在一戰時所採取的同一路線。當德軍對比法邊界展開攻勢時，甘末林會將計就計地將他早已佈置在該地區的部隊——其中包括英國遠征軍調離，誘使德軍進入比利時。如此一來，他將能夠在德軍抵達法國領土之前，就在比利時境內將德軍加以狙殺。

當比利時知道聯軍的計劃之後，顯得相當焦慮。比利時一直想維持中立的角色，為怕引起希特勒的不悅，因此拒絕讓同盟國在其領土上部署軍隊。即使根據情報，希特勒正有入侵的可能，比利時還是拒絕讓聯軍軍官觀測那些德軍可能用作入侵比國路徑的地形。比國只允許一些穿著便服喬裝成觀光客的軍官，進行簡略的地形觀測。比利時甚至不同意比國與盟國軍官之間進行的磋商。由於作戰計劃不是在當地制訂，加上對地形地貌又不夠了解，使得同盟國的戰略推定不夠完整，有些參謀軍官甚至發現，計劃的某些地方只能以假定的方式完成。

希特勒於九月中旬確知可篤定佔領波蘭之後，就開始將部隊和裝備運往西線，準備向西出擊。他並不打算讓英法有先發制人的機會。他的將領們再一次陷於沮喪絕望的狀態中。他們認為，在秋季展開攻勢非常不智，白晝的時間太短了。純粹就各項統計數字來說，即使是把波蘭的所有德軍調往西線，聯軍的兵力還是比德軍強大。當下他們可供運用的部隊共有一百一十四師，德軍則只有九十八師。由於濃霧的緣故，將無法利用戰機從空中攻擊。地面則因氣候因素影響，不適合坦克作戰。雖然德軍很快就打敗了波蘭，但在這段期間，犯下了不少隱藏性的錯誤。先鋒部隊的彈藥、戰車的替換零件等都供給不足。在征服小國家時，若犯了上述的錯誤倒還無所謂。但若是在對抗強大的法軍和其盟邦英國的時候，又犯了上述的錯誤，情形可就不妙了。

哈爾德將軍在他的日記裡寫道，所有的高司單位都認為攻擊行動根本不可能成功，即使是備受希特勒信任的戈林也都認為應延緩行動。戈林希望由他派遣去英國和法國的中間人，轉達兩國在採取更進一步的行動之前，可以考慮允許德國佔有已經打下來的領土。但是希特勒對於在東線的成功感到欣喜若狂。被那些怯懦的將領激怒的希特勒——其中有些又再度企圖罷免希特勒，但卻又再度地未能執行計劃——他堅持應儘快向西線攻擊。同時，他公開發表希望達成和平的訴求，企圖使同盟國產生自滿的心理。

我主要的目的一直在於排除使德法關係無法有所進展的阻礙……我一直向法方表達兩國應盡棄前嫌並且本著兩國既有的光輝歷史，共同攜手邁進之願望……我不但一直致力於增進德英兩國的瞭解，也希望更能增進兩國之間的情誼……直到今天，我還一直堅信著，假如德國和英國能互相瞭解，那歐洲和全世界必將能達到真正的和平。

德國電台甚至還大肆放出謠言——一個新的英國政府已經在倫敦正式宣誓就職，並且準備和希特勒達成協議，德國和同盟國事實上已在討論停戰的相關事宜，德國民眾終於感到解脫而興高采烈。這一則完全昧於事實的報導，只維持了很短的一段時間後就煙消雲散。張伯倫回憶起希特勒以前許多信誓旦旦的空口白話，他告訴英國國會，千萬不要也不能相信希特勒。法國總理達拉第（Daladier）也深表同感。

這一次，英法兩國領袖終於沒有做出錯誤的判斷。就在十月十日，也就是英法兩國斷然拒絕希特勒的和平呼籲的聲明正式送達柏林之前，希特勒早已命令他的將領，為對法國的攻擊行動做好萬全的備戰工作。

我們必須展開這次的攻擊行動……時間愈快愈好……我們的目的不僅要盡可能地將法國最強大的作戰部隊加以擊敗，而且也要打垮協助法軍共同作戰的聯軍。同時，我們還要攻取荷蘭、比利時，以及法國北部，作為攻打英國的海空軍基地。

攻擊行動預定將在十一月十二日展開，同盟國也被告知攻擊的日期。德軍情報局漢斯·

奧斯特上校（Hans Oster）——一位致力於反對納粹的軍官，他對於自己的長官未能順利發動謀反希特勒的行動感到相當遺憾——曾經透過管道向荷蘭以及比利時傳達消息。後來證實德軍並沒有在這一天發動攻勢。行動之所以延後並非希特勒受到將領的規勸，而是天候的影響。德國氣象人員的預報促使希特勒將攻擊行動的日期延後。不過，他命令他的部隊應保持警戒，在天氣轉好時就立即行動。儘管希特勒的怒氣日益高漲，但天氣究竟何時好轉，仍然令人難以捉摸。他必須將攻擊行動延到冬季之後，前後加起來他總共延後了十一次之多！

那一年的冬季相當酷寒，為數年來所少見。河流都結冰，軍隊在營房裡凍得顫抖不已。聯軍唯一能做的，就是在凍結的土面上挖戰壕，靜待希特勒的下一個行動。如此靜止不動的狀態，實在與邱吉爾的個性極不搭調。自從邱吉爾加入張伯倫的戰時內閣之後，他就一直是個最為果敢和精力旺盛的閣員，他不斷地呼籲應投入更多在這一場戰爭中。他時常提出打敗德軍的建議、提案，以及計劃。他的注意力擴及到他負責的海軍總部以外，任何與戰爭相關的軍事和外交等方面都涉獵，因此有些閣員對他感到不滿。他是一個動人的演說家和擅用言詞的人，他的辯才無礙獲得了國會以及英國民眾的讚賞。他儼然已成為戰時內閣當中，唯一能夠發表最具戰力演說之閣員。相對於張伯倫日益消沉和疲憊，民間早已流傳，邱吉爾不久之後將取代張伯倫成為首相。

並非所有的保守黨員都支持邱吉爾，其中一些資深黨員對於他看情勢不對就投靠別的黨派的過去不予苟同。他們同時也對邱吉爾搶盡張伯倫和其他閣員鋒芒的作風感到不滿。當有人建議由邱吉爾出任首相時，一位黨內大老竟禱告說，希望「這樣的大災難千萬不要發生」。有位張伯倫的基層幕僚人員在聽完邱吉爾的一次演講廣播之後即總結說，邱吉爾必將在戰爭結束之前出任首相。但他也擔憂：「從他過去那種不值得信賴和不穩定的紀錄看來，假如他真的成為首相，將把我們帶到最危險的道路上。」

秋去冬來，希特勒更加擔憂他無法掌控事態。他擔憂同盟國為取得先發制人的優勢，很可能會攻擊和佔領德國的魯爾工業區。假如聯軍攻擊勢魯爾，將會完全擾亂了他的計劃；一旦如此，德軍沒多久將因缺乏充足的軍需補給品而動彈不得。

在憤怒、焦慮，以及懷疑那些持反對意見的將領在背後搞鬼而導致一再延誤的情況下，希特勒下定決心不再等待了。他下令部隊在一九四〇年一月十七日依照原定計劃，對比利時和荷蘭發動陸空聯合攻擊。行動已做好萬全的準備，部隊已經蓄勢待發，要不是發生可能對德軍和希特勒造成重大災難的意外事件，進而導致再度延期的話，攻擊行動早就已經展開了。

一月十日，預計攻擊荷比盧的部隊正要進入攻擊陣地時，一架在德境飛行的德國軍機（BF 108），因為飛進雲層迷失方向之後，迫降在比利時邊境。飛行員空軍後備軍官艾瑞克・霍曼斯少校（Erich Hoenmanns），當時正執行勤務的他企圖編造「想到科隆會見妻子」的藉口。其實是他機上的乘員，德軍第七空降師參謀軍官的赫姆特・藍柏格少校（Helmuth Reinberger）建議他這麼說的。藍柏格負有前往科隆的緊急任務，但由於鐵路交通中斷，使他無法藉由地面抵達才改搭軍機前往。他隨身攜帶的文件，包括即將發動的入侵行動中，對德國空軍的一些機密作戰指令。

當藍柏格走出軍機發現自己是在比利時領土時，即刻企圖把那些文件燒毀。在德機降落時就已衝向現場的比利時士兵，很快就將火勢撲滅。當這兩位德國軍官被帶到當地的軍事指揮所偵訊時，藍柏格突然搶奪放在桌上早已薰黑的機密文件並投入壁爐之中。可是，他的計謀又再度受挫。一名比利時軍官動作迅速地將手伸入火勢裡，雖然手部遭到燒傷，但還是能夠將那些文件取回。除了地圖已無法辨認之外，德軍攻擊比利時和荷蘭的計劃都可以清楚的看到。他們兩個立即被移交給更高層級的比利時軍官。

當時比利時人已經相當擔憂德軍可能會發動攻勢，因此他們最初的結論認為——這根本是個圈套，其目的可能是引誘他們要求聯軍進駐比利時，如此希特勒就有藉口對比利時開戰。然而，文件卻又能證實從別的管道所獲得的情報的真實性，其中包括在柏林的反納粹軍官所提供的在內，都指向德軍迫在眉睫的攻擊行動。同時，在對所有的情況和那兩名被俘虜的德國軍官的表現看來，這似乎非欺敵的行為。假如是造假的話，兩名德國軍官似乎用不著對他們遭遇到的處境，感到如此地困擾和難堪。霍曼斯說他未取得放飛的許可，而藍柏格則不應該攜帶那些機密文件上飛機。

德國駐比利時大使館空軍武官，渴望可以獲得比利時官方的同意，讓他會晤那兩名德國空軍軍官。武官是在一間佈滿竊聽器的房間與兩人見面的，他所問的第一個問題，就是機密文件是否已經摧毀？擔心自己的軍人生涯以及自己生命安危的藍柏格，只好一再保證說文件已經燒毀。

然而，德軍最高統帥部並不相信是如此。基於比利時突然間調動其部隊，德軍最高統帥部推論，藍柏格所攜帶的文件不但被比利時官方取得，而且很可能已被傳送給英國和法國。雖然戈林諮詢的那位預言家一再地向他保證，文件絕對沒有落入比利時的手中，但希特勒還是相當震怒且不願接受這個說法，雖然不情願但西線攻擊行動只好再度延後，以重新檢視整體行動的戰略。藍柏格和霍曼斯很幸運地沒有被送回德國。他們以戰俘的身份，被立即送往加拿大，並且一直待到戰爭結束為止。

比利時確實是將俘獲的機密文件之內容，轉交給同盟國部隊的高階指揮官，後者也立即命令部隊進入警戒狀態。但是聯軍還是不准進駐比利時。法國政府呼籲比利時要務實點。同盟國的部隊、車輛，以及馬匹等都已經蓄勢待發，他們絕對不能無限期地處於警戒狀態。但是，比利時仍然抱持說，只要他們堅守著中立的立場，希特勒就不會攻打他們。比利時最高司令部甚至重申，任何企圖進駐比利時的外國部隊，不論其目的為何，都將遭到比利時部隊的阻擋。此舉顯得相當荒謬，情況可能演變成比利時部隊非但不與德軍作戰，反而與準備好趕往比國協防的英軍和法軍打起來。

在法國部署靜待德軍攻擊的聯軍地面部隊，分別屬於三個集團軍。法國第二和第三集團軍部署在德法邊界，其中最精良的法軍則部署在馬奇諾防線裡或後方，但由於防線的工事相當堅固，後者反而派上用場的機會不大。由於比利時的拒絕，法國第一集團軍其中包括英國遠征軍的九個師（另有一個英國師被南調往法德邊界去加強防禦），只好部署在「小馬奇諾防線」——沿著馬奇諾防線的盡頭，一直到法比邊界的海岸為止。一旦德軍發動主要攻勢入侵比利時，這些部隊將迅速前往當地阻擋德軍。

春季即將到來，相關人等都相當清楚，數個月以來寂靜無聲的備戰也即將因為大戰的爆發而告一段落。當德軍參謀人員正忙著西線行動的時候，同盟國的注意力則投注在斯堪地那維亞（Scandinavia），尤其是瑞典將其鐵礦運往德國的事情上。瑞典將其耶利瓦勒（Gällivare）礦區所產的鐵礦，經由鐵路運往挪威的那維克港（Port of Narvik）後，再用船隻從挪威水域將鐵礦運往德國北部的港口。德國若是沒有那些鐵礦，其所發動的戰爭終將功虧一簣。邱吉爾曾經一再要求張伯倫讓皇家海軍在挪威海域佈下水雷，阻擋德國船隻運送鐵礦。他一再強調，由英國來掌控挪威的海岸，是一項極為重要的戰略目標。法國對此深表同感，而且也非常希望同盟國能吸引到德軍的北調，讓戰爭遠離法國。

然而，征服挪威並非希特勒的優先順序。他把心思放在不斷延誤的西線進攻準備工作上。基於他提出的種族優越論調，也使他覺得應先征服其他地方較為次等的民族，然後再來征服位於德國北方的那些條頓民族。不過，他也非常清楚，假如同盟國在挪威取得了根據地——德國情報人員曾向希特勒報告，同盟國確實有此打算，那將給德國製造許多的難題。希特勒說：「敵軍到時候將發現自己佔據了前進柏林，並且突破我軍兩方大陣線的絕佳位置。」因此，雙方都擬定了在挪威取得戰略優勢的計劃。德國將丹麥列入其計劃當中，如此德國空軍就能在當地取得戰鬥機前進基地。

張伯倫最終在四月八日勉強同意，邱吉爾持續不斷敦促在挪威水域佈雷的提議。同盟國早就料到，德軍必定會以攻佔挪威的重要港口做為因應之道，在德軍前往那些港口之前，早就派遣軍隊將其佔領。上述這些行動將於未來的幾天當中開始進行。預計在挪威登陸的英國部隊，已經登上了停靠在蘇格蘭的羅西茲（Rosyth）港內，載送他們開往挪威的船隻上。

希特勒搶先一步採取行動。他派駐在奧斯陸和哥本哈根的大使，於四月九日清晨四時三十分，分別將挪威和丹麥的外交部長從睡夢中叫醒後轉達，納粹德國將為兩國提供來自「第三帝國的保護」。同時他們還被告知，德軍將「不計任何代價，將會、也一定會摧毀任何的反抗。」德國的入侵部隊已經在前往挪威的路上了。

將近一百年來，丹麥人民都能巧妙地避免捲入戰爭，而丹麥人也時常以幾乎沒有建立任何軍隊為榮，在毫無抵抗的情況下就向德國投降了。丹麥的領土不但狹小平坦，而且絕大部分的領土又和德國的北部接壤，因此極易遭到陸上的閃擊戰攻擊。至於挪威因為大部分的領土皆為山區，不易遭到立即性的征服，因而拒絕向德軍稱臣。此外，還有一個英軍旅在協助挪威武裝部隊作戰。然而，德軍的戰術較為高明，空軍猛烈且無情的轟炸和攻擊，再加上首度在戰場上使用空降部隊；在德軍佔盡各種優勢的狀況下，佔領了不易攻取的挪威。雖然聯軍曾經從德軍手中奪回戰略要地那維克港，但在不久之後又易手。聯軍在經過一連串的挫敗之後，很快就被迫從挪威撤離。挪威被迫忍受被納粹德國佔領的苦楚，直到大戰結束為止。

那年秋冬兩季的法國，在政治上處於動盪不安的狀態。一般人都認為，法軍之所以無法在德軍入侵波蘭時做出令人心悅誠服的回應，其實正好反應出法國政府之懦弱無能。政客們抓住了國家處於戰爭危機困境為由，相互指責對方。官員們也暗中算計著對方。每個人都用盡心思，想誘使高齡八十三、當時正在西班牙出任大使、一戰法國英雄，亨利．菲利浦．貝當元帥（Henri Philippe Petain）回到國內任職，以提高政府的聲望。貝當不但帶有侮辱性的抵制，還回絕這個根本不配執政的政府。

蘇聯在剛結束不久的「冬季戰爭」中，擊敗了芬蘭，此舉引起法國的強烈反應。芬蘭是個面積不大、獨立自主的民主國家，不但悍然拒絕了蘇聯所提出的割讓領土之要求，在被打敗之前，還曾經與蘇聯這個強鄰頑強激戰。同盟國除了發表嚴正聲明之外，並沒有前往援助芬蘭，此舉看在法國人心裡自是特別地苦味十足。達拉第總理還因此於三月二十日被迫辭職。短小精悍且言詞尖銳的財政部長保羅．雷諾（Paul Reynaud），脫穎而出成為法國的領導者。他下定決心不但要阻止國內的失敗主義者企圖損毀法國的士氣和意志力之計謀，而且還要領導法國打敗希特勒。

雖然法國民眾對由一位不怕德國獨裁者希特勒恫嚇之人來擔任總理感到欣慰，但是雷諾的支持者，卻對新任總理的一些標新立異言行感到吃驚。就在他擔任總理一職不久之後，就因肺部血而在醫師的指示下臥床養病。法國當時正處於危急的狀況，令一些人感到非常驚訝和沮喪的是，他竟然允許他的情婦——高傲自大卻又容易緊張的海倫．狄．波特斯伯爵夫人（Countess Helene de Portes），在他因病無法處理政務時取代他的職務。雖然她並沒有對整個政局造成重大的影響，但不難想像的是，當時她確實具有此種影響力。法國當時正處於戰爭狀態，但有一位訪客發現這位外交上毫無經驗，完全不適任的政治菜鳥，在將領、下議院議員，以及高級官員的圍繞之下，坐在雷諾的桌子後面，滔滔不絕地說著話，並且還「提供意見和下達命令」。狄・波特斯伯爵夫人和達拉第的情婦珍妮・狄・卡魯莎侯爵夫人（Marquise Jeanne de Crussol），因私人和政治等因素而互相厭惡。加上兩位夫人對權力和職位都展現出極大的野心，因而使得雷諾和已官拜國防部長的達拉第之間的競爭更加白熱化。

雷諾擔任總理職務不久之後，就必須面對聯軍犯下了派遣的軍隊規模太小且時機太晚的錯誤，而在挪威失利的戰局。他強烈指責英方，既然身為行動的主要策畫者，就應該事先做好萬全的準備，在迅速且非常清楚該如何達成任務的情況下採取行動。這位新任的法國總理與他的閣員不同的地方是，他是個親英國的人士，但他還是感到憂慮。從英國未能在適當時機投入所需部隊的事情看來，「英國的政府和最高指揮部實在是太沒頭腦了。」

至於倫敦方面，由於挪威軍事行動的挫敗，引起憤怒和怨恨。行動中損失了許多人員和船隻，卻未能達成「對希特勒掌握先發制人的態勢」之目標。張伯倫的政府應對此負責。但是，對於他的指責很快又從「於挪威戰役中損失慘重且顏面盡失」而轉移到其他層面。當年張伯倫在和希特勒於慕尼黑簽訂協議，同意德國對捷克擁有主權之後，回到倫敦時曾受到英國大眾的喝采。如今，由於未能對希特勒突襲歐洲事前做好萬全的應對，整個國家籠罩在愁雲慘霧之中；再者又因為在德軍隨時都可能於西線發動攻擊時，他所領導的政府又顯得相當無能，基於上述兩項因素，張伯倫面對最為嚴厲的譴責。

身為張伯倫內閣閣員之一的邱吉爾來說，他和其他人一樣都應擔負責任，他尤其更應擔負起在挪威軍事行動中，因所犯下絕大多數的錯誤決策之責任。但是，一方面由於他一直對希特勒採取堅定的反對立場，另一方面也因為他一直努力地喚起國人「堅持到底，終將勝利」的意識，才使他沒有像張伯倫般的際遇。

張伯倫一直無法將自己轉化成能激發民心的國家戰時領袖，再加上他早期曾經有迎合希特勒的不良紀錄，使得下議院開始對他感到不耐煩了。他再也無法保住自己的地位。雖然他還能獲得國會中大多數保守黨議員的支持，但他再也無法獲得足夠票數的支持來控制整個局面。當德軍於一九四〇年五月七日，西線計劃一再延期而重新部署的時候，知名的保守黨員，同時也是樞密院顧問的李歐波德・艾莫瑞（Leopold Amery），在下議院議員爭辯著挪威軍事行動的責任歸屬時，突然起身並引用奧利佛・克倫威爾（Oliver Cromwell）所曾使用的話對著張伯論說：「就你所曾做過的事來說，你在這個職務上待得夠久了。我要勸告你，該辭職了。讓我們議會同仁和你斷絕關係吧！我以上帝的名義要求你離去吧！」

當首相自己所屬的政黨一位顯赫的黨員都發出了如此嚴苛的譴責和不滿時，無庸置疑，張伯倫勢必得下台；張伯倫也頗有自知之明，準備辭去首相的職位。邱吉爾仍然是繼位首相職位的熱門人選。在全英國，只有他能夠擔當戰時的領導者，也只有他能激起民眾熱切投入戰爭。哈利法克斯並不像張伯倫那樣，必須承擔對希特勒採取姑息政策的錯誤決策，因此他也被許多人視為是首相的當然人選。哈利法克斯在保守黨議員中受到強力的支持，他們認為他是位值得敬重的人物，不但智慧過人、信心堅定，同時也相當熟稔國際事務。幾位勞工黨的領導人物，也傾向於支持由哈利法克斯來擔任首相，而非另外一位可能人選。邱吉爾因為時常諷刺勞工黨和其所提出的政策而冒犯了他們。當張伯倫準備下台的時候，尚未決定究竟是由哈利法克斯，或是邱吉爾來繼任他主導英國在戰時的命運。

正當英國議會危機呈現白熱化時候，法國又再度歷經一場政治大騷動。雷諾總理於五月九日，仍舊漠視情報單位所提供的一份「德軍即將展開攻擊」的報告，反而還對他自己國家的軍事最高指揮部加以怒氣沖沖地謾罵。他一直認為法軍應該找一位比甘末林還要有力且機伶的總司令。雷諾早就有意讓甘末林退伍。如今，他要求甘末林立即辭去職務。他並且還說，聯軍在挪威軍事行動之所以挫敗，法國其實也應負起部分責任。雷諾甚至還宣稱，假如法國軍隊還是繼續由像甘末林這樣的人來領導，那希特勒必定能夠贏得戰爭。

這種對於法軍總司令的誹謗，立即遭到國防部長和前任總理達拉第的挑戰。達拉第不但認為甘末林是位優秀的軍事首領，而且還譴責雷諾並未給予甘末林對指控加以辯白的機會。達拉第一再堅稱，甘末林不應為挪威的潰敗負責。他認為，應該負責的只有英國而已。

由於雷諾無法獲得內閣閣員的支持，只好解散政府，重新組成一個他能掌控的內閣。可是，甘末林並不想等待新內閣的組成，他更不想被砲轟和羞辱。他立即寫了一封感傷的辭職信。他是絕對不可能在一個瞧不起他的政府領導者手下擔任公職的。

相較於同盟國位於法國的聯軍總司令因憤怒和羞辱而備受煎熬；法國總理因深信遭政治敵手的迫害而暫時避不見人的情況，西線的德軍指揮官們已準備好在幾小時之後發動的攻勢，將使得這些爭吵顯得無足輕重。

突破

一九四〇年五月十日上午，在比德邊境附近、艾本艾美要塞（Fort Eben Emael）的比利時部隊遭遇到麻煩。前一晚的情報已經提醒該處的軍官，德軍即將發動攻擊。但軍官們都信心十足，認為他們能夠應付得來。

這座巨大要塞高聳於亞伯特運河（Albert Canal）沿岸，距離該運河與默茲河（Meuse River）相會處不遠，它是世界上最現代化的防禦工事。這座長寬各為七百七十碼和九百碼的要塞五年前才興建完成，內部設置了許多精密的防禦設施。它是由鋼筋和混凝土建造而成，裡面部署一個經過特別訓練的營級部隊，其士兵精於使用大砲、戰防砲、輕型砲，以及機關槍。它也配置了一座發電機，可以不用依賴外來電網供電。它有許多間大型的彈藥庫，有數台可將彈藥運送到大砲陣地的電梯，通訊中心以及醫院。通往要塞各處的通道之間設置有許多大門，能迅速用鋼栓加強關閉後的強度。要塞牆上都佈滿了有刺鐵絲網，至於面臨亞伯特運河那面牆前方，則設置了許多反戰車壕和地雷。

艾本艾美要塞——以附近一個村莊為名，不但防禦工事相當堅固，也有精良的武器裝備，到來視察過的人都認為，不論敵軍的砲火如何兇猛，都能成功阻擋，難以越雷池一步。要塞指揮官也信心十足地認為，他不但能掌握鄰近的邊界地區，假若附近的橋樑有可能被敵軍攻佔的危險時，他的大砲還能立即摧毀。從各種跡象看來，似乎已經把所有可能偶發的事項都列入考量。不過，敵軍獨特的攻佔要塞之戰術，以及將從何方攻擊則從未被列入考量範圍。

破曉時分，載運著部隊的滑翔機從奧斯塞姆（Ostheim）的一座飛機場起飛後，寂靜無聲地飛越德國邊境，其中九架高度準確地降落在要塞上方。七十八名突襲隊員由士官赫爾姆特・溫澤爾（Helmut Wenzel）率領，他們的指揮官魯道夫・魏茲格中尉（Rudolf Witzig）因滑翔機拖曳纜繩斷裂，只得在別處降落。這些來自空中的入侵者，在迅速跳離滑翔機後，隨即把在德國已進行的六個月嚴格訓練成果——也曾運用在攻佔捷克斯拉夫的行動，施展開來。他們突如其來的出現，使要塞守軍震驚不已，再加上使用火焰噴射器和新研發的錐孔裝藥，在不到一個小時之內，就使艾本艾美要塞完全癱瘓了。這是一項大膽、出人意料之外，必須藉由機智和勇猛才能順利達成的行動。駐守在要塞附近的比利時部隊，試圖驅逐數量稀少的入侵德軍，但先後遭到「斯圖卡」（Stuka）俯衝轟炸機以及稍後抵達的德軍傘兵援軍之阻撓。

同時，由其他滑翔機所載運的德國部隊也如同計劃般，降落抵達亞伯特運河以西的比利時境內。但他們的動作還是不夠迅速，未能阻止比利時衛兵炸斷橫跨運河上的一座橋樑。即使如此，德軍還是攻佔了其他兩座橋樑，而且也迅速地掌控了整個邊境地區。癱瘓又被圍困的艾本艾美要塞守軍，於五月十一日上午正式投降。在不到三十六個小時，德軍就克服了設於邊境的諸多防禦工事。比利時軍方原先估計，這些堅固的防禦設施至少能阻擋德軍一個星期，好讓同盟國的增援部隊有充裕的時間在較為後方的地區建立堅固的防禦陣地。

當比利時的邊境防禦工事遭到摧毀之際，一向也試圖保持中立的荷蘭，同樣遭到德軍的攻擊而節節敗退。與侵略比利時的行動同步進行，希特勒的轟炸機突襲荷蘭的三個主要飛機場的設施，唯獨不摧毀跑道，好在佔領之後可馬上供德國空軍使用。空降兵或傘降、或搭滑翔機迅速降落掌控機場，以及其他戰略要點。他們主要目的是以跳蛙前進的方式，繞過運河邊的防禦據點。由於荷蘭境內運河交錯，就像比德邊界附近的亞伯特運河般形成天然障礙，會影響入侵部隊的前進。

德軍在對荷蘭發動猛烈攻擊之後，立即解釋說這與比利時的情況相同，都是一種預防性的攻擊，其目的在於阻止英法兩國的侵犯。德軍也據此要求荷蘭應立即停止反抗。德軍戰鬥機對海牙的街道掃射，是要讓荷蘭的領導階層知道，希特勒決心說到做到。

法國北部的英法聯軍諸多設施也遭受空襲。對於當時仍把戰爭看成是假象的英法部隊，在破曉時分被落地的炸彈驚醒之後，各自把自己塞進制服以後，匆忙尋找掩護。不在第一輪轟炸範圍內的部隊，消息很快就傳到，大家也馬上驚醒。部隊馬上整隊並等候命令的下達。過去因長久僵持不戰衍生出不同的名詞——假戰、無聊之戰、怪戰（法語：drôle de guerre）、靜坐戰（德語：Sitzkrieg）等，都已成過去。駐防在比利時邊境南方里爾（Lille）附近的一名英國軍官，認知到假戰已經結束之後，在日記中寫道：「真正的戰爭終於來臨了。」不過，這一場真正的戰爭所帶來的苦難，是那位軍官或任何人都難以想像的。

這次終於爆發的戰爭，是一切恐懼的開始，相比過去的第一次世界大戰時規模都還要大上十幾倍。一戰帶給歐洲和世界其他地區的人民至今依然揮之不去的夢魘。德軍在那天早上所展開的軍事行動正是一場大戰的序曲，這不僅使全歐洲人民在接下來的五年付出慘痛的代價，也使世界其他地區同樣地遭受到蹂躪——數以千萬的生命被殺害，數億民眾悲痛不已，並終結歐洲作為世界強權的地位，轉由新的超級強權接掌全球事務。

希特勒在宣告西征開始的那天早上說：「在今天開始的戰爭，將決定德國未來一千年的命運。」第一天行動的初步報告傳回之後，這位神經過敏的德國獨裁者就天真地認為，他先前所預測的納粹世紀已經開始了。部隊傳回的報告指出，並沒有遭到任何的挫敗，沒有嚴重失誤，所有的抵抗都被壓制。他們似乎都能順利達成短程目標。德軍還沒有和強大的法軍或英軍遭遇，但基於希特勒在先前對歐洲一些小國所發動的戰爭都獲得一連串的勝利，德軍的士氣和信心都增強了許多。第七裝甲師師長厄文・隆美爾將軍（Erwin Rommel）在次日寫信給他妻子，信心十足地說：「直到目前為止，一切都進展得太順利了。」時任德國陸軍參謀總長，也曾經預謀推翻希特勒的哈爾德將軍在日記寫著：「從各種報告中顯示，令人十分滿意的景象正逐漸浮現出來……。」

同時，聯軍已經不受阻礙可以在比利時部署兵力。由於比利時在不情願的情況下被捲入同盟國的陣營，再加上本身薄弱的軍力，自從五月十日破曉開始，就一直要求英軍和法軍前往援助。同盟國最高指揮部在五月九日晚，曾經接獲德軍部隊行動的消息，但基於在此之前多次的不實情報所致，否則聯軍的反應可以更為快速。清晨六點，下轄三個法國軍團和英國遠征軍的第一集團軍接獲命令，從法比邊境的駐地移防到比利時境內。這些兵力按照原先計劃，沿著比利時的戴爾—默茲河（Dyle-Meuse River）防線佈防，擋在敵軍主要部隊的路上，並且在德國兵力耗損之際，再將其趕回德國。這看起來就像是個標準的軍事作戰行動。

在倫敦和巴黎，高級軍官與國防事務的文官聚集召開緊急會議。會中制訂增加戰爭物資、加速動員，以及強化軍事訓練等諸多計劃。民防尤其是最為迫切的課題。在英國，國營的英國國家廣播電台不斷提醒民眾，空襲警報的聲音「在某些地方是由警報器和汽笛重複發聲，在一些地方則是發出間歇和短暫的響聲。」此外，ＢＢＣ也教導民眾，假如警報響起時人在空曠地方而無法找到掩蔽所的話，那就應該臥倒，並用雙手蓋住頭部。民眾還必須在家中和工作場所準備裝滿水的水桶，隨時準備可以滅火。

在法國，雷諾總理對法國民眾廣播，呼籲奮戰到底：「現在該是輪到法國用軍隊和戰機來展現實力的時候……法國已經將劍拔出鞘了。」同時，法國民眾也被警告要提防第五縱隊，並且提醒民眾德軍突襲時所投擲的某些類型炸彈，可能在落地一個甚至更多個小時之後才會爆炸。

德軍展開攻勢的第一天，以及之後的幾天當中，倫敦和巴黎並不全然瞭解戰場上的情況對事態發展的重要性。當前線戰報送達的時候，當然會對其詳加閱讀。但除了某些極為危急的時刻之外，兩國政府並未將注意力全心投注在戰爭上。兩國的領導階層和政府官員，都因高層引發的政治危機陷入癱瘓。在還沒有解決這些政治危機之前，兩國政府是絕對不可能專心對抗德軍的攻擊。

當天早上在倫敦，原先已經心不甘情不願地辭職的張伯倫，卻又突然改變心意。由於戰爭的危急程度一再增高，就個人榮譽而言，此時下台是大錯特錯的行為。他認為，處在這種緊急狀況下的英國民眾，應該會打消要求他辭職的念頭。他錯了。最近的戰局發展，使得一個由包括各反對黨資深代表所組成、團結一致的內閣顯得極為重要，這是張伯倫無法做得到的事情。勞工黨不希望他在職位上，而且也曾將此意願告知張伯倫。保守黨也明確表示，由於德軍已經發動攻勢，張伯倫不必拖泥帶水、立即辭職。張伯倫在無法獲得民眾的支持之下，只好搭著座車從白廳（Whitehall，英國政府機關所在地）出發到白金漢宮，向英王喬治六世報告自己下台的消息。

哈利法克斯和邱吉爾，仍舊是繼任首相職務的兩大熱門人選。不過，哈利法克斯對於自己能否勝任首相的職務感到懷疑。他認為，以自己身為上議院議員的身份來說，要執行首相的職務將會相當困難。根據憲法，他是上議院的一份子，因此不能進入決定政府重大決策的下議院，那怕是個人腳步踏入都不行。他只能藉由他的閣員來運作政府。他感覺自己將「很快地成為一個有名無實、與重大事務毫不相干的首相。」

假如能夠將言詞犀利、個性固執，已經提出無數個提案和意見，又是英國主戰派的最大象徵人物——邱吉爾趕出內閣的話，那哈利法克斯或許還會考慮接任首相，根據當代劍橋大學編年史學家，莫瑞斯．考林（Maurice Cowling）的說法：「不少人都認為，假如由邱吉爾來出任首相的話，將會惹來許多麻煩。」

雖然邱吉爾自己也有一批忠心的支持者，但仍然有許多下議院保守黨議員對他充滿質疑，甚至不喜歡他。這些保守黨議員不但認為他那誇張、雄辯式的演說過於氾濫，而且也對他早年的政黨忠誠度之不足無法釋懷。不過，許多資深議員還是傾向於支持由邱吉爾擔任首相。他在一戰期間曾經擔任過內閣閣員，而今具有戰時內閣閣員經驗者已經極為稀少。而當哈利法克斯在張伯倫的嘆息聲中將自己排除在外後，邱吉爾就成為國會中唯一可能獲得大多數議員支持、唯一可能出任首相的人選。

張伯倫如實向英王喬治六世稟報。國王相當不悅。然而就在當天傍晚，也就是在西線戰場開始的第一天即將結束的時候，邱吉爾無意外地被國王召喚前往白金漢宮，接受國王賦予他的責任。喬治六世隔天的日記寫道：「我實在還無法想像溫斯頓已經當了首相……，我在御花園和哈利法克斯會晤，我告訴他，沒能讓他擔任首相，實在令人感到遺憾。」

假如事情的發展不是如此，假如哈利法克斯同意組閣，那我們將會看到整個戰局，以及英國、歐洲，甚至全世界的命運都將變得大不相同。當邱吉爾離開白金漢宮要返回寓所途中，隨扈湯普生（W. H. Thompson）警官向他祝賀時，他回答道：「我希望一切還不算晚。我始終擔心時機太遲了。」

接下來的幾個月，邱吉爾曾經幾度失去了原有的自信心，而且也曾經對德國在軍事上的成功感到焦慮和不安。不過當他步出白金漢宮的當下，已經六十五高齡的邱吉爾還是精力充沛地思考如何立即投入首相的工作。在第一天結束之前——對他來說，當天是在隔日清晨三點才結束——他已經奠定組成團結全國上下政府的基礎，同時也完成了閣員人選的規劃工作。

邱吉爾是在英國面臨國家有史以來最危險的時刻擔任首相，而且也還必須處理他所屬的保守黨黨員對他的不滿情緒。部分黨員認為他是個投機主義者，因此無法擔負領導國家的責任。戴維斯爵士（Lord Davidson）在寫給前任首相史丹利·包德溫（Stanley Baldwin）的信中指出：「……保守黨人並不信任溫斯頓……等第一回的戰事結束之後，將可能會出現一個更為穩健的政府。」

許多在政府機關或軍事單位任職的官員和軍官，懷疑邱吉爾政府能持續多久。外交部常務次官亞歷山大・凱德肯爵士，在日記中描述邱吉爾是個「無用之人」。艾侖賽將軍認為邱吉爾「並沒有領導別人所應具備的穩定性。」戰時內閣軍事助理大臣艾恩・雅各（Ian Jacob）則說：「我們當然了解邱吉爾……只不過是個好戰、頑固，以及十分有爭議的人物……我們實在非常擔心，這麼一個倔強頑固且個性又相當古怪的人在如此危急的狀況中，將如何擔任一個國家的領導者。」根據首相府基層官員，後來成為邱吉爾忠誠助理的約翰・科維爾（John Colville）的觀察：

> ……唐寧街十號首相府的官員們，每次一想到邱吉爾已擔任首相時不禁為之膽寒……我們都認為，因邱吉爾的急躁行為使得挪威的軍事行動遭遇挫敗，而伊斯麥將軍（Hastings Ismay，任職於帝國國防委員會（Committee of Imperial Defense）秘書長）以沮喪的語氣向我們闡述，原本一向平和且井然有序的軍事協調委員會（Military Coordination Committee）和參謀首長會議，都因冗長的話語和焦躁不安的個性增添不少不必要的工作，妨礙到計劃的工作以及引發磨擦……在內閣的辦公室、財政部，甚至是整個白廳都有這樣的看法。

自從邱吉爾進入唐寧街十號以後，許多政府官員和保守黨人認為，「整個國家已落入一個機會主義者的手中。雖然他是位絕頂聰明、擅於煽動人心的雄辯家，但他的朋友和支持者對其過去的行為不敢苟同，令人無法相信他在危急時刻會負起責任。」

部分保守黨員並沒有把他們對英國新任首相的看法和感覺表達出來。邱吉爾當上首相之後的最初幾天，每當還是閣員之一、轉任樞密院議長的張伯倫，走入國會議場的時候，下議院保守黨籍議員都會為他喝采。反觀邱吉爾，經常都是鴉雀無聲，故意展出他們的冷落之情。

雖然邱吉爾的朋友和欽佩他的人，向他展現強力的支持以及衷心的祝福，然而上述情形，必定使他覺得受到奇恥大辱。雖然如此，他還是表現出毫不在意的樣子。他非常清楚，或許他無法獲得自己黨員的支持，卻有為數眾多的反對黨人士支持他。他知道露臉的重要性，因此他即刻規劃公開行程，掃除英國大眾普遍認為「在面對德軍攻擊時，領導階層過於軟弱無能」的感覺。他五月十三日於議會中發言：「你們問到說，我們的政策是什麼？我認為，我們的政策就是，將我們陸海空三軍所有的部隊全數投入，以全力作戰……你們問說，我們的目標是什麼？我的回答只有一個：勝利——不計任何代價，一定要獲得勝利，不管將遭到任何可怕的對手，也不管勝利之路是如何地漫長難行，一定要獲得勝利……」

這個公開的宣言獲得如雷的掌聲。但仍然有一些保守黨員，對於他這種情緒化、煽動性的誇大言辭無動於中。此外，所有閣員對於邱吉爾喜歡在夜晚才召開內閣會議的習慣大吃不消——邱吉爾一直喜歡在白天打盹小睡——更何況，會議經常都會持續到清晨時刻。曾經有一次，會議在夜晚十時三十分才召開，受邱吉爾挽留繼續在內閣擔任外交大臣的哈利法克斯，認為這實在是「令人難以忍受……在兩、三天還勉為其難。這次以後我會告訴他，以後假如他還要召開午夜會議的話，我是不會出席的。」科維爾的日記寫說：「政府官員似乎認為，溫斯頓將遭遇重大挫敗，而奈維爾（張伯倫）將回鍋。」

對於法國來說，其國內的政治危機在德軍開戰的那天爆發，不但時間點不對，而且也很怪異。那是個溫暖、陽光的典型春日，在承平時期人們通常都會作詩詞或歌曲來加以讚頌，巴黎人會漫步在布隆森林，悠閒地坐在聖米歇爾大道享用著咖啡和牛角麵包，或是在蒙帕納斯觀看街頭藝術家的表演。但是，這些迷人的景象很可能再也不復存在。雖然街上還呈現出上述那些景象，但法國所面臨的殘酷事實是——法國不但又面臨極大的威脅，其領導階層也陷於一片混亂。當希特勒的部隊在五月十日清晨向西挺進時，法國已處於一種幾乎是無政府狀態——政治和軍事的領導人士都處於猜忌、怨恨，和嫌惡的情緒中。

當瞭解到國家面對著威脅，而高層人士還荒謬地展開政爭時，雷諾立即撤回辭呈，並打消他成立新政府的計劃。他擔心如此的混亂狀態，可能會影響到軍方最高指揮部在重要時刻出現人事異動。他認為別無選擇，必須讓甘末林繼續擔任陸軍總司令，並與他和解。他寫給甘末林的信中說：「我們法國已經參戰，如今最重要的就是要贏得戰爭。我們兩人必須要合作無間完成任務。」甘末林在給雷諾的回信也表達了同樣的看法。不過，雷諾曾私下對軍務會議秘書長保羅·包德恩（Paul Baudouin）說，和甘末林對話並不表示他對甘末林的才華或能力的信心增加了，「我們等著看吧，看甘末林到底有多大的本事。」

不論雷諾總理是否還抱持著懷疑，身為法軍總司令，甘末林展現出自信十足的樣子。雖然他平常都是不太露臉，就在當天早上，他不但在巴黎市郊的文森城堡（Vincennes）總部迴廊來回走動，而且還自信滿滿地哼歌。他之所以如此怡然自得，或許是因為德軍出擊後，他認為自己終於有在戰場上大展長才的機會。為了這一場戰爭，他早已備戰多年。其實，他之所以能保住職務不致被迫退伍並遭到羞辱，還是拜敵人入侵之賜呢。這也很可能是他反常地、公開表現出滿意之情的部分原因。

當同盟國致力於解決政治窘境和軍事部署時，德軍早已冷酷無情地發動攻擊。到了五月十一日上午十時左右，德軍的閃擊戰戰術已經有效擊垮比利時部隊的第一道防線，原先比國還認為防線至少可以阻擋個幾天。德軍已經完成橫掃比利時的準備，並且預定與支援戴爾－默茲河防線的同盟國部隊遭遇。

荷蘭也面對同樣的問題，但他們的頑強抵抗卻是德軍始料未及的。當荷蘭部隊還未完全被擊潰之前，他們強而有力地給予德軍回擊。在攻擊行動之初被空降部隊攻佔的三個機場，在經過一番激戰之後，又被荷軍奪回，試圖攻佔海牙的德國部隊也被荷軍擊退。

由於德軍的焦點在其他戰線，只能分配一支小部隊與數量不多的荷軍對抗，並希望光靠這一支小型部隊就能征服荷蘭。然而，荷軍長達兩百多英里的戰線都有妥善的據守，在脆弱和關鍵的據點上更是集中兵力把守，難以攻克。荷蘭空軍規模小，裝備又老舊，在開戰不到幾天已被全數摧毀。荷軍過時的坦克數量也不多，根本無法與在波蘭身經百戰的德國坦克相抗衡。組織嚴密的荷蘭反擊部隊，卻被謠言給暗中破壞，如說有許多第五縱隊成員和德國士兵喬裝成荷蘭士兵、警察、教士，甚或修女。雖然謠言都沒有事實的根據，卻對荷蘭造成某種程度的衝擊，在某些地區，守軍甚至無法確定該相信誰，以及應與誰對戰。

德軍空降部隊又再度成功在荷軍戰線後方空降，以攻佔運河上戰略性位置的橋樑。荷蘭事實上已經被打敗，但他們卻頑強地拒絕臣服。五月十三日清晨五時，也就是開戰後的第三天，在倫敦的喬治六世被荷蘭女皇威廉明娜（Wilhelmina）的電話吵醒。女皇懇請喬治六世派遣軍隊前來援救被圍困的荷軍。喬治六世立即傳話給相關的軍事首長，在日記他寫說：「在那麼早的時候被電話吵醒，實在是一件罕見的事，尤其打電話的還是個女皇。」

事實上，英國早已派遣一個營的兵力前去援助荷蘭，但在極端混亂的狀況下，英軍未能與德軍遭遇。加上荷蘭看起來將被打敗，因此就匆忙地撤離荷蘭。根據法軍先前擬定的計劃，法國也派遣第七軍團馳往協防荷蘭，但該軍團也只在荷蘭待了很短的時間。面對德軍俯衝轟炸機的密集轟炸，再加上缺乏彈藥以及深知荷軍即將潰敗，法軍也只得撤離該國。法國第七軍團在推進時都能非常準確地按照計劃執行，卻忽略了一項非常重要的因素——敵軍的作戰能力。

反觀入侵的德軍不但具有估算其敵軍軍力的能力，加上令人膽戰心驚的戰術——德軍轟炸機將鹿特丹的市中心夷為平地，使荷蘭知道其抵抗是徒勞無益的——在開戰的第五天，荷蘭就被迫投降了。

同盟國最高司令部最初並沒有因為這些結果而感到沮喪。戰爭就是戰爭，我方遭到些許的挫敗也是在所難免，尤其敵軍得以選擇攻擊的時間和地點時。他們還沒有真正感受到入侵所帶來的衝擊。邱吉爾在當天早上評論德軍的攻勢之後，認為應該將局勢還原到他認為最基本的層面上：「……德國的部隊正大量湧入荷蘭及比利時這兩個低地國，英法兩國的軍隊正往前推進並且將與其遭遇，在一或兩天之內，雙方將會展開正面衝突。」報告指出德軍可能會使用一種秘密武器，務求在最短的時間之內使艾本艾美要塞內的守軍喪失抵抗能力。這引發德軍已發展出神經性毒氣，或類似於此的可怕武器來實施霸業的謠言。德軍大規模地使用曳光彈，也讓那些經驗稍嫌不足的部隊又傳言說德軍對他們射出火球——又是另一種可怕的武器。然而，英法指揮官們卻絲毫未受到驚嚇。他們認為，只有那些不知戰爭為何物的平民才會受到不實傳言的驚嚇。高特的參謀長亨利・包諾爾中將（Henry Pownall）日記中寫道：「直到目前為止，一切都算良好。」

英法高階指揮官反而對部隊能順利按照計劃移防到指定的位置——沿著戴爾-默茲河防線感到振奮。兵力部署大致如下：法軍第九軍團由那慕爾（Namur）到麥吉瑞斯（Mezieres）；法軍第一軍團部署在威福瑞（Wavre）和那慕爾之間；英國遠征軍在羅凡（Louvain）和威福瑞之間。比利時部隊則將安特衛普（Antwerp）和羅凡之間的缺口填補起來。這一道不易攻破的防線正加緊鞏固中，其主要任務是引誘德軍進攻，然後再將德軍擊退。雖然這是一項複雜的軍事行動，因早已精確規劃好了，縱使面對一些小問題，還是能夠在不到四十八個小時之內完成部署。

聯軍在行軍途中，比利時各地城鎮和村落居民對他們投以歡呼、揮手，和投擲花朵等表示熱烈歡迎的舉動。雖然聯軍指揮官基於事態緊急，只好冒險在白天進行部署，但令人驚訝的是，德國空軍對他們的攻擊是略為有限的。有些敏銳的觀察家開始懷疑，那個素以自吹自擂聞名的德國空軍究竟在何處，之前他們到處轟炸以及低空掃射，現在卻克制不去進行空中攻擊。雷諾的軍事顧問狄．維勒魯上校（Marie-Joseph-Victor de Villelume）就曾機敏地質疑：「他們是不是要讓我們掉入他們所設的圈套裡？」

但英國國防專家洛威中校（T.A. Lowe），在倫敦的《每日郵報》寫出令人感到安心評論；「德軍在一開始都會發動令人震驚的攻擊。而在剛開始的時候也必定會成功……然而……我們早已對即將發生的每件事都做好萬全的準備，以待和其對抗。我們的戰鬥機將群起對抗德軍的轟炸機；我們的高射砲將使德軍戰機不敢飛得過低……在陸地上，雙方的坦克將會互相遭遇。」其實，全都是夢話。

當英法部隊抵達位於比利時的新陣地時，他們驚訝地發現，比利時並沒有沿著防線構築防禦工事。有位法軍指揮官發現，對於他的部隊要據守、位於戰略要地甘布洛克斯隘口（Gembloux Gap）的陣地指出：「在這個對整體戰線重要的防衛據點，沿線居然沒有構築工事，既無戰壕，也無有刺鐵絲網……事實上什麼東西也沒有。」英軍先前對比利時的地形不甚瞭解，當他們進駐到自己所將要駐防的戴爾河沿線時，才驚訝地發現，原來戴爾河的河道窄小，涉水就可以過河了，和他們原先預期、是條天然的屏障想法相去甚遠。其中一支英軍在前往指派的據點時，被緊張兮兮的比利時部隊攻擊——反而不是德軍，比軍竟然把他們當成是德軍空降部隊。伯納德．蒙哥馬利少將（Bernard Montgomery）的第三師，在法比邊界被一名海關官員攔住，不讓他們入境。海關官員說他並沒有收到特別的指令，同時他們也都沒有進入該國的許可證。

英軍在一番爭執無效之後，只得派遣一輛重型軍用卡車急速衝過關卡欄杆，證明他們確實擁有通行許可。

同盟國參謀人員和標榜中立的比利時人，事先並沒有會商過部隊的部署情形，雙方軍官也因此引起了不少困擾、混亂、糾紛，甚至磨擦。不過大致上來說，進駐比利時的行動進行得還算令人滿意。英軍參謀總長艾侖賽爵士深信，一旦聯軍部隊就定位，就能阻擋在德軍西進的主要路線上，甘末林也持類似的看法。他認為整個戰爭會演變成消耗戰，德軍將因無法攻下同盟國堅強的防禦戰線而終將筋疲力盡。他日記中寫道：「長期的戰爭勢必發生……就整體來說，我方佔據優勢。」

這是對局勢全然錯誤的解讀。同盟國很快將會發現，他們之所以能順利將部隊移防比利時，其實正是一步一步落入了希特勒早已設下的圈套裡。事實上，當德軍於五月十日對比利時和荷蘭發動攻勢的時候，德軍最重要和強大的部隊已在其他地方展開行動。倫敦《泰晤士報》一位極受推崇的軍事新聞特派員，在隔天報導寫說：「至少這一次敵軍沒有任何戰略性的突襲。」事後證明，這句話當然是大錯特錯。

雖然希特勒急於想發動攻勢，卻又因接連的拖延而大為震怒，但他本人也同意，在十一月份那架公務機迫降在比利時，並曝光入侵計劃之後，確實有必要重新檢討整個攻擊行動的戰略。雖然重新檢視意謂著攻擊行動勢將再度地拖延，但從另一個角度來說，也使曼斯坦中將有機會替希特勒重新擬定出一個完整的替代戰略方案。曼斯坦建議將在原來的計劃中，預定作為主要攻擊方向、入侵比利時的部隊，轉作佯攻。這支部隊的兵力足以牽制由法國北部進駐比利時的聯軍部隊，如此就無法攔擊遠在法國較為南邊地區的主攻部隊。曼斯坦提議裝甲師前鋒衝破阿登森林，經由這裡入侵法國。

希特勒的將領中，絕大多數最初聽到曼斯坦的提議之後都嗤之以鼻。法國也和希特勒的將領看法一致，認為這根本是痴人說夢話。他們一直認為，裝甲部隊開進阿登山區注定是會失敗的。他們都表示，阿登森林的地形根本不適合戰車行進。裝甲師若想強行通過該山區，至少也要花費數日，甚或高達兩個星期的時間，到時候行動原本所期望達到的突襲效果就已不復存在。希特勒的將領還因此引發了激烈的爭辯，最後將領們終於被曼斯坦說服，認為裝甲部隊穿越阿登山區事實上並不會花費太多的時間。更重要的是，希特勒不再熱中於將主攻部隊投入到比利時戰場，而且也不再質疑穿越阿登山區的可能性。由於整個攻擊計劃相當周詳，裝甲部隊穿越阿登山區的計劃不但正式成為德軍的戰略，同時也讓同盟國部隊因而嘗到了軍事史上著名的大敗仗。

原本負責入侵比利時和荷蘭的波克上將（Feodor von Bock）所率領的B集團軍，部隊編制從三十七個師減到二十八個，其中八個裝甲師也抽調出去變成只剩三個師。現在負責主攻，要穿越阿登山區的倫德斯特上將（Gerd von Rundstedt）的A集團軍，則從原有的二十七個師增加到四十四個師，裝甲師從原本的一個，最後變成七個。

到了五月九日，倫德斯特的部隊，集結了有史以來最大規模的裝甲先鋒部隊——其中包括一千二百多輛的戰車和裝甲車輛——已經以三個延伸長達一百英里的縱隊朝著盧森堡的邊境前進。到了夜晚，已經進入盧森堡境內，次日破曉時刻，在幾乎沒有遭到任何抵抗的情況下，就已經穿越小國盧森堡的邊境——該國只有三十萬人口和一支五百名士兵——並且朝著「難以穿越」的阿登山區推進。德國的戰車有機械化步兵和自走砲隨同行動，空中還有 Bf109 戰機負責提供掩護。他們的任務是在橫掃盧森堡和比利時南部的阿登山地之後，全速往法國推進。

這是一個充滿鄉村風味的地區，絕大部分的地方都是佈滿著森林，其中只點綴著些許的小村落以及坡度陡峭的彎曲山路。雖然阿登山區也有某些部分是毫無任何障礙的牧草區，但絕大部分的地方都是戰車部隊難以通過的狹窄山路。法國也因此才會派出非一流的第二和第九軍團駐守當地。

第九軍團超過半數以上的部隊是後備師，他們裝備不足，軍官大多缺乏訓練且沒有作戰經驗。軍團司令安德烈・喬吉斯・柯拉普將軍（Andié Georges Corap）不但不懂得機械化時代的戰爭，加上身材過於肥胖，要進入自己的座車都顯得極為困難。法國原先只把柯拉普的軍團定位成只能處理小規模戰役的單位。而由查爾斯・杭特吉格將軍（Charles Huntziger）所率領的第二軍團，其情況也大同小異。杭特吉格從未指揮任何戰事，他的軍旅生涯中大多是擔任參謀或駐外武官的職務。他的師級部隊半數以上都是訓練不足，以及裝備不良的後備部隊。縱使情報單位警告敵軍將發動攻擊，該軍團卻正處於換防階段。大多數的高階軍官以及數千名基層軍官，和士兵們都正在休假。第二軍團的駐地正好位在馬奇諾防線最尾端的位置，也就是當初被抽調到比利時的聯軍部隊原先所駐防之處。

法軍指揮部完全沒有料到，德軍會以三個裝甲縱隊的陣勢穿越阿登山區，不過當德軍部隊意圖往阿登森林推進時，他們還是立即進入警戒狀態。一場軍事衝突已不可避免而且近在眉睫。杭特吉格致電阿登山區休閒城鎮布隆（Bouillon）的鎮長，要他將鎮內的一所飯店轉作野戰醫院。市長不但加以拒絕，而且還說：「布隆是一座夏季休閒城市；我們的飯店都是用來提供給遊客使用的。」

那年夏天根本就不會有任何遊客前去布隆。隔天，海因茲・古德林（Heinz Guderian）將軍的第十九裝甲軍部分部隊已出現在布隆，但他們待的時間很短，根本無法充分運用當地的休閒設施。當德軍裝甲部隊試圖穿越阿登森林時，處境相當危急。因沒有寬廣的空間供部隊散開，裝甲車輛無法以極速前進。它們只能沿著窄小的林間小路一輛接著一輛地緩慢前進。任何一輛若發生故障或損毀，都將使整個縱隊的前進為之受阻，直到故障的那一輛被修復或是推到一旁後才能繼續前進。任何戰車一旦故障或損毀，德軍就會立即將其推離道路。雖然混亂和停頓時有發生，但都很快就能排除。

空襲原本是可以讓被襲擊戰車的殘骸阻擋德軍三個縱隊的去路，然而聯軍派遣前往阻撓德國戰車的戰機，接到的首要命令是他們的行動僅局限於偵察而已，之後再接到「避免轟炸人煙聚集的地區」的命令，而這也正意謂著：同盟國戰機的轟炸準確度不高，不應在德軍戰車縱隊目標最明顯的時候——也就是經過樹林中為數稀少的村落和城鎮時——對其加以轟炸。

雖然司令部後來瞭解到禁令所導致的結果而加以撤銷，但已發揮不了什麼作用。負責攻擊德軍戰車縱隊的同盟國轟炸機並不怎麼走運。德國在防空武器和戰鬥機科技的發展，在戰爭之前就已經比同盟國轟炸機要先進許多。聯軍於五月十日派出的三十二架英國皇家空軍巴特爾輕型轟炸機中，有十三架被擊落，其他十九架在還沒能對德軍入侵部隊造成傷亡之前就先被擊中損毀。

法軍大多數的部隊要不是駐防在馬奇諾防線的最南端，就是已經往北移防到比利時，只剩下駐防在默茲河以東的少數法軍尚能迎戰德軍。守軍當中有些騎在馬背上和前來進攻的德軍戰車縱隊作戰，此舉雖然展現出旺盛的作戰意志，但卻輕易地被擊敗，不久之後就被迫撤退。由於有些部隊迅速橫渡默茲河撤退，反而輪到德軍懷疑法軍是否設下陷阱來引誘他們。

雖然有這層顧慮，德軍戰車縱隊還是在穿越盧森堡和比利時南端後進入法國，並繼續朝默茲河也就是通往英吉利海峽前最大的天然障礙推進。德軍的前鋒部隊在五月十二日傍晚抵達默茲河東岸。雖然希特勒的戰車部隊早在兩天前就已穿越阿登森林地區，但同盟國軍方還搞不清楚究竟是怎麼一回事。在倫敦，外交部常務次官凱德肯爵士認為，雖然從歐洲大陸傳來的消息並不很明確，但「最重要的是，駐守在比利時的我國和法國部隊並沒有重大的損失。」當天傍晚在巴黎，法國軍務會議秘書長包德恩日記寫著，當天曾經三度試圖「從司令部獲得正確的消息，但都徒勞無功。我們什麼都不知道，或者也可以說，我們只知道荷蘭和比利時的反抗正瓦解中。」

在當天結束的時候，德軍也沒有獲得如預期般的勝利。法軍在德軍前鋒部隊抵達默茲河之前，就已將橫跨河面的橋樑給成功摧毀。隆美爾將軍的一個摩托車營發現了一座尚未被炸毀的河堰，急忙從這裡渡河，並在對岸設置一個據點。晚上，德軍步兵利用橡皮艇，成功橫渡默茲河並在西岸多處建立了許多小型的灘頭堡。在此階段，他們還是無法運用這些奇襲的戰果來獲得更為有利的局勢。戰車是德軍作戰計劃的關鍵，同時也是希望之所在，但此刻它們還停留在默茲河東岸。

在這個時間點，即使德軍的動能已經增強了不少，但主攻方面還是處於可能崩潰的危險當中。由於沒有可供橫渡默茲河的工具，德軍裝甲縱隊只能在東岸排成一列又一列長達十幾英里的隊伍。同盟國由於通訊上的困難，無法接收到最新情報，加上行政上的混亂等諸多問題，同盟國因此未能派遣足夠數量的戰機對德軍形成威脅。然而，大批的德軍裝甲部隊聚集在默茲河東岸，對駐守在西岸法軍砲兵來說是非常誘人的目標。事實上，已經有一些德軍戰車因被火砲攻擊後，失去了作戰能力。法軍指揮官確信德軍戰車無法渡河後，就以節約彈藥為由限制砲兵的火砲射擊，他們萬萬沒有想到，這些節省下來的彈藥後來都被進攻的德軍部隊虜獲。

相反地，德軍並沒有在節約彈藥的。德國空軍於五月十三日接到命令，開始對默茲河西岸的法軍陣地展開猛烈攻擊。被阻隔於默茲河東岸的德軍第一裝甲師，獲得了如下的保證：「德國空軍幾乎傾巢而出支持這次的攻擊。沿著默茲河岸佈防的法軍，在連續不斷被攻擊八小時之後，一定能會被擊潰。」

一波又一波的斯圖卡式俯衝轟炸機發揮了最佳效果——每一波高達四十架，每一架各吊掛兩枚五百磅重的炸彈——它們由高處俯衝向著火砲陣地、為部隊提供掩蔽的混凝土碉堡投擲炸彈。對於那些沒有作戰經驗，或沒有料到會有如此可怕又不斷襲來的攻勢的人來說，尤其是那些已超過服役年齡、匆忙被動員徵召來的平民，斯圖卡式所帶來的毀滅性真是不可言喻。即使是逃過被炸彈殺害、創傷、造成腦震盪，或是震傷，也會被它發出的高頻尖銳蜂鳴聲給嚇壞。即使炸彈是投在遠處，但聽到這些尖銳蜂鳴聲的法軍還是會迅速臥倒在地面。根據艾德蒙·魯比將軍（Edmond Ruby）的說法，這些空襲實在令人膽寒：

> 砲手停止射擊並臥倒在地上。步兵則受到炸彈的轟然響聲和俯衝轟炸機刺耳蜂鳴聲的影響，畏縮地退到戰壕裡，他們還沒有建立起立即跑到各自高射砲就位反擊的直覺反應能力。他們唯一關心的，就是如何把自己給掩蔽得好好的。只消連續五小時類似的折磨，就足以使人的精神為之崩潰。

地面部隊一再請求派遣戰機提供空中掩護及驅敵，但都徒勞無功。當第二軍團遭到空襲、砲襲，以致潰散而請求空中支援時，軍團司令杭特吉格在不明就裡的情況下，就回答說：「假如每次有威脅出現就要派戰機援助，那我的戰機很快就會耗盡。」

空襲結束之後，接著輪到砲擊登場。德軍已經將其火砲、戰防砲、高射砲，以及中型戰車運抵默茲河東岸。德軍幾乎採取近距離的平射方式，不斷地對法軍實施砲轟。那些躲過斯圖卡攻擊的守軍，仍然躲藏在沿岸的地下碉堡裡，他們認為這裡要比露天的同袍來得安全些，但這些碉堡的防護性裝甲都還沒來得及裝上，因此遭受到砲火攻擊時，立即被炸得粉碎。

德國步兵在砲火的掩護下，將充氣橡皮艇放上河面——默茲河河寬大多是兩百多英尺——然後開始渡河。逃過轟擊和還算鎮靜的守軍，對敵軍施以猛烈砲火的攻擊。那些意圖搭艇渡河的都是德軍的精良部隊，並不容易被擊退。那些沒有被擊倒、順利抵達西岸的德軍，迅速攻佔了法軍陣地，並立即開始據守。幾個小時之內，德軍就已經在默茲河西岸的數個據點，建立了一連串的防禦陣地。此時，裝甲部隊仍然困在距離默茲河東岸深處。雖然毫無防備地暴露在德軍的砲火之下，有些法軍不但還堅守著據點，而且還數度成功阻止德軍將小據點擴大成灘頭堡的意圖。

德軍還是暴露在危險之中。遭到德軍轟炸和砲擊而從河岸後退的法國部隊，大多數還是相對的完整，在他們後方還有不少的後備隊。假如他們有獲得適當的領導，絕對能在德軍裝甲部隊渡河之前，將西岸據點裡的德軍加以殲滅。反擊若想成功，必須要在德軍鞏固防禦陣地之前發動攻勢。類似的攻擊行動必須協調各部隊之間的合作才能達成，然而法軍在前線的通訊，從一開始就不是那麼牢靠，現在更是被摧毀殆盡了。

法軍軍官不但無從得知德軍的兵力和陣地的部署情形，對於友軍的情況和陣地的部署也所知有限。法軍最為雄心壯志的舉動，就是訂在五月十四日早上發動聯合攻擊，計劃將德軍趕回默茲河東岸。但在五月十三日深夜，德軍工兵部隊將色當（Sedan）城內橫跨默茲河、被炸毀的橋樑給修復完成，使它再次能夠承受裝甲車輛的重量。當曙光乍現之時，德軍裝甲部隊即轟隆地駛過默茲河。

集團軍司令比洛特將軍緊急要求，立即炸毀該座橋樑。他宣稱：「那座橋將決定我們的成敗。」一整天，英法兩國總計一百七十架的轟炸機試圖穿越德軍防空砲火以便再度將橋樑炸毀，但是失敗了，並換來八十五架同盟國軍機被擊落。

五月十四日上午十時左右，法軍在地面上發動、為時已晚的反擊也遭到挫敗的命運。到了中午時分，德軍工兵在默茲河上又搭建了更多的橋樑，德軍裝甲部隊得以從三個地點橫渡默茲河。法軍已經被敵軍強力滲透。法軍不斷宣傳說的那些可以使法國不再遭受困境的戰略，如今證明只是建立在夢想之上而已。

那些法國指揮官所深信的，根本就不可能發生，整個狀況也實在是令人難以置信。他們所謂「固若金湯」的邊境，在不到四天之內就被擊垮。法國投注龐大經費、精力，以及熱烈期盼的馬奇諾防線，竟然變成毫無作用且遭人嘲笑的廢物。當聯軍東北部司令，喬吉斯將軍聽到默茲河畔的情況時，神情顯得非常落寞。當時在喬吉斯旁的一名軍官說：「整個氣氛就好像家中才剛有人過世一樣。喬吉斯……的臉色蒼白得可怕。『我們的防線在色當已經失守。不久也將可能崩潰。』他整個人呆坐在一張椅子上，突然哭了起來。」

消息傳到各地聯軍的高級指揮官那裡，但他們對整個局勢的瞭解依然有限。他們被告知色當遭遇某些沒有明說的麻煩。甘末林和艾侖賽根本就不瞭解部隊所遭到的挫敗有多嚴重。他們兩人還是樂觀地認為，德軍將如同之前的預料，將在比利時發動主攻。

德軍掌握制空權證實對戰局有決定性影響。當德軍發動攻勢的時候，法軍的高級指揮官並不十分清楚其所能動用的戰機究竟有多少架。雖然戰機一直不斷地從法國的飛機工廠生產出來，但法軍戰機相對來說，數量實在不多——只有五百多架。它們原本就是承諾用來掩護地面部隊的。之後當甘末林被逼問，為何在前線極需戰機的時候有那麼多戰機卻備而不用。他的回答是：「我承認……我實在不清楚。」

法國空軍參謀長約瑟夫．維樂明將軍（Joseph Vuillemin）自己也承認，撇開損毀的戰機不談，法軍在一個月之後投降時，所擁有的戰機比開戰之前還要多。然而，負責指揮戰區內空軍的指揮官——狄阿斯狄爾．狄．拉．維吉利將軍（d'Astier de la Vigerie）後來也表達，對於極度需要戰機，卻未能派上用場感到挫折。

幾乎每一天晚上，我都必須拿起電話主動告知陸軍各軍團、各集團軍司令，我有若干數量的軍機是沒有被分配到任務的，並詢問他們，「你們是否有什麼任務需要空軍的？」可是，他們總是一成不變地回答：「我們非常感謝您，可是我們實在用不著戰機。」

當德軍發動攻勢的時候，英國皇家空軍的一千八百七十三架戰鬥機中，有四百一十六架駐防在法國。它們隸屬兩個不同任務的單位、肩負著不同的角色。由巴特爾轟炸機和布倫亨式轟炸機編成的十個轟炸機中隊，組成航空前進打擊部隊，其任務是儘可能對德軍部隊造成破壞。它們面臨了兩個主要的難題：由於通訊不甚良好，它們的行動只能偶爾被英軍或法軍指揮部有效掌控；它們只適合在白天轟炸，面對德軍戰機以及先進的防空時極為脆弱。

英國遠征軍航空分遣隊（The Air Component of the BEF）是個獨立運作的單位。它的四個颶風式戰鬥機中隊——不久之後就增為十個中隊——之任務，是為地面部隊提供空中掩護以及護送英國轟炸機執行任務。航空分遣隊的四個布倫亨中隊和五個萊桑德（Lysanders）中隊之任務則是偵察。但是，如同一名颶風式戰機飛行員的回憶，對於英國皇家空軍來說，位於法國和比利時上空的空戰簡直就是個殺戮慘烈的地方。「那裡沒有任何情報，通訊也很糟糕，每件事物看起來就像是臨時拼湊的樣子。」

空軍指揮官通常都不知道應該將颶風式戰機派到何處接敵。由於德軍前進速度相當快，當接獲明確的指令，將轟炸機派往指定的目標地區時，德軍早已不在位置上了。有時候，負責護送轟炸機的戰鬥機，不是過早就是過晚抵達集結點，有時候甚至發生有一方完全沒有出現的狀況。此外，戰鬥機還必須執行其他的任務。例如必須浪費不少的精力巡邏本身的機場，防止德軍可能前來轟炸。

在假戰期間，英軍曾經數度和德軍在空中遭遇，勝負皆有之。不過，同盟國空軍毫無希望的處境卻是在德軍開戰時候才顯現出來的。六架派往荷蘭轟炸一個德軍陣地的布倫亨式轟炸機，其中有五架被擊落。德軍的多尼爾（Dornier）轟炸機低空飛在法國北部康狄－維拉克斯（Conde-Vraux）機場上空，當時地面上正整齊地停放著一整個中隊的布倫亨式轟炸機。最後的結果是其中六架轟炸機被摧毀，其他的無法再升空。到戰役結束前四天，皇家空軍駐守在法國的一百三十五架完成戰備的轟炸機中，總共損失了幾乎一半的數量。

通常以三架戰鬥機為一小隊升空的英軍戰鬥機，時常遭遇到以一打以上編組的德國軍機，有時候整個編隊甚至超過一百架飛機，轟炸機總是由為數眾多的戰鬥機護航。颶風式戰機雖然能對德國戰機造成重大威脅，但在數量上遠遜於德軍戰機，戰機和飛行員的損失數字也節節上升。雖然兩者很快就會補充，但隨即又快速流失。由於戰鬥機中隊損失慘重，只好命令飛行員只將補充的戰機飛往法國，然後就返回自己在英國的基地。但是，那些在法國節制這些飛行員的英軍中隊長，卻命令他們留下來加入戰局，有些飛行員自此一去不回。駐守在法國的皇家空軍人員相當清楚自己的能力有限。中尉飛行員阿契伯德・霍普爵士（Sir Archibald Hope）面對整個中隊戰機都無法作戰時，單獨駕駛一架戰鬥機升空防衛他的基地。他整整飛了兩個小時的巡邏任務。後來他回憶說：「只有一架飛機！假如發生空襲，只有一架飛機又能夠做些什麼。」

從一開始，飛行員就一直誇大擊毀敵機的成果，使人們很難完全意識到天空中究竟發生了什麼事。當激烈戰鬥進行時，飛行員實在無法知道被他攻擊的飛機，最後究竟是被擊落了、或僅有損傷，或為了脫逃而排出一陣煙霧欺敵。五月十一日，英國國家廣播公司宣佈，在兩天的戰鬥中，德軍已損失了兩百多架軍機，「比英軍損失十倍之多」。根據駐法飛行員的報告，他們每天在早餐之前，「一定要擊毀十架以上」敵機才會覺得滿足。假如那些報告屬實的話，德國空軍那時已被打得潰不成軍，顯然事實並非如此。

空軍參謀長尼華爾上將非常清楚法國空戰的確實狀況，「……我們不能一直持續地以此種密度來攻擊……假如我們在戰爭初期就使盡全力，那當重要階段來臨的時候，我們就無法有效地行動。」可是，當法軍為阻止德軍突圍攻入心臟地帶，請求皇家空軍轟炸默茲河上德軍所搭建的浮橋時，英軍卻只派出航空前進打擊部隊來執行任務。升空前往炸橋的七十一架巴特爾式和布倫亨式轟炸機，有四十架被擊落，浮橋則絲毫未損。

面對德軍轟炸機攻擊的法國部隊，咒罵他們的上級無法提供空中掩護。法國政府不斷請求英國提供空中支援。英國遠征軍總司令高特也敦請英國駐法國的空軍指揮官、亞瑟．布洛特（Arthur Barratt）中將立即增派額外的戰鬥機中隊。在倫敦，參謀總長艾侖賽則抱怨說：「……法國的這些請求……將不斷的來，直到我們所剩無幾為止，不過話又說回來，這場戰役或許會對整個戰爭有著造成決定性的影響……」

到了五月十五日，倫敦察覺到皇家空軍在法國的損失極為慘重，開始擔憂了起來。反對再度派遣戰機增援法國的尼華爾憂心忡忡地認為，英軍戰機不斷地損失，再加上德國空軍利用佔領的荷蘭與比利時的機場，做為空襲英倫三島城鎮和軍事設施的據點，使得英國本土的防衛面對極大的威脅。戰鬥機司令部司令休．道丁上將（Hugh Dowding）更是堅持此種看法。道丁警告，戰鬥機司令部「消耗殆盡之後，對已陷入危急狀況的防衛兵力來說更是雪上加霜，一旦德軍開始轟炸，我們將毫無抵抗的能力。」

稍早的計算支持此不祥的預感。根據先前的估計，假若德國空軍從德國機場起飛，為滿足防禦英倫三島，皇家空軍需要有六十個戰鬥機中隊。如今，德軍已經在荷蘭擁有空軍基地，與英國的距離更為拉近。同時，戰鬥機司令部目前僅有三十九個中隊，更糟的是，每天都有戰機折損。在倫敦瞭解法軍默茲河挫敗的影響層面與範圍之前，他們已開始心生不祥之兆。

於此同時，除了在交戰區的法國人民之外，法國其他地區的人民完全被官方蒙蔽，因此也就不知道前線的狀況。當法國政府準備將巴黎地下鐵用來當做防空庇護所，持槍警察開始在咖啡店搜尋可疑的第五縱隊時，民眾才瞭解戰局的嚴重性。悲傷哀痛、花容失色、不知所措的荷蘭與比利時難民，來到首都巴黎北站（Gare du Nord），見證了遠在法國邊界的另一頭因戰火而受苦的事實。但官方公報卻絲毫沒有顯示出法國事實上已陷入了困境。

英國也採取了更進一步的緊急措施，但情形也和法國相差無幾。年齡介於十九至三十七歲之間的男子，必須向兵役單位登記，且登記程序都加速處理。和僅相隔一個世代之前、第一次世界大戰剛開始時的年輕人相比，他們不再帶有熱情、渴望、躍躍欲試，急切地想穿上軍服上前線擊敗敵人的氛圍。畢竟這場戰爭已經沉悶地進行了九個月之久。雖然被徵召的男子都出現在兵役單位，但有幾個案例，蘇格蘭場的警探被召喚到體檢中心，調查役男是否僱用替身代替體檢的情事。

後備軍也於五月十四日被徵召來補充正規軍。這群年齡過於年長，或體位不合適擔任現役的本土防衛軍，起初是稱為地區志願防禦軍（Local Defense Volunteers），——之後為聽起來更為親切，改稱老爹部隊（Dad's Army）——也被要求須接受軍事訓練。不過，對於一個法令約束並不算多的社會來說，絕大部分還是要靠充員兵的奉獻精神和士氣來支撐。部分充員兵在那個階段就已配備了手槍，作為敵軍入侵時防禦之用。

戰爭開打後沒有多久，居住在英國的敵國公民就被「妥善的處理」了。居住在英格蘭東部和東南部海岸的德國和奧地利國民先被拘留，以待稍後用船運送到拘留營。到了五月十二日夜晚，已有三千人被逮捕，他們大多居住在機場、軍事設施、碼頭、軍工廠、發電廠，以及橋樑等附近。諷刺的是，這些人當中，大多是害怕被希特勒迫害而逃出第三帝國的難民。

內政部呼籲民眾必須保持警戒，防止敵軍特務空降進入英國，假若發現任何敵方特務，應立即向最近的警察局報案，並提供降落的地點和人數等詳細資料。在英國各地，人們開始抬頭仰望天空，各地道路指標都被拆下，防止敵軍特務利用來逃避偵查。無辜的迷路旅客向當地民眾問路時，不但滿頭霧水，而且也會遭來懷疑的眼光。美國哥倫比亞廣播電台特派員愛德華・莫洛（Edward R. Murrow）在發回美國的報導就說：「唯一能告訴陌生旅客不會錯的，就是坎特伯利（Canterdury），因為坎特伯利是平原上冒出來一座顯而易見的巨大教堂。」

柏林當局向派駐在當地的外國新聞特派員保證，德軍的攻擊純粹是防禦性的，德軍之所以發動攻擊，完全是為了防止英國和法國的侵略。但即使是美國的孤立主義者——同盟國仍持續不斷地向其尋求協助——也不相信柏林的說辭。德軍的攻擊行動，反而使那些認為德軍的擴張主義可能危及美國國家安全的人數急速增加。羅斯福在五月十日宣稱，他的政府將「不惜採取任何手段來防衛……我們的文化、我們美國的自由和我們的文明。」國務卿赫爾也宣稱，全世界不僅生命和財產，甚至連文明社會最基本的宗教和道德正受到極大的威脅。《新共和》雜誌也提出警告：美國必須要有心理準備，歐洲的同盟國將大難臨頭。

對於同盟國的支持，以及那些對遭德國迫害的受難者的同情呼聲響遍了美國各地。美國政府凍結了比利時、荷蘭，盧森堡等國的資產，讓納粹德國無法利用他們支持的傀儡政權獲取這些資產。愈來愈多的美國人相信，祖國的國家安全正面臨威脅。他們同意，應增強美國的國防力量。然而，他們只想藉由提升海軍和空軍的戰力，來遏阻國外的威脅。大多數的美國人還是絲毫沒有動員大規模兵力到歐洲，使美國再度投入外國的紛爭當中的想法。

每當羅斯福面對壓力的時候，總覺得必須再度重申美國大眾的主流看法，美國不應改變其不加入戰局的信念。雖然如此，羅斯福還是密切地注意著前線所發生的局勢及其演變。他不斷地要求戰爭部和國務院提供最新戰情的情報以及英法兩國政府如何應對。

雷諾懇求美國急速運送武器裝備。邱吉爾也提出同樣的要求。

假設貴國再不表達立場並派遣部隊，恐屆時將後悔不及。貴國將驚訝地發現，在短期之間，歐洲就已被征服和納粹化了……我方目前所請求者，為貴國宣布處於非交戰狀態，亦即，貴國將以提供我方所短缺之軍需品以協助我方。眼下所最迫切者，為將貴國四十或五十艘老舊驅逐艦租借我方……第二迫切需要者為數百架最新型之軍機……第三迫切需要者為防空武器和彈藥……

雖然羅斯福在回函中表達了同情之心，但他解釋，必須獲得國會的同意。羅斯福雖然極力勸服國會能修正美國的中立立場，如此才能將武器和彈藥運往法國和英國，讓他們逃過被擊敗的命運。可是，國會的反對力量實在過於巨大。加州共和黨參議員希倫．強生（Hiram Johnson）就警告，任何一個企圖廢止或修訂中立法案的舉動都將被「大力追究」。絕大多數的美國人還是認為，不論歐戰中的那一方是值得同情，這一點也和美國毫不相干。

雖然羅斯福和邱吉爾有私下直接通訊，也對英國現在有一位精悍的首相主政感到稍許安心，但他還是無法完全確信，邱吉爾是否具備關鍵時刻所必備的領袖特質。邱吉爾曾擔任第一海軍大臣，他相當瞭解海軍軍力的重要性，也認識到英國皇家海軍艦隊，是美國防禦希特勒在西半球野心擴張的第一道防線。可是，羅斯福卻不認為英國海軍做得到。在邱吉爾的領導之下，皇家海軍搞砸了挪威戰役。他認為，「假如事情還是如此下去的話，那英國人終將被打敗。」

羅斯福身邊的顧問們也對於邱吉爾的能力深表質疑。布立特大使一再強烈要求美國應對同盟國展現出更為強力的支援，他的觀點在白宮也極受重視。他對於邱吉爾的評價不若對張伯倫的，他還深信：「整個英國在此極大危機時刻……並沒有真正的領導者。」令人驚訝的是，此一心境竟然和雷諾以及法國其他的領導階層不謀而合。

由於甘乃迪大使在倫敦所接觸到的，是有身分地位的人士，都是張伯倫的密友和黨員，很可能也會對邱吉爾多所批判。華府一點也不奇怪為何甘乃迪會在五月十五日呼籲，雖然邱吉爾請求援助，但美國應謹慎小心，以免「陷入一個早就注定要落敗的戰爭中而一無所獲。」然而，甘乃迪在白宮的影響力卻持續走下坡當中。當羅斯福建議居住在英國的美國人——那時大約有八千人——儘速返回美國時，他自己也相當懊惱。由於這個建議是由美國政府的官方代表所發出的，國務院覺得有必要協助一些事宜的安排。在戰爭爆發當天不久，英國的遠洋定期郵輪雅典號（SS Athenia）當時正載著一千四百名、其中有三百名美國公民在內的乘客前往加拿大，但在途中被德軍潛艇的魚雷攻擊。在死亡或失蹤的乘客當中，美國佔了十二人。由於可能遭德軍潛艇攻擊的危險性持續不斷而未見消失，美國國務院派遣了一艘標幟鮮明的船隻橫渡大西洋，載運那些打算從英國返美的民眾。為進一步確認，還同時知會英國和德國政府。

一九四〇年的前幾個月，華府最為重要的政治課題就是羅斯福能否第三度入主白宮。假如他再度當選美國總統，那將會打破只能擔任兩屆總統的限制。羅斯福一方面必須承受民主黨自由派要求他再度競選的壓力，另一方面，也使包括民主黨內的保守派，想藉由入主白宮之後，廢除羅斯福「新政」的企圖化為烏有。不過，已經厭倦了白宮生涯的羅斯福來說，只想卸下總統大任過清閒日子。他計劃在退休之後住在紐約州鄉間、哈德遜河谷（Hudson Valley）的海德公園（Hyde Park）內的房子。他希望能扮演政界大老的角色。在白宮任職了八年之後，若有改變環境和舞台的機會，的確令人神往。由於許多年前就感染了小兒痲痺症，羅斯福在有生之年的大多數時間都被迫坐在輪椅上，使他覺得卸下總統重擔之後，肉體上的壓力將大為減輕，這對他而言確實極具吸引力。

大西洋彼岸的戰況發展，現在成為羅斯福是否再度競選的一個重大因素。羅斯福盼著想讓美國大眾瞭解，歐戰對美國所帶來的危險性。這進而啟發了羅斯福心中另一輪做出奉獻的力量，並重新體認到他自身的重要性。但他並未因此而確切表達將再度參選的意願。他告訴至親好友，他並不打算再選，「除非……歐洲的情況變得非常、非常的糟。」然而，相信他已經明瞭，假如情況真的變得很糟，國會和美國大眾可能更不情願去涉及海外事務。倘若情況變壞，將使羅斯福更加深信必須制止希特勒，但是制止希特勒的任務，將比他以往所曾從事的任何一項事務都要更為艱難。一名與羅斯福熟稔的人士說：「羅斯福是否競選總統這個問題，其答案在默茲河岸的某處。」

對於同盟國來說，羅斯福的決定是很重要的。想當選的候選人必須承諾，絕不把美國未來的命運和歐洲的任何一場戰事扯上關係。而這位當選者將比羅斯福遇到更多棘手的問題。羅斯福是位善於運用政治策略的人，他早就想好辦法，要如何解除國會對同盟國的武器禁運令。假如他決定下台，那美國將很可能和歐洲的混亂局勢保持距離，而最後的結果將會是難以估算得到的。

混亂

法國對於德軍戰車在五月十日到五月十四日四天之內，就穿越阿登山地並橫渡默茲河之後的反應，是一片慌亂。即使已經要執行反擊摧毀敵軍在岸邊的灘頭堡時，法軍慌亂的狀態依然存在。柯拉普將軍建立了一道牽制戰線，希望藉此能穩住陣腳。然而，空襲不但使通訊大受破壞，甚至連士氣也幾近瓦解，縱使法軍在尚未全面癱瘓之前，都無法採取正確的因應之道。

正當大多數德軍戰車在默茲河岸邊，從前線到後方都整齊排列等候渡河時，一支法軍戰車部隊移動到法軍陣線後方，準備參與一項經過規劃的反擊行動。由於該戰車部隊的身份與任務內容未傳達給前線，他們被誤以為是德軍。當地指揮官誤以為德軍裝甲部隊快速前進，意圖要實施包圍法軍，該指揮官的部隊全數嚇得四處逃竄。

法軍最精良的第一裝甲師在經過快速前進之後，和隆美爾相距只有二十五英里。隆美爾當時正忙於鞏固橋頭堡，並不知道法軍第一裝甲師已逼近。隆美爾的部隊只是在當地枯等一直沒有到來的指令。

由於彼此沒有聯繫，部分法軍竟然相互朝著自己人開火。其他一些部隊則潰不成軍，人員也逃到他們自認為是安全的地方。急忙趕來增援鞏固戰線的部隊，到了以後才發現那些預計保留來渡河的橋樑早已被摧毀，也沒有人能夠解釋為何如此或是誰下達炸橋的命令。

未經證實的「德軍已推進」謠言傳抵指揮總部，由於缺乏正確的情報，指揮官們竟然信以為真。自開戰以來就因所得情報有限，以致於對整個戰局一知半解的法軍指揮官顯得更加困惑。由於很少發出前後連貫的命令，使得撤退的趨勢日益增強。駐守距離默茲河岸數英里後方的部隊，發覺自己被大量逃離前線的官兵給淹沒了，據說是他們自己的指揮官下令這麼做的。

那些驚慌竄逃的法軍，影響到其他堅強抵抗的友軍。後者的側翼處於危險狀態，不得已只好也撤退。很多士兵丟棄槍械，拔下臂章、官階，象徵著個人已不再和軍隊以及戰爭有所牽連。許多排、連，那怕是整個營都不復存在了。有些人怕被飛機襲擊，不但在撤退途中拋棄了軍用車輛，還當起了攔路強盜。許多毫不猶豫趕赴戰場的法軍戰車燃油用盡了，萬分悲痛的官兵只好遺棄它們。官兵實在沒有其他選擇的餘地，只得加入毫無羞愧、撤退到後方的行列。許多部隊躲藏在村莊、農場，或森林中，等待適當時機，安全無虞地向德軍投降。

甘末林在他位於文森城堡的總部，試圖以不用無線電的方式來執行聯軍總司令的工作。他的參謀軍官甚至抱怨說，甘末林連信鴿也不用，包括他認為不值得信賴的民用電話系統。他只是擴大了默茲河大挫敗的範圍而已。為獲得情報及發佈命令，總司令依靠的是穿梭在擠滿車輛和成群難民間，來回傳送報告和命令的摩托車傳令。有些傳令要不是在路上被殺害，就是受到重傷，而更為不利的是，縱使其所傳送的情報或命令再如何的緊急，兩造都無法知曉傳令究竟是否順利送抵。

各級指揮官同樣和所屬部隊失去聯繫。有些指揮官根本不知道他的部隊在何處，或轉進後的戰線所在位置。當五月十四日下半天，駐守在色當週邊的法軍面臨潰散危機時，聯軍東北區最高指揮官喬吉斯將軍回報：「德軍的先頭部隊似乎已經被擋住了。」他對於戰局的實際狀況真的是一無所知。

法軍曾數度嘗試，希望能再次掌控戰局。柯拉普將軍警告他的部隊：「當法國的命運處於危急狀態時，絕不能允許有軟弱的表現。各級指揮官必須以身作則，如有必要，甚至強迫官兵服從命令。決不寬貸任何無法執行上述命令的指揮官。」然而，警告未能發揮效用。柯拉普的第九軍團在遭受攻擊而潰散之後，早已不復存在了。柯拉普在五月十五日結束之前被解除軍團司令的職務。他在當天早上在戰鬥日誌中，以嗚咽和沮喪的語氣寫說：「沒有情報——通訊中斷——部隊間缺乏溝通——後方地區被運輸車隊和逃難的部隊所阻塞——運送燃油的火車被擊毀——簡直就是全面性混亂。」潰敗之日已相距不遠。

即使法國最高指揮部能全盤瞭解詳細的經過情形，單憑法軍的戰術作用，對整體戰局也實在無所助益。聯軍最精良部隊仍深陷在比利時，德軍在攻擊比利時之前，就先沿著聯軍新近在戴爾—默茲河佈防的防線多處據點實施猛烈轟擊。布藍查德將軍（Georges Blanchard）的第一軍團駐守在防線右翼，是處於往南增援柯拉普瀕臨潰散的第九軍團的最佳位置，可是戰事阻撓而未能抽身。要處於德軍壓迫之下的第一軍團此刻脫離戰鬥不但是幻想，他們也沒有能力做到。

由於一切發生得太快且太劇烈，根本沒有充分的時間可供理解以及做出正確的判斷。一名法國軍官回憶起他看見布藍查德將軍竭盡所能，試圖理解那些送到他手上的情報的情形。

> 我和將軍在一個房間內共待了一個多小時……他神情沮喪地呆坐著，什麼話也沒說，什麼事也沒做，只是用雙眼凝視著那張攤開在我們之間、桌上的地圖，似乎希望從中可以找到他一直未想到的對策。

布藍查德的上司，第一集團軍司令——比洛特將軍，當時正在協調數天前信心滿滿地轉移到比利時的聯軍，看起來似乎也是被整個局勢的發展挫折得無法做出任何決策，每當他提出決策，不是被立即撤回，就是被修正過。

此種無力感極具感染力。連尚未全面投入作戰的部隊也感受到沮喪的氣氛。考特德上校（A. Goutard）後來陳述了事件的經過：

沒有人真的想反擊。不受歡迎的疲憊感，從一個指揮部接連不斷地傳染到另一個指揮部。軍團、軍、師、團等各級部隊從來沒有做好應戰的準備工作。不過，有時候有些較好的單位——團或臨時編成的單位——倒真的會戮力作戰。然而，他們的驚人表現，反而讓過度緊張的高級指揮官把他們給立即召回。

許多法軍參謀軍官對高階指揮官的無能感到憤怒。配置在比洛特將軍總部的一名英軍聯絡官的日記寫道，總部的年輕參謀軍官「蠻坦承地對我吐露出絕望的情緒，他們對於指揮官和高級參謀軍官軟弱、無效的策略，感到倒胃與不屑一顧。」當報告傳來法軍陷於混亂和毫無招架之力的情況時，許多人不禁流下男兒淚。英國遠征軍的軍官傾向於不以這麼戲劇化的方式表現自己的情緒。畢竟法式情感的展現並不是英國人的風格，而且被侵略和轟炸的並不是他們自己的國家。並不是他們建造了一道壯觀卻沒有多大用處的馬奇諾防線；並不是他們曾經名噪一時的軍隊如今變得積弱不振且毫無用處；而且，更重要的是，並不是他們自己的部隊遭到德軍裝甲部隊和轟炸機的猛烈攻擊。

高特勛爵的參謀對他也是多所責難，他和甘末林一樣，與情報來源隔絕了，因而對戰局的發展所知不多。大多數的情報和作戰人員在蒐集和匯整德軍的動態資料後，就會送往英國遠征軍在阿拉斯（Arras）的總部。高特在開戰的第一天，就已在里爾附近的瓦阿涅（Wahagnies）成立了一個指揮所，五月十三日移到較為接近前線的龍塞（Renaix），最後在五月十五日移到更貼近前線的聖．昆庭．林尼克（St. Quentin de Linnick）。為了能與自己的總部取得聯繫，他被迫仰賴摩托車傳令和民用電話系統，但是市話的接線生在空襲警報期間會棄守崗位。英國遠征軍總司令不想呆坐在指揮所裡任由局勢發展（確實是無力阻止的），時常離開指揮所好長一段時間，親眼確認戰況。這導致他無法和重要地區參謀人員保持聯繫。

高特要到五月十四日——也就是德軍發動攻勢三天之後——才得知德軍已渡過默茲河，並朝著那個方向前進。直到德軍以強大兵力攻破色當的次日，也就是五月十六日高特才知道這件事，德軍此時位在可能切斷英軍補給線的位置。英國遠征軍處於危急狀態，他卻沒有接獲任何警告。

這都是指揮結構所造成的過錯。高特身為英國遠征軍總司令，但他還是得受法國陸軍司令部的節制。他的直屬長官——集團軍司令比洛特將軍，照理說應負責協調位於比利時的聯軍的各項行動。然而，高特對長官在忙些什麼卻不甚了解。沿著西線的許多據點都有戰鬥發生，高特所率領的軍隊本應在這些戰役中扮演重要角色，卻沒有從他的法軍長官那裡接獲任何的命令。

英國遠征軍在此階段還未投入任何的激烈戰鬥，法軍則因面對德軍的諸多重大壓迫而疲於奔命。法軍正遭到德軍猛烈的攻擊。德軍繼一戰之後，又再度在法國的土地上橫行，制空權也掌握在德軍手上。巴黎在不久之後就會面臨威脅。雖然這些都嚴重分散法國的注意力，但還不致於嚴重到可以忽視英國人的存在。同盟國之間的關係，也開始摻入憤怒與相互指責的氣氛。

距離前線不到兩百英里的巴黎，情況卻又大不相同。巴黎民眾從收音機和報紙的報導中知道，雖然比利時正進行激烈的戰鬥，但法國的領土還是置身事外。對於才剛抵達巴黎的美國記者克萊爾．布斯（Clare Booth）來說，一切事物都顯得那麼平常。

計程車在大道上鳴響著汽笛，小酒館的大理石桌面上有相互碰撞的玻璃杯，馬德萊娜

（Madeleine）的花市依舊五彩繽紛，鐘樓還是不疾不徐地敲出鐘響的聲音。

雷諾是直到五月十四日下午，也就是德軍裝甲部隊已開始陸續橫渡默茲河時，才得知整個局勢對他的國家和人民極為不利。除了部隊的一敗塗地之外，北部的二十萬民眾趁敵軍抵達之前正四處逃散。

法國總理在當天傍晚打電話告訴邱吉爾，整個戰局已每下愈況：「德軍已穿越我們部署在色當以南的防線……色當和巴黎之間，並沒有可與敵軍抗衡的防禦工事……。」法國急迫需要更多的援助。雷諾要求邱吉爾，除了他先前應允派遣、前往增援已駐防在法國的皇家空軍的四個戰鬥機中隊之外，再立即增派十個中隊。雷諾告訴邱吉爾，假如沒有這些戰鬥機中隊，法軍很難阻擋德軍攻向巴黎。

雖然倫敦甚少收到有關戰況的詳細報告，但是戰時內閣有充分的理由相信，前線所遭遇到的難題，比開戰初期所遇到的那些都要來得嚴重，原先派出的部隊如今必然不敷使用。不過，駐法皇家空軍的重大損失，之所以引起人們特別的關心，主要這也代表著是英國本土防衛戰力的損失。邱吉爾一直堅持應在前線大膽面對敵人，而非背水一戰態勢。但他也相當清楚，再進一步地削減空軍的力量，將使英國陷入危機當中。因此，在不完全心甘情願的情況下，同意參謀總長不再派遣戰機前往歐陸的意見。

當時倫敦還不知道德軍已攻破色當。邱吉爾和他的幕僚當時仍然深信，主要的戰鬥還是會在比利時進行，同盟國的防線將足以阻擋敵軍的攻擊，最終將使希特勒的侵略行動嘎然而止。當邱吉爾聽到雷諾談論色當大敗，以及要求英軍前往增援時著實大為吃驚。有人認為法國總理可能是受到前線過於消沉的報告影響，才使他陷於法國人特有的歇斯底里。到了隔天的五月十五日早上七時三十分，雷諾親自打電話給邱吉爾。邱吉爾依然和往常般習慣在清晨入睡，他是被雷諾的電話給吵醒的。這一次雷諾所傳達的訊息顯得更為沮喪。「我們被打敗了」，雷諾嗚咽地說：「我們輸了……他們龐大的戰車和裝甲車輛正湧進來。」

邱吉爾簡直不敢相信雷諾所說的話。由於他長期和失敗主義者周旋，因而深信事情應該沒有雷諾所堅稱的那麼嚴重。他曾經「在上一次的大戰中看過許多像這類的事情，而戰線的被突破，即使是極寬廣的戰線，並不會令我聯想到將造成任何嚴重的後果。」他告訴雷諾，同盟國絕不會在這場戰事中失利。他還試圖說服雷諾，德軍不久之後就會停歇，好等待後勤補給跟上腳步。那正是聯軍展開猛烈反擊的時刻。邱吉爾無法在電話中說服雷諾、使他安下心來，他別無選擇，只好親自飛往巴黎，一方面可以了解實況，另一方面要說服飽受驚嚇的法國人，未來的展望並沒有他們所想像的那麼黯淡。

不過，雷諾是對的，邱吉爾則大錯特錯了。當天晚上在巴黎的軍務會議，國防部長達拉第從甘末林將軍提呈的報告中，才驚訝地發現整個真實戰況，因而打電話意圖改變甘末林的說法。根據甘末林的報告，德軍裝甲部隊已突破了法軍位於色當的橋頭堡。甘末林不但沒有任何資源可供作反擊，也無從阻止德軍，使其不朝著法國的首都推進。

「你說的根本就不可能！」達拉第在電話上對著甘末林大聲咆哮。「你大錯特錯！」甘末林再度向他保證所言絕對屬實。美國大使布立特造訪國防部時，目睹了這一刻。布立特之後傳回華府的電報：「……除非上帝賜予神蹟……否則法軍將被全數殲滅。」即使神蹟即將來臨，但是對於法國第九軍團來說也為時已晚，該軍團「從四面八方敗陣下來，已呈現一片混亂狀態，軍團總部亂了方寸，根本不知道他們的師級單位在何處。」

有時候，情況卻又會變成是鬧劇的等級。甘末林麾下的高級參謀，圍繞、保護著這位沒有效率的聯軍總司令。雷諾的軍事顧問狄・維勒魯上校前往甘末林的總部，意欲釐清前線發回的混亂報告是怎麼一回事時，甘末林的參謀長派第朋上校（Jean Petibon）對狄・維勒魯的過度好奇心提出強烈抗議，而且還威脅將對總理實施訊息管制。他警告狄・維勒魯，「假如再這樣下去的話，我將拒絕提供任何情報。」

報告是否屬實對於甘末林個人的清譽影響至鉅，派第朋上校之所以擺出那副傲慢的態度，其原因應不難理解。沉著冷靜的甘末林直到現在才感到驚惶失措。他的戰略規劃一直只想靠馬奇諾防線阻擋敵人的入侵，而今敵軍早已衝破邊境，他不知該如何是好。當天晚上，他力勸政府要有棄守巴黎的打算，首都正處於落入敵軍手中的危機，此時距離開戰也不過才六天而已！已經計劃要建議利用火車將政府遷移到其他地區，確實地點還沒有決定。由於戰況愈演愈烈，有人建議一項實在是根本不可能執行的任務——完全撤出巴黎。

法國抵擋德軍突破的防線正快速的崩解中，倫敦的民眾還不知道戰爭的狀況。倫敦《泰晤士報》五月十六日早上的報導，語調可說是愉悅的。

面對法軍似乎無止境的炸彈轟擊，再加上砲兵火網的助攻之下，德軍先是遲疑不決，之後就開始撤退了。德軍之後發現，撤退的路上許多地方被損毀或翻覆的卡車、戰車、裝甲車，以及後勤補給車輛給擋住而難以通行。

這當然也是可能發生的現象之一，但事實上並未發生。

雖然邱吉爾的情報來源並不僅局限於媒體一廂情願的報導，但他對於法軍敗退的嚴重程度還是所知有限。他在當天稍後抵達法國時終於了解，原先以為雷諾口中法軍的挫敗只不過是誇大其詞的假設是完全錯誤的。對於陪同邱吉爾首相的伊斯麥將軍來說，從前往布傑機場（Le Bourqet）迎接他的法軍軍官臉上憂慮的神情，「明顯可以看出，戰況比我們所想像的還要激烈。」法方告訴他，德軍最多在幾天之內就可抵達巴黎。當時巴黎警方已配發來福槍和左輪手槍。他們不時突襲檢查外國人常去的咖啡店，也時常攔下欲進入巴黎的汽車，檢查是否有第五縱隊。

英法兩國的領導階層和高級幕僚當天下午在巴黎奧塞碼頭（Quai d'Orsay）舉行緊急會議，甘末林在會中說明了前線的戰況。這次他把恐慌的情緒掌控得很好，而他對與會人士所提出的簡報，就像是在軍校裡對學生說明戰事是怎樣被打敗的。與會者從頭到尾都站著聆聽，有些人顯出沮喪之貌（法方），而另有些人則露出訝異之情（英方）。

根據甘末林的簡報，毫無疑問同盟國的處境的確相當危急。德軍已突破在色當附近的防線，打出一個至少寬達五十五英里的大洞，他們的裝甲部隊也正以驚人的速度朝著英吉利海峽或巴黎的方向前進。甘末林坦承，他並不知道德軍的推進目標究竟是前者或後者。在德軍所經之處，法軍不是被擊潰就是全軍覆沒。「戰略預備隊在哪裡？」邱吉爾急切地追問。「並沒有戰略預備隊」，甘末林回答。或許，甘末林的確切用字被誤聽或誤譯，但是其意思應相去不遠。雖然戰爭還不算真正展開，但是身兼法軍和英國遠征軍的總司令，而且也背負著法國全國命運的甘末林看來已做好被擊敗的打算了。

雷諾認為甘末林的簡報，可能還無法讓邱吉爾完全瞭解戰況的嚴重性，他再加以重點解釋：「德軍的矛頭就像插入硬沙堆般，已經插入了我們部隊之間。」邱吉爾早不再需要雷諾的重覆說明。也許甘末林的簡報不夠完整，但邱吉爾從會議室的窗戶看出去，法國外交部正在庭院中燃燒外交檔案以防落入德軍手中的景象，就足以顯現法國政府早已自暴自棄，邱吉爾已經明瞭事態的嚴重性。雷諾為了防止一片恐慌，在當天稍早就已向下議院說明，政府棄守巴黎是必然的趨勢，現在只不過是在做棄守的準備工作而已。

邱吉爾不得不承認，他對於法軍兵力強大的錯覺至此已被點破。他對於法軍未能對前線提供支援用的預備部隊以應對緊急狀況，而今落得遭受重大威脅之情形多所怨言，他也對英國戰爭部無法掌控法國前線戰況感到憤怒。「我們有權利知道」，他生氣地說：「英法兩國的軍隊都在同一條戰線上共同作戰。」

邱吉爾認為，雖然法國的領導階層過於沮喪，但應該、而且也能夠繼續作戰。他無法接受，一個如此強大的國家會在僅僅幾天的時間內就打贏或打敗一場戰爭。並非只有邱吉爾一個人持上述的看法。伊斯麥將軍也樂觀的認為，讓法國「進入戰爭狀態」只不過是早晚問題而已。

當邱吉爾的高級軍事顧問在簡報時，提出讓在比利時的英國遠征軍撤離——因德軍戰車已往更南部去了——的緊急計劃時，他的反應極為憤怒（也愚蠢）。邱吉爾一向認為，除非沒有其他選擇，否則不應撤退。他深信，聯軍快速的戰略性撤退並非迫切需要。邱吉爾想在法國領導階層的身上注入戰鬥的意志，他在不情願以及違背前一天在倫敦的戰時內閣所做的決議——戰時內閣當天晚上勉強同意了——答應雷諾，除原先承諾的四個中隊之外，再加派六個皇家空軍戰鬥機中隊。雖然邱吉爾擔心這將使英國本土的戰鬥機數量減少許多，但他深信，「第一要務還是使法國恢復士氣並使他們有機會復原」，以對抗入侵的德軍部隊。

雖然戰時內閣同意加派戰鬥機中隊，但這並不意味著他們不關心英國本土的空防將遭到極大威脅的事實。戰時內閣之前沒有多久，才瞭解到德軍突破的範圍之廣以及其中所帶有的含意以後，幾乎是在直覺反應的情況下，同意增派戰機到法國。荷蘭已經在前一天投降，布魯塞爾即將淪陷。法軍以及英國遠征軍也都陷於極為嚴峻的困境當中。而這些都在不到一個星期的時間內發生！如今第一要務就是阻止希特勒的前鋒部隊，使其無法再往前推進，最有效的方法就是在其推進的前方全力遏止。這些增派的戰鬥機中隊將能提供實質的幫助。直至目前為止，皇家空軍在法國和比利時都沒有對德軍的前鋒造成破壞。雖然此事從未被忽略，卻也沒有人明瞭為何會如此。

戰鬥機司令部司令道丁上將對於皇家空軍在法國的損失深感苦惱，如今在知悉將增派更多中隊的決定之後，更是驚訝不已。一向沉默寡言的道丁，在壓力下刻意表現出比其他大多數的人較不易受動搖的神情。對於他來說，英國主要的任務並不是在英吉利海峽的彼端阻遏希特勒，而是英國本土的防衛上，使其免於來自空中的攻擊。他非常清楚，假如英國拒絕投入更多的部隊到戰場，法國很快就會投降了。他認為無論如何，法軍的投降是絕對無法避免的，既然皇家空軍在法國和比利時的數量和策略都不敵德軍，派遣更多的戰鬥機也只不過是增加在那裡的傷亡而已。

道丁小心保護著英國最先進的噴火式戰鬥機（Spitfire）。他總共有十九個噴火式戰鬥機中隊，卻連一架也不准送往歐洲大陸，他不希望讓噴火式戰鬥機和已在當地的颶風式冒同樣的風險。颶風式損失數字節節上升！實在令人擔憂。更讓人憂心的是，許多經驗老到的飛行員都已戰死在歐洲大陸。可以理解英國有些高層是在面對壓力極大的情況下被遊說，並同意說法國是英國的第一道防線，即使付出多大的代價，也要使法國不致於落敗。道丁卻認為，他的戰鬥機是使英國不致於落入外國統治的唯一手段。他一再地堅持，務必要保存空軍的力量，如此才不會像歐洲大陸那些已經落敗的國家，在與擁有較多數量的轟炸機和戰鬥機的德國對抗時，讓德軍取得制空權。

也有一些英國的領導人士對於希特勒在低地國發動的閃擊戰，以及德軍突破法軍防線，深入法國心臟地帶等戰果感到不可思議。然而，道丁只關注英國本土的安危。他在五月十五日告訴空軍總部，要做好聯軍在歐陸可能被打敗的打算。他抱怨說，本土的空防力量已比原先估算的最低兵力還要少。他也提出警告，假如他的戰鬥機持續被「派遣到法國期望能改善當地戰況的話，法國的潰敗也將包括了英國無可挽救的完全潰敗。」

這項聲明是由一位不管就軍種或他個人的理由，也不管他的軍階，甚至不全然是軍方成員的官長所發表的。他不但早已超過退休的年齡，而且也被許多高級軍官同僚認為是個令人厭煩的挑剔鬼。但他的警告性聲明在發出不到四十八小時，就引起高層的注意，並列入該考量的事項。更好的是，這讓資深官員明瞭到，英國能否以獨立國家繼續生存下去的事實已遭受考驗。上述這項議題又再度被審視一番，雖然感到扼腕，但此次邱吉爾做出決定，絕對不再讓任何戰鬥機中隊飛離英國本土，「不論法國的需求如何地迫切，」除非，如果必要的話，為了掩護部隊的撤退則不在限制內。

在比利時負責協調北部聯軍的比洛特將軍，還是被事態進展的速度所困惑。他持續不斷地為法國的命運，以及曾經光榮至上的軍隊面對的挫敗而感到煩憂。五月十六日，他的總部發出為時已晚的指令給位於英國遠征軍右翼的法國第一軍團，打算從戴爾-默茲河防線撤退、自救。如此，英國遠征軍的側翼將完全暴露。法軍應通知高特，俾使也能同步撤退。但沒有人這麼做。

然而這不是蓄意造成的，疏忽很快就修正了過來。比洛特跟他的高級幕僚們此刻還被其他事情干擾著，直到當天稍後，高特提出要對其右側的法軍提供一旅的英軍預備隊，協助填補被德軍突破的裂口時，才得知法軍正打算撤退。高特對於比洛特未能通知英軍同步後撤感到憤怒，他派出總部的一名資深軍官，前往要求陷入苦惱的協調官發出步調一致的命令。聯軍經過協調的撤退行動命令這才下達清楚。這撤往西邊的行動，是希望能夠迂迴到德軍的南面，遏阻當時已突破色當周邊防線的德軍，繼續往前推進。比利時的同盟國防線也將立即退到森納河（River Senne），接著在五月十七日撤到丹德立河（River Dendre），然後在五月十八日再退到埃斯科河（River Escout）。德軍前進到哪裡，聯軍就在哪裡固守陣地，假如不再有陣地可以阻擋，在何處遭遇，那就地阻擋德軍去路。

北部的法軍指揮部直到撤退行動開始之後，才開始提供對整體戰況所瞭解的部分，詳細地與高特分享。受到壓迫的法國人，自從色當潰敗以來，歷經了兩天悲傷的日子後，終於瞭解到雖然英國遠征軍的規模遠比不上法軍，但在力拼避免被德國征服法國的過程中，英國遠征軍或許可扮演重要的角色。

然而，這時候的高特，被他的法國上司的猶豫不決、整體法軍指揮官難以依靠的狀況給深深的激怒了。後來他抱怨說：「實在很難和法軍協調，例如原先說要在夜晚九時撤退，之後你會發現，事實上法軍早在下午四點就已撤走了。」當高特的部隊已撤退到埃斯科河時，卻發現河水的水位太低，德軍戰車部隊都可以輕易追上他的部隊渡河。這是法軍為了氾濫河流下游地區，影響德軍的行軍路線而打開了河道閘門，卻沒有告知英軍。

法軍這一連串大大小小的輕忽，再加上戰局的演變所造成的挫折，使高特不禁怒髮衝冠。雖然他仍然接受法軍的指揮，但他已開始思考，處在這樣的情況下，他最主要和迫切責任並不是擊敗共同的敵人，這似乎不是在短期之內就能達成的目標。他至為關切的，是英國遠征軍的命運。

撤離陣地的命令，並沒有確實送到守在防線的英軍手上。他們的士氣一度都還不錯。他們也都一度深信，他們足以和德軍相抗衡。但是如今，迅速移防比利時並駐守在當地的那股自信已明顯衰退。數天前才以鮮花和歡呼聲迎接他們到來的比利時民眾，發現英軍竟然不發一槍的情況下，拋棄他們給入侵者時，不但對這些部隊變得冷淡，甚至還懷恨在心。當一個擲彈兵近衛連（Grenadier Guard）因走錯路而回頭找尋正確的道路時，又再度受到比利時民眾的歡呼，他們以為英軍再度前進去抗敵。當他們終於找到正確的道路撤退時，歡呼的聲音消逝無蹤，取而代之的是責罵和失望的聲音。

英國遠征軍右翼的法軍，和左翼的比軍都遭受猛烈的打擊，英軍反而沒有遭遇重大的攻擊。英軍一直堅守著指定的崗位，當他們被告知必須整裝撤退時，都感到不可思議。從他們穿上軍服的那一刻起，就被灌輸要以軍團的名譽為榮，前線戰士在還未真正作戰之前就被命令撤離，這感受對他們來說，簡直就是莫大的羞辱。最後，撤退令是接連的下達。部隊才剛進駐新的據點，就又再收到撤退的命令了。

我們沒有接獲多少情報。我們幾乎被忽略了。不過，即使是頭腦不怎麼靈光的人也知道，某處正進行著激烈的戰鬥，只是我軍的表現並不怎麼好。

一名士兵從比利時法蘭德斯（Flanders）寄出的家書中寫道：「在撤離期間，我們睡在各種最為奇特的地方——酒窖、牛欄、秣草柵，以及馬廄。」大禍即將臨頭的謠言四處流竄。其中包括某些比利時的陣地，曾在同一時間被兩百架德軍俯衝轟炸機轟擊。另外還有德軍可以利用秘密武器，使敵軍的大砲無法射擊。有位英國軍官在他的日記本中潦草地記載著：「德軍已經突破馬奇諾防線，現在位於我們南面只有十英里遠的地方。」另外一位軍官則擔憂，一旦英軍開始撤退，那部隊將「沒有心情停下來」。

除遭到路上村莊和城鎮的居民的責備和臭臉相待以外，英軍最初抵達和如今撤退時的情景兩相對照之下，確實令人喪氣。他們絕大多數都是在前一年的秋天就已抵達，那時途經由迷人的村落、果園、夜晚有貓頭鷹叫聲的海灘樹林等美麗景象點綴的法國鄉間。他們在當地供應著價廉物美飲料的咖啡店裡受到熱烈的歡迎。沿著往北的路上撤退時，眼前盡是陰沉的工業化景象，在由「無止盡的採礦城鎮……以及塞滿了大砲、卡車、軍官用車，以及其他軍用車走在中間，難民走在道路的兩旁。由於敵軍的位置飄忽不定，因此沒有人知道哪裡會冒出德軍來。」

在撤退路上，既沒有時間也沒有心情在小酒館裡停歇、喝杯啤酒大哭一番。而當他們也像法軍一樣，遭到德軍斯圖卡式俯衝轟炸機的「關注」時，許多人一生當中才首度瞭解到何謂絕對的恐懼。

> 似乎所有的悲慘景象都呈現在眼前。一架軍機正朝著地面而來；俯衝減速板已完全開啟，它發出的聲響撕裂著藍天；然後，發動機在飛機俯衝結束改平時似乎是熄了火似的，然而緊接著此一寂靜無聲的片刻之後，是墜落的炸彈可怕的呼嘯聲。這是我經歷過最可怕的一次經驗。在那幾秒鐘時間，生命似乎被吊掛在永無止盡的邊緣。世界靜止了。過去、現在，和未來都只存在於此時此刻。捲起身軀，拉緊每一條神經和每一處肌肉，準備迎接即將到來的震波。在那幾秒鐘，靈魂似乎已經出竅去到了安全的地方躲起來。其中有一顆炸彈落在比其他炸彈還要靠近我的地方，把穀倉的屋頂炸壞了（他那時正躲藏在那裡），重量不輕的屋瓦崩塌，差點就擊中我的頭。我實在幸運，我還戴著我的頭盔。接著，轟炸機又往上爬升，準備再度俯衝，這整個殘忍的過程一直不斷地重複，真叫人懷疑要被炸多久人才會要發瘋。

有些逃離德國入侵者的難民，這一生已經第二次這麼做了，不但相當可憐而且也極難處理。許多人為了不想遭到敵軍的傷害，只好踏上逃難的道路。他們當中有的單獨一人、夫婦的、攜家帶眷的、年輕人、老年人。他們儘可能將所有的家當帶走。比較幸運的可以搭乘汽車逃難，他們在車頂綁上床墊，天真的以為可以做為加強防護來自於天空的攻擊。另外有些人則坐在由馬匹拖拉的馬車或者是農用拉車，家具、烹煮用品，以及其他可載運的東西都搬到馬車上。有些人則騎著腳踏車。靈車、冰淇淋車，以及其他不怎麼搭調的載具也都加入了大逃亡。有些難民推著嬰兒手推車或獨輪手推車，上面還塞滿了物品。絕大多數的人是用雙腳步行，其中有些或許是行走的路程過長或是裝備不甚齊全，鞋子都已經毀損了，逼不得已只好以破布綁腳，蹣跚而行。行列之中，可以看到有許多比利時士兵，他們有人獨自逃亡，有些則結伴同行。

飽受驚嚇的民眾所形成的難民潮，正達到了德軍的目的。德國空軍戰鬥機不斷轟炸城鎮和村落，迫使民眾踏上逃難之途，如此就能阻擋和切斷聯軍的通道。一旦他們踏上逃亡之路時，則又要面對機關槍的掃射和炸彈的轟炸。民眾為避免受到攻擊，只好躲藏到路邊的溝渠裡。假如幸運沒被擊中的話，當他們從溝渠裡走出來的時候，身上將滿是污泥。至於那些運氣不佳的，則暴屍荒野。

搭乘運輸工具撤退的部隊，無法在沿線擠滿了難民的路上迅速移動，只得利用德軍攻擊路上難民，大家因此往路旁藏匿而讓道路空無一物的時機加速前進，彌補塞在路上損失的時間。不過，那是一種極為冒險的作為，有時候必須付出代價。由於阻塞的道路愈來愈多，最後法軍最高指揮部下令，假如難民阻撓了軍事行動，除了某些特定的時間之外，一律將他們從路上趕到田野去。

並非只有同盟國在擔心戰局的發展。希特勒依然清楚地記得在一戰期間，德國的入侵部隊最後在法國慘敗的情形，因此他還是不太能夠相信他的裝甲部隊能獲得勝利。哈爾德將軍五月十七日的日記寫道：「元首非常緊張。他對於自己的成功感到懼怕；他非常害怕再冒險，他甚至寧願將指揮權交給我們。」

古德林將軍也抱怨，一向非常支持閃擊戰的希特勒，如今卻反被「自己的蠻勇給驚嚇到」。對於希特勒這位極為迷信且情緒化的賭徒而言，非常苦惱「自己竟如此快速地下賭注」，他以為現在戰車前進得太遠太快了，在馬奇諾防線後方掩蔽的法軍將迅速地由南往北調動，然後壓制與摧毀掉德軍的攻勢。如同以往，希特勒遇到壓力時，他的偏執狂又再度的出現。他瘋狂地大聲咆哮，而且還指稱他的將領們正在破壞整個軍事行動。其中甚至隱含著將領們處心積慮地想要使他的戰略受挫之指控。

事情的真相是，閃擊戰的攻擊現在任誰也無法阻止了。德軍在比利時一直追趕著正在撤退的聯軍，在色當突破的德國戰車不僅已成功摧毀法軍的橋頭堡、橫渡默茲河，還搶到了既可攻擊巴黎，亦或是往前推進到英吉利海峽的有利位置。

雷諾一再試圖保有法國的榮耀和提升法國人的士氣。五月十八日，在國防部長達拉第告知甘末林，他並沒有遏止德軍的計劃之後，法國總理不但親自接管國防部，還把他認為最該負起防禦準備工作做得不夠周全責任的達拉第，調到外交部任職。他把作風強悍的喬吉斯．曼德爾（Georges Mandel）帶進內閣擔任內政部長，一來使他得以有一個強而有力的助手來掌理已處於局勢不安的內政，二來也多了一位他用來對抗政府裡那些失敗主義者的盟友。他也把年長的貝當元帥從駐西班牙大使的職位召回來擔任副總理。法國政府裡出現一戰時的「凡爾登英雄」，意在表達法國想要贏得戰爭。不過，貝當卻不認為他被召到中央政府裡任職將產生任何作用。他在離開西班牙之前曾私下透露：「我的國家早已被打敗了。」他說，他被傳喚回國的唯一用處就是和德國簽訂停戰協定。

有些西方觀察家不但對此一無所知，而且也沒有詳加研究同盟國的戰場公報，但是他們卻建議讓德軍毫無阻撓地往前推進。他們都認為，德軍如此大膽地將部隊投入法國北部，終將使其深陷一個圈套裡——他們會遭到在比利時的聯軍以及由南部陣地北上的法軍之夾擊。此外，德軍指揮官對於戰車的要求也超出極限。這些戰車只不過是由金屬製成的機械，不久之後要不是發生機械故障，就是前進距離過遠而燃油補給困難。反觀騎兵用的馬匹不但可食用沿途的牧草，而且也用不著擔心零件的替換。但戰車就是不行。

對高特來說，這些臆測根本不重要。事實顯得既簡單卻又黯淡無光。他的部隊雖然在開戰前幾天，並沒有遭到德軍猛烈的攻擊，現在他有一些部隊正被德軍壓制住。再一次，那些早已困惑不已的法軍上司，同樣沒有提供多少情報給高特。但他最終也瞭解到，就如同報告顯示，突破法軍防線往南的德軍攻勢沒有被遏止，英軍補給線明顯處於會被切斷的危險當中。口糧和彈藥已出現短缺的狀態。以目前看來，如果德軍真朝著英吉利海峽而不是巴黎推進，英國遠征軍很快將會落入包圍圈內。處於此情勢中確實令人坐立難安，比洛特卻沒有設法為他的北面部隊擬定出一套緊急的作戰計劃。他在五月十八日坦承：「我因為疲憊而崩潰了。我根本沒有任何可以用來對抗德軍戰車的籌碼。」

這幾近於認輸的說法，顯示北面部隊協調官認為，戰敗已在所難免，這意味著英國遠征軍的處境比高特所想的還要危急。高特雖然必須聽命於法軍的指揮，但他也並不是別無選擇。從來自倫敦的戰爭部以及經由法國所同意的指令可以看出，假如他所接獲的命令將危害到他部隊之安危，那他「可在執行該項命令之前先向英國政府請示」。這當然可以被解釋成適用於所下達的命令將造成英軍必須「面臨危機」的情況。

高特的參謀長包諾爾中將於五月十九日打電話回戰爭部，詳細報告了英國遠征軍所面臨的困境。他說，法軍看似無法填補德軍造成的突破口，英國遠征軍可以有三個選擇。冒著被包圍的危險並繼續與德軍作戰；往南面反擊，雖然不太可能，但希望可與法軍會合，然後再共同往北面進攻，切斷德軍的去路；或者是退到英吉利海峽沿岸等待撤退。包諾爾一五一十地將情況告知戰爭部作戰處處長，他認為處長「非常愚蠢和毫無用處……他對於過去所提出的報告根本一無所知。」包諾爾認為，最後一個選擇雖然極端了些，但卻有認真考慮的必要。

戰時內閣在當天稍後，開會討論英國遠征軍總部這項令人意想不到的求救訊號。高特並未被賦予自行擬定戰略的權力。由於對他的法軍上司早已心灰意冷，因此他現在只好轉往請求倫敦當局提供指示、建議，以及援助。然而，他所獲得的反應卻並非他想要的。他警告說「英國遠征軍很可能被趕到海邊」，令邱吉爾感到震驚。雖然德軍在色當橫渡默茲、摧毀了當地的橋頭堡。但倫敦當局並不認為，包括英國遠征軍在內的一百萬同盟國部隊，有可能會被德軍的鉗形攻勢夾擊的情形。高特過早暗示這種可能性時，毫無疑問會被看成是不負責任的行為。

在戰爭部和其他政府高官，那些從來沒有過度強調領導統御才能的人們，此時很有可能得出結論是，他們對這個人的判斷現在被證明是準確的。對於邱吉爾和戰爭部來說，撤離應是最後的手段。在歐洲大陸的英國遠征軍不但不應撤退，而且還要和敵軍作戰。當然，有時可能被迫短暫性撤退一些距離，或者有時會為了戰略上的因素而撤退到新的陣地，這都是情有可原的。但是，撤退到面向英吉利海峽的港口，則是個極為瘋狂的想法。邱吉爾認為，一旦這麼做，那將變成一個「轟炸陷阱」（bomb trap），英國遠征軍遲早終將被全數殲滅或成為戰俘。之前接替高特帝國參謀總長一職的艾侖賽因此前往高特的總部，以導正英國遠征軍總司令的想法。

然而，基於標準的程序，所有可供選擇的策略都應加以考量。當天稍後戰爭部還是召開一場會議，審視包諾爾在電話中提出的觀點。會議議程包含兩大項目：第一，如何將補給品經由英吉利海峽的法國港口布倫（Boulogne）、加萊和敦克爾克（由於德軍的推進，已使這些港口以南的諸多港口無法充當運輸補給港）運抵英國遠征軍的手中；第二，這不太可能做到的：把數量非常龐大的部隊，從上述港口撤回英國。

在加萊對岸，距離只有二十英里的多佛（Dover）港區指揮官，海軍中將伯特藍．雷姆賽（Bertrum Ramsay）的監督之下，已經擬定出緊急計劃。五月二十和二十一日召開的會議中，更是仔細地審視了撤退的可能性。不過，很多人還是認為根本不可能完成如此大規模的作戰行動。假若最後真必須進行的話，執行起來也不見得會非常成功。對於被撤退和協助撤退的人來說，其間所隱藏的危險將如一場夢魘。不管可能與否，也一定要重新探討緊急撤退的計劃。

雷姆賽海軍中將的參謀除了其他必須注意的事項之外，最重要的還是要增加運輸和船艦等方面專家的比重。在即將草擬的納編名單當中，所有可用的船隻都將徵召過來供雷姆賽使用。這其中包括了無數能迅速載運大量部隊的大型載客船隻。納編名單中也包括了許多休閒型的小型船隻。如有必要，這些船隻也可以到法國海岸參與緊急撤退的行動。從海灘上運送數量龐大的人員顯然是一項非常危險的任務，必須視敵軍的行動、潮汐以及風向而定。雷姆賽的通訊機制將可望獲得改善，假如戰況需要的話，他將可直接和戰鬥機司令部聯繫，並要求派遣戰鬥機做空中掩護。不過，以上這一些都還只是假設性問題。

不論是假設性與否，為了方便和機密起見，行動必須賦予代號。雖然行動可能會發生，也可能不會，不過它的代號之來源卻是非常平凡的。在多佛的海軍指揮部所使用的房子，是一個多世紀之前拿破崙戰爭時期的法國戰俘，挖掘多佛市下方的峭壁內建造的隧道而成。其中一個房間在一戰期間設置了一座輔助發電機，至此，這個房間就被稱為發電機室。第二次世界大戰其中一個最為重要的行動代號——「發電機作戰」（Operation Dynomo）——於焉誕生。

希特勒像其他的偏執狂一樣，心中的恐懼有一部分純屬幻想，希特勒根本就沒有任何真正的理由要為戰車推進速度過快而擔心。他們早已攻佔了許多地方。德軍會遇上麻煩，除非他們的補給線過長；負責支援的步兵無法配合快速移動、並保護側翼，同時還要聯軍指揮部抓住這機會而有所行動才可能發生。事實上，直到五月十九日，也就是開戰之後的一個多星期，甘末林將軍才下令採取令希特勒擔心的戰術。

位於北部的聯軍將往南行進，而在索穆河（Somme）以南的法軍則往北，雙方會師阻斷德軍的去路。擔任德軍先鋒的裝甲部隊，應該會被隔絕和殲滅，德軍的推進也會崩潰。戰略聽起來是可行的，但甘末林太晚提出，成功的機會並不高。由於那些在北部作戰的部隊正參與激戰，不易也無法迅速重新部署，加上通訊失能；行動的困難度大增。

無論如何，甘末林的計劃是經不起考驗的。雷諾總理對於前線的發展感到不安，後悔當初沒有讓甘末林歸隱山林。雷諾就在當天解除了甘末林的指揮權。魏剛將軍（Maxime Weygand），一名七十三歲的一戰英雄，接任聯軍最高指揮官。魏剛立即取消了南北合擊的行動。他是一個非常有主見的人，在決定採取行動之前，他想對整個戰局加以審視一番。當他去巡視戰場這段期間，德軍將領們驚訝地發現，聯軍甚至不敢嘗試阻撓德國部隊的前進。

艾侖賽在倫敦的戰時內閣指示之下，於五月二十日上午抵達高特的總部，改變他將部隊撤往英吉利海峽沿岸的愚蠢想法。在還沒有向高特的法軍上司徵求意見之前，帝國參謀總長就指示高特準備揮軍南下。他所要採取的行動和甘末林被取消的南北夾擊計劃極為相似。這道命令使高特和他的參謀感到困惑和憤怒。他們告訴艾侖賽，他的策略根本不可能成功。英國遠征軍所屬的九個師，有七個師在正在線上接敵，實在無法脫離戰線再轉向不同的方向機動。即使他們能夠這麼做，那德軍也會迅速衝向守軍留下的缺口，進而使艾侖賽的作戰計劃失去效用。包諾爾認為：「這麼做根本是駭人聽聞的，事實上也不可能執行。若想成功，必須派遣出一支部隊擔任側翼穿過缺口，然而那個位置早就有一些德軍機械化部隊。」當艾侖賽親自到現場巡視後也認為，在倫敦的戰爭部看來似乎合理的作戰計劃，事實上卻一點也不可行。

艾侖賽從高特的總部來到阿拉斯以北、比洛特的北方集團軍總部的朗斯（Lens），要向比洛特請教該怎麼辦。當他抵達的時候，法國第一軍團司令布藍查德也在場。艾侖賽此時才真正瞭解法軍的指揮系統對高特所造成的挫折感。英國遠征軍的命運操縱在這些法國將領的手中，卻沒有任何一人能讓人對其產生信心。艾侖賽發覺，法國將領「處於一種完全沮喪的狀態，他們沒有擬定任何作戰計劃，只是靜靜地等待被屠殺……他們感到疲憊，什麼事也沒有做。」艾倫賽被法軍將領這種看起來似乎無可救藥的失敗主義感到震驚，他跟高特一樣，認為擊敗德軍並非英國遠征軍的第一要務，英國遠征軍的安危才是最重要的。他認為並沒有任何值得樂觀的理由。他日記中寫道：「情況非常危急。就我個人來說，我認為我們無法使英國遠征軍脫離險境。只能希望他們能往西南前進。但是，他們有足夠的時間嗎？」

事實上，時間已經快不夠用了。五月二十日下午七時，開戰才不過十一天，古德林的第二裝甲師已抵達索穆河、流入英吉利海峽的出海口附近的阿布維爾（Abbeville）。其中一個營甚至還及時推進到另一個面向海峽的努瓦耶勒（Noyelles），並在那裡欣賞落日。位於北部的聯軍現在已被德軍三面夾擊，唯一能逃亡的路徑就是經由海路，當然也可集中兵力突破南面的德軍，但這似乎不可能達成。希特勒還是相當焦慮，但事實上他的部隊在法國北方的各個行動，在執行上一個比一個要來得容易。法軍的抵抗能力不但沒有增強反而更加薄弱。現在，德軍已準備沿著海岸逐一攻佔英吉利海峽的港口，然後再將迅速形成的圈套給封閉起來。

聯軍在戰場上落魄的情形很快就傳到了美國。華府早已對德軍迅速攻取荷蘭感到震驚。而在比利時的聯軍，在戰事連開始都談不上的時候就已撤離，更使美國震驚。助理國務卿威勒斯則認為：「最令人擔憂的是，德軍不論在兵力、素質、戰略、武器彈藥的補給，以及士氣等方面，都遠勝於西歐各國可供運用的部隊。在夏季結束之前，德國很可能會成為整個歐洲最強大的國家。」

邱吉爾和雷諾還是持續不斷對羅斯福施加壓力，要他找出解除國會禁令的方法，把美國的軍火和補給品儘快運給他們的部隊。雖然在倫敦的甘乃迪大使和在巴黎的布立特大使，基本上對於應採取那些行動看法不一，但他們還是都呼籲美國應該採取行動。

甘乃迪大使在五月十六日給華府的報告中指出，倫敦可靠的消息來源告訴他：「除非美國總統的睿智再加上上帝的賜福，才可能解救同盟國部隊不致遭到全面的挫敗。」可是，此一暗示美國應介入調停的話語卻沒有獲得華府的採納。假如因美國的調停而停戰，希特勒將得以統治或在幕後操控西歐。國務院回函給甘乃迪的電文中警告他，美國無意介入解決歐洲的問題。只要羅斯福仍舊掌理華府的事務，當然就不會介入調停，這麼做會削弱同盟國對抗納粹德國的信心。

至於布立特大使的預感更是令人感到為難。他一直強烈要求運送武器和補給品到法國，幫助法軍擊退德軍。而今，在他給羅斯福的一則「私人」秘密電文中指出：「我認為這可能是美國在未來所需執行最重要的一件事。您應牢記以下的假設——英國為了避免全面潰敗後所將招致的嚴重後果，很可能會由奧斯華．莫斯利（Oswald Mosley）和其所領導的英國法西斯聯盟來組成一個完全和希特勒相配合的政府。倘若如此，就是意味著英國皇家海軍將與我們為敵。」

英國駐華府大使洛西恩爵士，並不想放過美國對皇家海軍可能會轉由德國控制的恐懼感。洛西恩強調，英國海軍艦隊對於美國的國家安全有著舉足輕重的地位。他清楚指出羅斯福早已感到擔憂的一個難題：假如英國落敗，而美國海軍艦隊部署在太平洋的話，美國的國家安全就會面對威脅；但假如只在大西洋部署的話，積極擴張領土的日本將攫取夏威夷。如果同時在兩大洋部署，都將無法對抗在任一大洋上的侵略者。洛西恩因而指出，美國除了協助英國，實無其他選擇可言。

羅斯福建議，假如英國被迫臣服於希特勒，為了安全起見皇家海軍可以全數移往美國。洛西恩非常技巧地回答，假如美國還是一直不願對為了自由和正義而艱苦作戰的英國伸出援手，實在很難說服英國民眾同意羅斯福所提的計劃。假如英國海軍艦隊能夠脫逃的話，那也將會航向大英帝國的偏遠角落——澳洲，或是紐西蘭。在這樣的狀況下，美國將無法獲得皇家海軍的襄助。羅斯福相當清楚這是一種恐嚇，他也常在國會議員身上施展此種策略，因此他理解是怎麼一回事。

邱吉爾仗著和羅斯福的私人情誼，可以較肆無忌憚地說話，所以他的話都說得相當率直。他還是重申布立特的不含掩飾的警告——假如情況更為惡化，倫敦將很可能會出現一個和希特勒合作無間的政權。他在五月二十日打電報給羅斯福，再度向他重申，一旦他的政府被迫下台將可能發生什麼後果。

> 假如這個政府的官員都相繼去職，而由其他人接任並且在一片廢墟當中和敵人交涉，您應該明瞭，唯一剩下來可與德國談判的籌碼，將是英國皇家海軍的艦隊。假若美國並不理會這個國家的命運，而假若當時負責的人為了劫後存活的國民而做出最合時宜的妥協，那沒有人有權責罵他們。顯然，我無法替代我的繼任者做出回應，在完全沮喪和無助的情況之下，那些繼任者很可能必須遵從德國的意志。

事實上，邱吉爾暗示倫敦可能會出現親希特勒的政府的說法已達到了效果，羅斯福和華府裡非常擔憂美國國家安危的官員都為此深感困擾。羅斯福本人也相當清楚，他仍然無法說服美國大眾同意他對同盟國提供物資上的援助。當德國發動閃擊戰的消息在美國媒體大幅報導時，美國人對於同盟國的困境也就更加同情。不過，這些來自於歐洲的消息，卻也使得大多數的美國人希望他們自己的國家不要被捲入這場戰爭之中。

羅斯福依然對美國大眾信誓旦旦地指出，美國絕對不會參戰，然而他卻冒著風險，與邱吉爾維持秘密的私人通訊。假如被美國民眾知道的話，孤立主義者將可據此為證明，指出總統違反了他一直宣稱要極力維護的中立立場。不過，他只限於與邱吉爾，並沒有和希特勒進行類似的通聯。羅斯福和邱吉爾秘密通訊一旦公開，羅斯福不但難堪，那些支持同盟國的美國人也會面對挫折。當正在撤退的同盟國面臨的處境愈加危急的時候，以上所說的情況差點就要發生。

五月二十日上午，帶著拘捕令的蘇格蘭場警察總部裡的政治部員警，來到美國大使館電譯員泰勒・蓋特烏・肯特（Tyler Gatewood Kent）位於倫敦格洛斯特廣場四十七號的住所。雖然身為大使館工作人員，肯特理應享有外交豁免權，但在英國外交部的要求下，甘乃迪大使已同意撤回了他的權利。單身的二十九歲肯特，穿著睡衣拒絕開門讓警方進入他的住所。警方破門而入，在他那兼具起居和睡眠功能的房間展開嚴密的搜尋。他們在一個櫃子裡發現了藏有一千五百份秘密文件副本的文件夾，都是在過去七個月經由大使館密碼室傳送或接收的電文。肯特不斷將這些文件交給在倫敦的親納粹人士，然後再由他們交給駐倫敦的義大利大使館，再轉送到駐羅馬的德國大使館，最後再由這裡送抵柏林。其中就包括了邱吉爾和羅斯福之間的秘密通訊。

肯特早已被跟監多時。基於甘乃迪明顯的失敗主義傾向，因此沒有及早發現肯特的行為。不過，英國的反情報人員卻早已密切監控肯特的行徑。肯特被捕之後監禁在倫敦的布立克斯頓監獄。美國政府並未要求將他引渡回美審判。美國政府要求不得公開肯特對案情的說明。

當肯特於那年底接受秘密審訊時，一再堅稱他只不過是做了一個負責任的美國公民所應做的事。他認為美國民眾有權利知道，羅斯福一方面想對英國提供援助，另一方面卻又假裝用心良苦地避免介入歐洲的戰局。這種抗辯根本就無法獲得英國陪審團的同情。更何況，當他正在接受審判的時候，英國正經歷德軍轟炸機的夜間空襲時期。最後，肯特因違反英國官方秘密法而被判處七年徒刑。

美國助理國務卿布列肯利吉．隆恩（Breckenridge Long）認為肯特的行為「不但讓我們的密碼被以多種方式給破解，我們的每一項外交策略也都外洩給德國和蘇聯了。」同盟國陣營甚至可能面對更大的威脅——德國公開邱吉爾和羅斯福的私人通訊，利用宣傳機器說服美國大眾，他們的總統竟然在違背民意的情況下，明目張膽的試圖將美國拖入這場戰爭。這樣的指控勢必嚴重降低羅斯福三度入主白宮的機會。此時羅斯福又正巧在決定是否參選，德國公開與邱吉爾的通訊內容，將很可能使他心灰意冷決定不再參選，這將會使對歐洲的命運較不關心的人士成為總統候選人。基於此，肯特案的秘密被封存了許多年之久。

只有少數國家的軍隊能在面對壓力的情況下，還能體面的執行撤退行動。愈周延準備作戰的部隊，在遭到潰敗的時候，就愈顯得不知所措。對於英國遠征軍來說，連同工程營[1]、財務、牙醫等諸多支援性單位的數千名士兵，他們每天不但必須消耗糧食等補給品，而且也要有住宿和使用運輸工具，而在如此危急的狀況之下，卻又無法提供多大的用處。考量到他們的服務在短期內都不會用得到的情況下，高特命令二萬七千名「暫時用不上」的官兵先行撤回本土。至此，英國遠征軍機動起來可以更為快速，但不盡然都是在撤退。

五月二十一日，來自倫敦和巴黎的壓力，要求英國遠征軍必須投入到更多的作戰中，高特派遣一支由兩個後備師和一個裝甲旅所組成的快速打擊部隊，開始發動猛烈的反擊。高特的目的是堵住阿拉斯以南的道路，以切斷德軍的通訊和補給線。雷奈．阿爾特馬雅將軍（Rene Altmayer）的第五軍，本應派兩個法國師發動類似的攻擊行動，但未能達成。法軍在過去一個多星期以來，參與了激烈的戰鬥且又損失嚴重，早已疲憊不堪。雖然有些法軍單位在預定時間之後一天，也加入反擊行動，雖然士氣高昂、奮戰不懈，在交戰十二個小時之後，最終還是不得不撤退。

英國打擊部隊雖然在武器和數量上都遠遜於德軍，但是在第一次與德軍裝甲部隊作大規模接戰中，還是重擊了德軍。德軍許多戰車被摧毀，四百名士兵淪為戰俘，數目比開戰以來同盟國部隊歷次所虜獲的德軍總和還要多。精銳的黨衛軍骷髏師（SS Totenkopf Division）在強大的德軍裝甲部隊重新整合之前，被迫驚惶失措地撤退。由於英軍的行動野心過大，因而注定不能持久。高特的反擊行動在不到四十八小時就停止了，部隊被迫匆忙撤退，以免被德軍包圍。

雖然如此，這次反擊所獲致的短暫勝利還是對整個戰局的演變，佔有重要的影響力。古德林新成立的第十裝甲師，為避免再被英軍可能更進一步的突擊行動，迅速地拉回去充當預備隊。要是第十裝甲師依照原訂計劃直接而迅速地推進到敦克爾克，即使同盟國早已認真思考撤退計劃，也將因為落入德軍的包圍圈而完全失去從海路成功撤離的希望。

當魏剛於五月十九日接任歐陸英法聯軍總司令時，他就一直非常謹慎小心地研究著整個戰局。他還冒著極度的危險到前線，親自和他的直屬部下交換意見。對於像他這樣高齡的人來說，在那種危急的情況下到前線巡視絕非易事。當魏剛在五月二十一日，同時也是英軍發動阿拉斯反擊之日，將各種的可能性都檢討過後，擬定出一套對德軍先發制人的作戰計劃。法國北部、那些位於德軍戰車突破口南邊的法軍，以及突破口北邊的英法聯軍將同時夾擊，切斷和隔絕德軍的攻勢。基本上，這和甘末林的作戰計劃極為相似，只不過在三天前，甘末林被解職的當天，魏剛取消了那個計劃。假若當時就執行的話，其成功的機率也就不會像現在那麼低了。

根據魏剛的計劃，高特被要求派出三個師擔任重要的角色。當他知道這個要求時，感到

1 註：Labour Battalion 或 Labour Corps，之後在一九四〇年十一月二十二日改稱 Pioneer Corps。

毛骨悚然。一連串在時機點以及行軍時的諸多錯失，使他無法如期和魏剛擬定南北夾擊的會議中見面，再加上此時他已對法軍的統御能力和保證抱持懷疑，他已經是無法去諮詢與瞭解行動的細節。總之，他無法立即遵從魏剛的命令，當時英國遠征軍所有可供運用的預備隊都已投入阿拉斯的反攻。因此，魏剛也只得同意直到戰局較為穩定時——最快必須等到五月二十六日——才能夠發動南北夾擊的攻勢。

對於聯軍持續的挫敗，感到憤怒的邱吉爾在此時介入了。五月二十二日當他還在巴黎時，顯然還未能瞭解被包圍的聯軍的處境是何等危急。雷諾帶他到文森城堡和魏剛會面，魏剛當時把他擬定、可擊敗敵軍的作戰計劃，詳細向英國首相報告。雖然這個作戰計劃很明顯與被取消的甘末林計劃極為相似，但是甘末林當時的神情相當沮喪，相較之下，魏剛則展現出信心十足的樣子。他不但知道自己正在做什麼，而且也知道如何來達成他的目標。不過，這也引發出許多難題。

邱吉爾對法軍將領突然間表現出的果斷、明確的作戰意志感到既欣慰又迷惑。他告訴已七十多歲的魏剛：「我對您唯一的抱怨是，您實在是太年輕了一點。」首相並不瞭解，當時新任的英法聯軍總司令所提出的作戰計劃，根本就是他的能力範圍所無法執行完成的。他完全不知道，預計將前來參與魏剛作戰計劃的那些英國師，正被德軍優勢的兵力所壓制，不得不放棄阿拉斯的反攻。他們的補給線被切斷，彈藥存量也不足以發動任何新的大規模行動。邱吉爾並不知道，位於英軍北面的法國第一軍團戰力未能恢復，現在仍然面對德軍的嚴重壓迫，根本無法前來參與此戰。而且，他也不知道，位於索穆河以南的法軍之兵力不但遠比魏剛所想像的還要薄弱，事實上也無法迅速往北衝破德軍的去路。同時，邱吉爾也對南北同時夾擊的行動時間表安排一無所知。但他為法國這時顯現出來的戰鬥決心感到興奮，邱吉爾向高特發去電文，命令後者務必執行那被邱吉爾錯誤解讀的魏剛計劃。

高特奉命必須「在最早的時刻——當然就是指明天——派遣八個師」展開南邊的攻勢，以配合法軍同步作戰。這根本就行不通。即使行得通，也毫無道理可言。邱吉爾的介入，在英國遠征軍總部裡激起了陣陣的怒吼。包諾爾尤其震怒。

難道沒有任何人可以阻止他嘗試以超級最高統帥的身份來指揮作戰嗎？當他要求我們集結八個師反擊的時候，他把我們當成什麼？難道我們沒有前線需要防衛嗎？假若我們的前線被突破，德軍將如洪水般湧入。他對於我們的處境和狀況根本就沒有任何概念……這個人實在是瘋了。

包諾爾之前對邱吉爾就沒有多好的評價，他之所以如此憤怒，其實不難理解。邱吉爾的指示不但不可能執行，其中所要達成的目標：以攻擊來防止德軍抵達英吉利海峽，根本就是無稽之談。德軍早在兩天前就已經抵達英吉利海峽了，也已經開始要循著海峽沿岸揮軍北上。英國遠征軍正要大難臨頭了，倫敦卻在接受巴黎的抱怨之後，轉而指責英國遠征軍並沒有真正地派遣部隊參與魏剛的計劃，此舉更把英國遠征軍總部的憤怒程度衝到最高了。包諾爾對於「指責……英國遠征軍做得還不夠」的說法感到不滿。

顯然，國內的那些人並不瞭解我們做了多少，以及我們仍然在做些什麼。我們這裡的每一個人都已上戰線，每個人在過去的十六天當中都不眠不休地行軍、戰鬥和據守，我們守住了陣線，而且還對敵軍造成重大的傷亡。

不論英國遠征軍的成就是否受到倫敦當局的讚揚，高特再度接到指令——停止自怨自艾，立刻執行任務。

事實上，總司令必須為他自己和倫敦當局之間的缺乏瞭解和互信不足負起部分的責任。由於他是位服從長官的軍人和紳士，直到這個節骨眼，他僅暗示過自己對於法國長官的指揮能力、對戰局的瞭解感到懷疑。邱吉爾和艾侖賽兩個人都不知道他到底在想些什麼。他的好朋友海軍上將羅傑・凱斯（Sir Roger Keyes），當時正是英國駐比利時皇室的代表，建議他應「告訴政府：『去你的！』，同時也應堅持讓你能自由運用你的部隊，以便脫離這個根本就不是因為你造成、壞到極點的狀況。」可是，高特沒有接受他好友的勸告。

同盟國最高指揮部裡彌漫著一股混亂的氣氛。不論魏剛的意圖和期望為何，事實上，他能對戰局所做的貢獻甚為有限。建議、計劃，以及直接的命令對於整個戰局產生不了多大的影響。各地指揮官之間無法聯繫，根本無法傳達命令、交換情報，以及消除彼此間的誤解。許多軍官和單位在沒有命令的情況下私自移動。最後導致那些已經傳送到通信單位的急要電文，卻因為沒有人知道受文單位的官兵或部隊的確切位置而無法送達。關於德軍動向的情報根本是付之闕如。當魏剛在五月二十二日，下令筋疲力竭、裝備不齊，為求生存而掙扎中的部隊，要去圍攻戰勝連連的德軍裝甲部隊並意圖讓後者彈盡援絕時，可以看得出來，法軍指揮部完全與現實脫節了。

法國北部的聯軍正忍受著痛苦。英軍在經過戰鬥和急行軍之後，口糧的供應減半，有時甚至沒有吃的。許多官兵，包括英軍和法軍，只能依賴沿路找到的食物為生。有位軍官說，情形就像「某種經過核可的掠奪行為」。饑餓的部隊在撤退的時候，不總是會尊重他人的財產。許多農人也加入了逃難的潮流，他們留在當地的家畜、雞蛋和鮮乳很容易就可以攫取。在城鎮和村落裡，四處覓食的士兵發現棄置的商店之後，就將他們所能用上的——乳酪、罐頭、咖啡、茶、啤酒，和葡萄酒等都帶走了。這種到處搜刮的行為尚不能滿足軍隊的需求。彈藥的補給持續不足。對於英國遠征軍來說，這些物品須從英國以空降方式投送給他們。

個性猶豫不決的比洛特，在五月二十一日的車禍受重傷，之後就一直流傳著他已經自殺的謠言。高特在此之前四天未曾從他那裡收到任何看似命令的指令。接替比洛特擔任北面集團軍協調官的布藍查德，希望自己是被官方給正式任命的。因與總部之間直接通訊的管道不順，正式任命的事情並不易達成。

縱使布藍查德的任命案能迅速獲得確認，也對整個戰局毫無助益。同盟國原本就無法取得戰場上制敵的先機。英國遠征軍還是把布藍查德看成是個毫無能力的危險人物。例如布羅克將軍看見他站在一張作戰圖前研究著，「布藍查德給人的印象，就好像是在凝視著一面空白的牆壁……對我來說，他是一個頭腦已失去功能的人。」其實，他的法軍高階部屬對他的能力也沒有多大的信心。布藍查德在繼任集團軍司令不久之後，曾被一名法國軍官偷聽到他曾建議，或許有條件的投降是最明智的行動。到了五月二十五日，已有二十五位法軍將領遭到撤換，法軍第三軍軍長勞倫斯將軍（de Laurencie），是少數幾個仍受到重用的將領。勞倫斯呼籲由高特取代布藍查德擔任集團軍司令。貝當元帥也向剛抵達巴黎、擔任邱吉爾個人代表的史皮爾斯建議，要由高特來指揮法國北部的部隊。不過，他的目的很可能是要把法國即將來臨的戰敗的過錯，完全推給英國來承擔。

英國打擊部隊短暫的反擊之後不久就撤退了，此舉觸怒了魏剛。他認為高特在德軍還沒有壓制他之前就棄守阿拉斯。通訊受到干擾，北邊的法軍指揮部陷於一片混亂，最高指揮官根本沒有管道了解，也沒有理由相信，高特之所以下達撤退的命令，是避免部隊被德軍包抄進而被殲滅的命運。魏剛唯一了解到的是，高特的撤退，將破壞了他切斷、摧毀德軍裝甲前鋒的計劃。除此以外，對於魏剛來說，英軍此舉意味著拋棄法軍同袍而不顧，將使法軍士氣更為低落。對於在巴黎的法國軍務會議秘書長來說，魏剛似乎「對英軍的背叛感到難以釋懷。」雖然這種想法是錯誤的，但他還是堅信，高特實在不應該以自己的意志行事，應該聽命於倫敦才能撤退。當法國的盟友表現得如此卑劣時，法國又能作戰呢？

直到目前為止，軍務會議所召開的會議，其內容千篇一律不外乎是一些無用的悲歎，例如法國是如何沒有徹底做好應戰的準備，為何在沒有足夠的戰車、戰防砲、以及戰機的支援之下，就派遣部隊投入戰場。雖然雷諾本人必須擔負部分責任，但是他並不同情法軍總部的說法。他告訴參議院，由於「令人難以置信的錯誤」才使德軍能夠橫渡默茲河，主事者「都將遭到懲罰」。對於英軍明顯地急於想撤離歐洲，他和他的將領們一致怨恨不已。他抱怨英軍「總是在找尋避難所」。他公開明白地宣示，他認為法國會堅持戰鬥到底。

從前線不斷傳來令人心灰意冷的消息，雷諾不屈不撓的意志，很難在巴黎一片沮喪的氣氛中維持。當布藍查德的一名參謀約瑟夫·法維爾少校（Joseph Fauvelle）於五月二十五日，從北部集團軍總部派往巴黎報告戰況時，他陪同魏剛參加一個雷諾也會出席的會議，他告訴總理：「這如同暈船的乘客，向經過的侍者要求一個臉盆……『我想認為應及早停止反抗』。」當時也出席該會議的史皮爾斯將軍聽到之後大為震驚。

> 我的手腳發冷，我的心變得像石頭般沒有感覺。我的一生曾見過元氣衰落的人，但以前卻從未見過這麼一個容易潰散的人，現在的他顯得是那麼的渺小……現在沒有什麼比把法維爾給丟出窗外，更能滿足現在的心情了。

史皮爾斯在會中驚訝地發現，法國的命運也被列入議題討論。會中雷諾忍受著他的情婦，以及某個位政治人物數度打來干擾的電話。那位政治人物一直要求把他的女婿調到前線、但較不會遭遇到德軍的地區。這些使雷諾分神的事務，不管在情緒上和政治上似乎對他來說都是必然的，當時的他壓力極大，雷諾比史皮爾斯更瞭解，他不得不去應對那個沮喪的情緒了。

在巴黎，再也沒有幾個失敗主義者會想要隱藏他們悲傷的情緒了。當天召開的軍務會議中，魏剛提出一份有關法國守軍悲慘情況的報告時，法國總統阿爾貝．勒布倫（Albert Lebrun）建議，也許可以和德國人取得相互諒解。勒布倫相當清楚英法兩國的政府先前曾協議，在沒有獲得對方的同意之前，任何一方都不能獨自和敵軍談判。他說，假如德國「對我們提出任何相對上有利的條件，我們應該……客觀、謹慎地審視。」

並不準備放棄作戰的海軍部長西斯．坎比奇（César Campinchi）相當擔憂，一再惡化的戰況，很可能會使巴黎出現一個尋求個別和德軍簽定停戰協定的政府。為了維護同盟國團結一致的精神，坎比奇呼籲雷諾必須警告邱吉爾，法國可能會和德國簽署停戰協定。貝當並不太重視英國的感受。他主張唯有雙方同等努力為共同目標奮鬥的情況下，同盟國之間彼此才應對另一方負起責任，他認為英國所做的貢獻遠遜於法國。空軍參謀長維樂明對此也大表贊同。他指出，當法國空軍正遭受重大損失的時候，卻很少看見皇家空軍出現在法國的領空！相反地，皇家空軍飛行員也對法國空軍有同樣的怨言。

不論軍務會議裡出現了什麼樣的爭論，在戰場上所發生的事情，顯然已變得富有政治意涵。會中決議由雷諾在次日、五月二十六日飛往倫敦和邱吉爾商議，有關法國接受德國在不久的將來提出和平建議的可能性。

英國的戰時內閣仍然試圖瞭解前線的狀況，或者其實也可以這麼說，仍然試圖瞭解前線究竟在何處，他們根本不清楚高特究竟在做什麼。邱吉爾對於英國遠征軍總司令的態度變得愈來愈不耐煩。自從英軍在阿拉斯成功反擊，卻未經許可從該處撤退之後，雷諾就一直對英軍這種，在他看來不必要的撤退，向邱吉爾憤怒地提出抗議。因為不瞭解高特撤退的原因，邱吉爾理解法國有理由抱怨。他一再堅稱，高特在撤退之前，實在應該通知倫敦和他的法軍上司。「我們對於阿拉斯撤退一事完全一無所知，這絕對非出於我們的本意。」邱吉爾對艾侖賽說：「我一定要弄清楚為何高特棄守阿拉斯，以及他接下來打算如何運用他的部隊。」在未被高特說服之前，邱吉爾還是不願相信，英軍之所以棄守阿拉斯、試圖往海峽沿岸撤退，完全是局勢逼迫之下不得不然的結果。

凱德肯爵士在日記寫道，「令人難以理解的是，高特看起來已撤退了四十公里！可是，所有的事情都陷於混亂之中：通訊中斷，沒有人知道戰況的發展，我們對於任何事物都一無所知……假如**當初**偉大的法國陸軍能在側翼稍加攻擊，我們應該已經擊敗希特勒了。**或許**法軍正在準備採取某些行動，但我們看不出有任何的跡象，我也沒有聽說有任何一名法國士兵在某地戰鬥的消息。」

缺乏關於前線可靠、即時的情報，英國的戰時內閣備感氣餒。加上又不清楚高特究竟在做什麼，戰時內閣擔憂的，已經不是每日的戰況最新動態了。困惑、恐懼的情緒，開始在政府與戰爭部高層之間加速生成。他們突然意識到，英國遠征軍這個全國最專業化的作戰單位、以及配備給他們的武器裝備，很可能會被德國打敗、俘獲！而戰爭才不過剛開始而已。他們一想到這裡就為之膽寒，也為英國可能遭到的悲慘命運而傷感不已。德軍早就已到達可橫渡海峽、對英國發動侵略的位置。

英國加強研判敵軍可能對自己所造成的軍事威脅。檢視的範疇並不局限於傳統攻擊所將可能造成的威脅而已。參謀首長會議收到的一份報告指出，德軍擁有大量的芥氣和其他有毒的化學物質，並曾利用飛機進行空中噴灑的實驗。根據情報單位的報告顯示，在一年前曾有兩個時間點：德國飛機兩度在法國領空施放許多神秘的白色巨大汽球體。這些白色的巨大汽球體在破裂之後在寬達幾平方公里的區域上方形成類似蜘蛛網的物質。這些物質並沒有對人體產生明顯的異樣症狀，但居住在目標區域的人們臉上和雙手都沾染了那些物質。雖然沒有對此現象進行更進一步的調查和說明，但顯然德軍正在著手進行另一種層次的化學戰實驗。也有人認為他們是在從事具有可怕威力的釷彈（Thorium，Th）和鈾彈（Uranium，U）的試爆。但有更多人懷疑，德國還缺乏發展這兩種炸彈所需的技術，尚不足以製造出如此先進的武器對同盟國造成最直接的威脅。另有一份報告則指出，德國很可能已研製出能從飛行中的軍機遙控的地面無人戰車。

英國各地也開始謠傳著，一旦德軍入侵，英軍將採取哪些防禦措施。戰時內閣根據情報了解：「顯然民眾廣泛的認知，一旦敵軍在英國東海岸佔據了橋頭堡，唯一把他們趕下海的方法，就是砲轟與空襲。」地方官員覺得有義務，在採取如此激烈的手段之前，必須要求目標區裡的所有百姓做全面撤離。他們確保這些事務會被列入考量。

無庸置疑，假若英國遠征軍難逃被俘虜或殲滅的命運，而德軍又意圖侵略已無軍隊可守的英國，屆時英國本土的防禦勢必面臨嚴重考驗。政府已做好規劃，一旦德軍入侵英國，政府將會全權處置英國境內所有的人員和財物。勞工大臣有權指派任何在英國國內的人們，執行任何他認為有助於戰事發展的工作。

英國雖然在體認到自己即將面臨危機的時間點略嫌太晚了點，但還是有助於促使倫敦當局考慮將英軍從法國撤離的可能。戰爭部在五月二十五日發文給高特——他在一週前就已經有這個體悟——「英國遠征軍的安危將是貴官接下來最主要的考量。」他還被告知，假如真的有必要撤離，戰爭部將會盡一切努力提供船隻撤走官兵，同時空軍也會提供空中掩護。

布倫港已經陷落，加萊和敦克爾克成為各海峽港口中，最後兩座可供撤離的港口。當時德軍包圍並猛烈地轟擊加萊，撤退部隊勢必得先突破德軍攻入加萊後，再從那裡撤退，這當然是不可能的事。假如試圖想要撤退的話，依據合理的判斷，應該是從敦克爾克。一份電文傳送給駐守加萊的英軍部隊指揮官克勞德．尼科森准將（Claude Nicholson），要求他的人馬必須和德軍作戰至最後一刻為止。藉由尼科森的堅守加萊、牽制住德軍，以延誤德軍北上抵達敦克爾克的時間。加萊官兵的大量犧牲將無可避免，邱吉爾親自告知尼科森：「國家對你和英勇的貴團深具信心，你們定能創立功績、榮耀英國。」日後英方四處探詢尼科森的下落，他後來死於德國的戰俘營裡。尼科森的部隊不但在數量上遠遜於德軍，必要的基本配備也短乏。他只有八門戰防砲，卻要阻擋德軍的裝甲部隊，其他原先就該送達的武器，此刻仍在多佛港靜待船隻騰出運貨空間，才能送到對岸的加萊。

到了這個時候，也就是五月二十五日，英國遠征軍企圖撤離的想法日漸升高，但也僅止而已並未付諸實現。任何一個可能擔任撤退行動總指揮的官長，包括邱吉爾、高特、雷姆賽，他們當中沒有一個人認為撤退行動能夠執行得有多成功。他們認為，撤退或許可以營救數量不多的官兵，卻會深遠地影響著聯軍，導致徹底的失敗。布羅克將軍的日記：「現在，只有奇跡的出現才能救得了英國遠征軍，但距離被滅亡的日子為期不遠了。」整個撤退行動有可能因官兵懼怕即將大難臨頭而瓦解。高特的助理行政官懷特菲德上校（G.H.F. Whitfield）早在從敦克爾克撤離「暫時用不上」的官兵時，已提出很可能發生這種現象的疑慮。懷特菲德對於這些「暫時用不上」的官兵所表現出來的行為感到震驚，他因此擔心一旦德軍開始空襲，其所產生的效果將非常可怕。

> 在多個不同的地點，軍官和士兵們都匆忙地趕到（位於敦克爾克的）報到中心，其速度之快，使人不得不以為，莫非敵軍已在他們背後不遠的地方。很顯然，我根本不可能對這麼多蜂擁而至的官兵做逐一的資格審查，其中有不少是在沒有上級長官的核可下就來登船的……當德軍強力猛烈空襲時，那些沒有受過正規訓練或是訓練不足軍官帶領的團級單位，頓時分崩離析形成一盤散沙……（不過）我很懷疑，即使是最為訓練有素的部隊，是否能長期地忍受如此的轟炸。因此，當有人向我報告，許多由無助和失落的士兵所組成的小型隊伍在敦克爾克附近徘徊，要在下次空襲之前尋得掩護處所時，我一點也不感到驚訝……有許多案例……軍官拋下士兵，自己跑來搭船……那些被我吩咐任務而會延誤他們登船大約一天或更長的軍官，最後也是消失得無影無蹤，我可以肯定，他們一定也是自己就跑去登上回國的船艦上去。

反擊仍舊是官方所認可的作戰計劃重心，撤回戰鬥部隊則不然。雖然魏剛確信高特已經轉向，即使高特對於魏剛的計劃能否成功多所質疑，但他還是在五月二十五日傍晚時分，準備執行他被指派的任務。他兩個師的預備隊振作起精神往南推進，希望能和應該會從南邊往北進攻的法軍，共同對德軍產生夾擊的作用。然而，德軍的行動又再度左右了整個戰局的發展。

當天傍晚高特接到消息，負責英軍左翼的比利時部隊，因受不了德軍的壓迫，快要招架不住了。比利時部隊那時正遭受重大的傷亡。有些比軍單位在德軍窮追猛打之後就整個潰散了，官兵士氣蕩然無存，許多士兵都開小差了。一名負責評估戰況的英國聯絡官，看見有些士兵在咖啡廳裡一口氣就喝下整瓶酒，完全無視才不過一英里遠前線的戰況是如何。

更重要的一點，這些比軍官兵雖然決心奮戰到底，可是他們只防衛自己國家的邊境，絲毫不理會同盟國聯合作戰的戰略要求。他們不但沒有按照戰術推進到法國北部，反而整隊齊步往設置總部的布魯日（Bruges）方向前進。結果，英軍和比軍陣地之間出現了一個大缺口。從虜獲的敵軍文件顯示，德軍有意衝過那個大缺口，假如他們真的那麼做的話，將能切斷同盟國通往海岸的撤退路線，如此將使英國遠征軍、法國第一軍團的殘部，以及比利時部隊陷於被圍攻的困境。事實上，德軍最高統帥部在那天夜晚宣稱：「英法比三國部隊確實已被我們的部隊層層包圍住了。」

高特面臨了一個兩難的處境。他手頭上足以填補缺口、抵抗德軍的部隊，須在隔天的五月二十六日上午揮軍南下。假如他讓部隊往北進入比利時阻止德軍的話，那他將犯了抗命的罪名，除了會破壞魏剛的計劃，想在戰場中取得先發制人的優勢之外，也會使得法方更加懷疑英軍終將會背叛法軍的企圖。高特必須立即做出決擇。任何的拖延將帶來災難。有名軍官發現高特獨自一人坐在位於普雷梅克（Premesque）一棟作為指揮所的房子裡，坐在桌子前，「看起來非常迷惘和痛苦……」出乎意料的說出他置身於法軍之下，所遭到的不平待遇和挫折感。

他說……不光是他們的軍隊在找理由說過於疲憊以致無法作戰，加上他們的參謀作業也已失靈，從一開始到最後，我們都沒有從最高指揮部那裡得得任何的指示或情報。

當天晚上說完這些話沒有幾分鐘，高特的挫折感和沮喪感又更為加深了。他得知，法軍並沒有按事先在雙方作戰計劃中的規劃，在次日早上派遣三個師和兩百輛戰車，只有一個師能夠出兵。而這場決定生死的作戰，竟然就在幾個小時後就要發動了！他原先預測往南推進的行動終將失敗，現在看來是更為確定了。他再也用不著懷疑接下來該採取什麼行動。兩個原先安排加入魏剛作戰計劃的英國師，如今又接獲新的命令，將被調往北邊，填補英軍和比軍陣地之間的那個大缺口。此外，英軍必須確保通往海岸撤退路線之暢通，不論邱吉爾和魏剛是否還存有對德軍反擊的奢望，經由這條路的撤退行動將要展開了。

由於情況危急，再加上通訊不良，高特在沒有知會倫敦和法軍的情況下，就做了這個重大的決定。英軍連絡官一直無法找到新近被任命取代比洛特的布藍查德，北部集團軍司令直到當天夜晚，才得知高特私自改變作戰計劃的消息。法軍指揮部把行動的延誤以及高特片面的決定，看成是英國又一次不可信任的證據。

假如高特今日所做的決定，日後證實是錯誤的話，必被視為現代軍事史上一項最嚴重的錯誤。魏剛切斷德軍裝甲前鋒的計劃，可能是根據不盡正確的同盟國兵力所制訂，但那也是當時唯一可以和德軍的攻擊行動相抗衡的戰略，而且當時也沒有人舉證其論點上有任何的錯誤。現在整個戰略因高特的抗命而告吹，這是緣自於他在執行決策之前，並未事先諮詢他的法軍上司和英國長官的意見所導致的。聯軍──尤其是位於法國北部的聯軍部隊──現在根本就不敢奢談從德軍手中掠取勝利。

魏剛語帶哀傷的作出聲明：「由於英軍的背叛，迫使我在最後不得不放棄任何攻擊性的行動。」雖然他在稍早時候還宣稱，為了挽救法國的榮耀，即使戰到只剩最後一發子彈也在所不惜。現在他又說必須考慮如何使法軍「避免遭到無謂的大屠殺」。至於對英軍來說，緊急撤退到海岸，並且從這裡撤離法國，即使人員可能是相對少數的，看來似乎是他們最大的期望了。

在高特尚未決定是否撤退到海岸之前，他曾試著為法國北部和比利時南部、那些面對敵軍正在收縮包圍圈威脅的聯軍部隊守住他們的右翼。為阻擋德國裝甲部隊插入到聯軍的後方，必須在接連不斷的運河網路中，建立一條起於海岸邊的基夫蘭斯（Gravelines），經由聖奧梅爾（St. Omer）、貝圖納（Béthune），止於拉巴西（La Bassée）的防線。有一支殘餘的法國部隊，它在德軍開戰之初曾急忙且自信滿滿地進駐荷蘭，但緊接著又匆忙地撤退，並駐守在運河防線

（Canal Line）最靠近海岸的防區。由於這個防區有許多的沼澤和運河，因此非常不利於戰車的行進。這種地形在運河防線其他的區域並不多見。德軍的裝甲部隊除此之外，不會在沿線再碰到任何的自然障礙物了。

這個防區是英國遠征軍中一個臨時編成的部隊負責防守，他們包括有步兵、砲兵和反戰部隊（大多數火砲都已經遺棄了）之外，還有工兵和通信等通常被視為非戰鬥勤務的單位，都是尚未被列入「暫時用不上」名單要被撤退的士兵臨時編組而成。他們包括有擔架兵、運輸兵、技術教官，以及負責流動衛浴設備的士兵。這些士兵的總數達到一萬人，其中絕大多數是在進入陣地、匆忙訓練時，才第一次接觸到武器。現在，所有的步兵都在裝備不如人情況下與敵拚戰，他們除缺乏補給，還得面對敵軍來自空中連續不斷的攻擊。到了五月二十四日上午，德軍裝甲部隊沿著運河防線，已攻佔了四個規模雖小但卻極具威脅性的橋頭堡，它們距離敦克爾克只有十五英里。德軍的前鋒部隊已經可以看見敦克爾克市中心，聖依萊教堂（St. Eloi Church）高聳的鐘樓。敦克爾克儼然已成他們的囊中物了。

不過，德軍也不是沒有他們的難題。在連續兩星期不斷前進，再加上作戰壓力，他們的部隊已近乎筋疲力盡。德軍在裝備上的損失相當慘重，有些是因為戰鬥造成的，大部分是機械故障。但勝利卻替他們帶來了動力。除了在阿拉斯曾遭受到短暫的挫敗之外，德軍的前進動力依然強勁，部隊士氣非常高昂。參謀總長哈爾德將軍雖然深知士兵非常疲累，裝甲師的裝備也有問題，但他依然信心十足地認為，德軍還是能夠沿著海岸，一股作氣地來決定位於北部的聯軍部隊之命運。同盟國遭到重擊後踉蹌地被逼到死角，在極短的時間之內，沿著海岸線就能將大多數的同盟國部隊給包圍起來，接下來就是簡單的掃蕩行動了。不過，在五月二十四日早上，也就是在發動最後一擊之前，肩負著壓制運河防線的先鋒裝甲部隊，突然停止了一切的行動。

這一個奇怪且令人料想不到的發展，是出於A集團軍總司令倫德斯特上將的決定。倫德斯特擔心他的裝甲部隊，前進得太快且太深入，而把戰線給拉得過長。他認為，在把整個行動轉往北部之前——雖然也一定會贏的，最好將所有的部隊緊密收攏。他心中的如意算盤，是在裝甲部隊重新發起攻勢以前，先停下來做短暫的休息和整備。正當北部的聯軍要全面潰敗之際下達停止前進的命令，這不但獲得希特勒的認可，元首還加碼要求德軍跨過運河防線之後即停止前進，並在帶有怒氣的情況下，取消了陸軍總司令布勞齊區（von Brauchitsch）提出包圍聯軍的作戰計劃。希特勒明確地指出，德軍裝甲部隊必須在戰線的後方待命。

當德軍停止作戰的命令下達之後，對於同盟國來說，無異是恰到好處又適時的憐憫之舉。它正巧發生在高特決定放棄魏剛的作戰計劃，並且將他僅有的兩師預備隊，調往位於左翼的比利時防區之前。假若位於右側的德軍裝甲部隊沒有停止攻勢的話，高特勢必要同時填補比軍留下的缺口之餘，還要支援薄弱的運河防線。處在這樣狀況之下，高特實在很難抵擋來自任何一方向，甚或兩個方向同時來自德軍的突破。果真如此，位於北部的聯軍部隊將難逃被圍攻的命運。

希特勒為何下令停止前進，其間流傳著各種不同的說法。雖然自開戰以來，在法國北部和比利時的行動一直都得到他的支持，但他還是非常擔心行動能否成功，這在他稍早減緩裝甲部隊的作戰速度就可看出這個意圖。作為一戰時的老兵，希特勒曾親身體驗戰鬥中的混亂狀態，特別對於德軍在法蘭德斯沼澤區的表現更是失望之極。他知道，即使是計劃非常周詳的作戰計劃，也有失敗的可能。他非常清楚，穿越阿登山區和法國北部的行動，尤其是裝甲部隊一直迅速地奔馳在補給線和步兵之前是一項豪賭。他實在很難說服自己，德軍實際上已獲得全面的勝利。

他的裝甲部隊過去曾帶給他不愉快的經驗。其中有些戰車在一九三八年前往維也納，準備要兼併奧地利的過程中，竟然發生令人尷尬的拋錨事件。而在征服波蘭的戰役中，也發生多起機械故障。如今，他的戰車不但比以前更為深入敵境，也似乎快要支持不住了。裝甲兵團司令克萊斯特（von Kleist）說，他的戰車當中，有百分之五十曾經一度無法作戰。希特勒可能是擔心，假如他的裝甲部隊一直推進而都沒有休息和維護，很可能會被迫中途停頓或是受到更重大的損失。

他也擔心，同盟國尚未脆弱到不能扭轉局勢的地步，他們很可能會在整補之後發動如同在阿拉斯那樣的反擊，只不過行動時間將更為拉長。在北部的比利時、法國，和英國的部隊數量仍高達百萬。他們可能會殺出德軍層層的包圍並且實施類似魏剛制訂的那種作戰計劃。假如聯軍在作戰中成功反制，不僅德軍的攻勢遭到破壞，就連他在德國所建立的納粹政權也可能搖搖欲墜。因此，雖然臨到戰局的尾聲，更應該特別小心謹慎。

事實上，目前位於法國北部的聯軍部隊正面對德軍的壓迫而背向海洋，巴黎反而因此成為首要的作戰目標。希特勒早已宣稱：「現在最重要的一件事，就是要減少裝甲部隊的耗損，好在日後投入更為重要的任務。」三個星期之後，巴黎如願落入德軍手中，希特勒得以洗刷二十年前德國在凡爾賽和約中遭受的恥辱，這自然成為他一生當中最為得意忘形的時刻之一。

希特勒在考量是否下令停止裝甲部隊往前推進時，也曾受戈林的影響。這位德國空軍總司令再三對希特勒請求，允許讓德國空軍解決那些已經被包圍的聯軍，好做為空軍在此戰役中也曾做出非凡貢獻的象徵。戈林甚至還提醒希特勒，他的陸軍將領中有一些雖然是虔誠的國家社會主義者，但德國空軍則完全是由納粹所創立的。德國空軍的飛行員是盲目地效忠他們的元首希特勒，他們包括戈林比任何墮落的民主主義者都更有贏得勝利的榮耀。戈林告訴希特勒，假如他下令由德國空軍單獨來執行攻擊，他「將百分之百地保證，他會將敵軍的殘餘部隊全數殲滅；他唯一要求的……就是希望能無限制的攻擊。換句話說，戰車必須撤退到非常遠的地方……以確保它們不會被我軍給誤炸。」戈林還說，在他的軍機完成任務之後，唯一會需要陸軍配合的，就是「實施佔領該區域」。

此外，希特勒之所以下達裝甲部隊停止前進的命令，也可能是因為希特勒決心向他的將領們證明，他不但是國內政治上的最高領導者，而且也是戰場上的最高指揮官。他一再地堅持，不論他們是否對他存有任何反對的想法，還是要絕對遵從他。他對於那些有意就戰略和戰術問題，以及質疑他對軍事事務的瞭解及判斷，進而與他爭辯的資深將領是愈來愈不滿。哈爾德在日記中寫說：「希特勒和他的一些將領，因在意見上的分歧，引發了一場比投入真正的作戰都還要費神的拉鋸戰。」在希特勒崛起成為納粹運動的領導者，以及日後成為德國獨裁者的過程，他經常覺得必須強而有力地展現他的權威，向那些反抗他權威的部屬證明，他是德國政軍的主導者。在法蘭德斯戰役趨於尾聲之際，他或許感覺需要再度展現出他的權威。

最後一個說法，是希特勒可能被告知，就當時的星象來說，德軍裝甲部隊並不適宜執行切斷聯軍逃往海岸退路的行動。希特勒一向頗為相信占星家，使得後來在大戰期間，英國也曾就教於一些占星家，以便瞭解他可能正接受什麼樣的建議。

不論是上述那一個理由，或是那幾個綜合的理由，德國獨裁者忽略了來自軍官的抱怨。他們認為，既然德軍的表現一直都那麼好，實在沒有任何理由命令裝甲部隊停止前進。古德林憤怒極了。當他那縱橫法國北部的戰車先鋒在運河防線建立了幾個得以橫渡運河的橋頭堡之時，不得前進的命令居然送到他的手上。他在日記中悲傷地寫下：「我們奉命禁止橫渡那條運河。但我們卻完全不知道不得前進的理由何在……我們完全是無言以對。」

最後一句話並不確實。將領們必須小心翼翼，不要讓其反對的話語傳到希特勒的耳朵裡，他們並非完全不能發表意見。哈爾德在日記中寫說，「前面已沒有敵軍」的戰車部隊正被要求「完全靜止不動地停在途中」。哈爾德認為，希特勒的干涉破壞了整體戰役最後取得重大勝利的成果。對於那些知曉將可能造成何種結局的人來說，由德軍空軍來攻擊敦克爾克的消息並不能緩和他們的怒氣。克萊斯特將停止前進視為是「瘋狂的命令」。他一再地追問：「我們是否要幫英國人建造黃金大橋？」「難道我們準備讓他們登船嗎？這實在是太荒唐了！」裝甲兵團司令克萊斯特曾試圖不理會此一命令，並下令讓他的戰車往前推進，但還是再度嘗到被要求退下的命令。

英國那支倉促成軍的部隊，由於沒有受到德軍裝甲部隊的垂注，趁機會將稍嫌薄弱的運河防線防禦工事給加強。他們挖掘了許多戰壕也鞏固了許多陣地。希特勒那一道不得前進的命令，是個戰術性缺失，在之後的兩天就被修正過來了。當德軍試圖再度切斷已成為同盟國通往敦克爾克和海岸的通路時，卻驚訝地發現，運河防線的抵抗能力已比先前強固了許多。

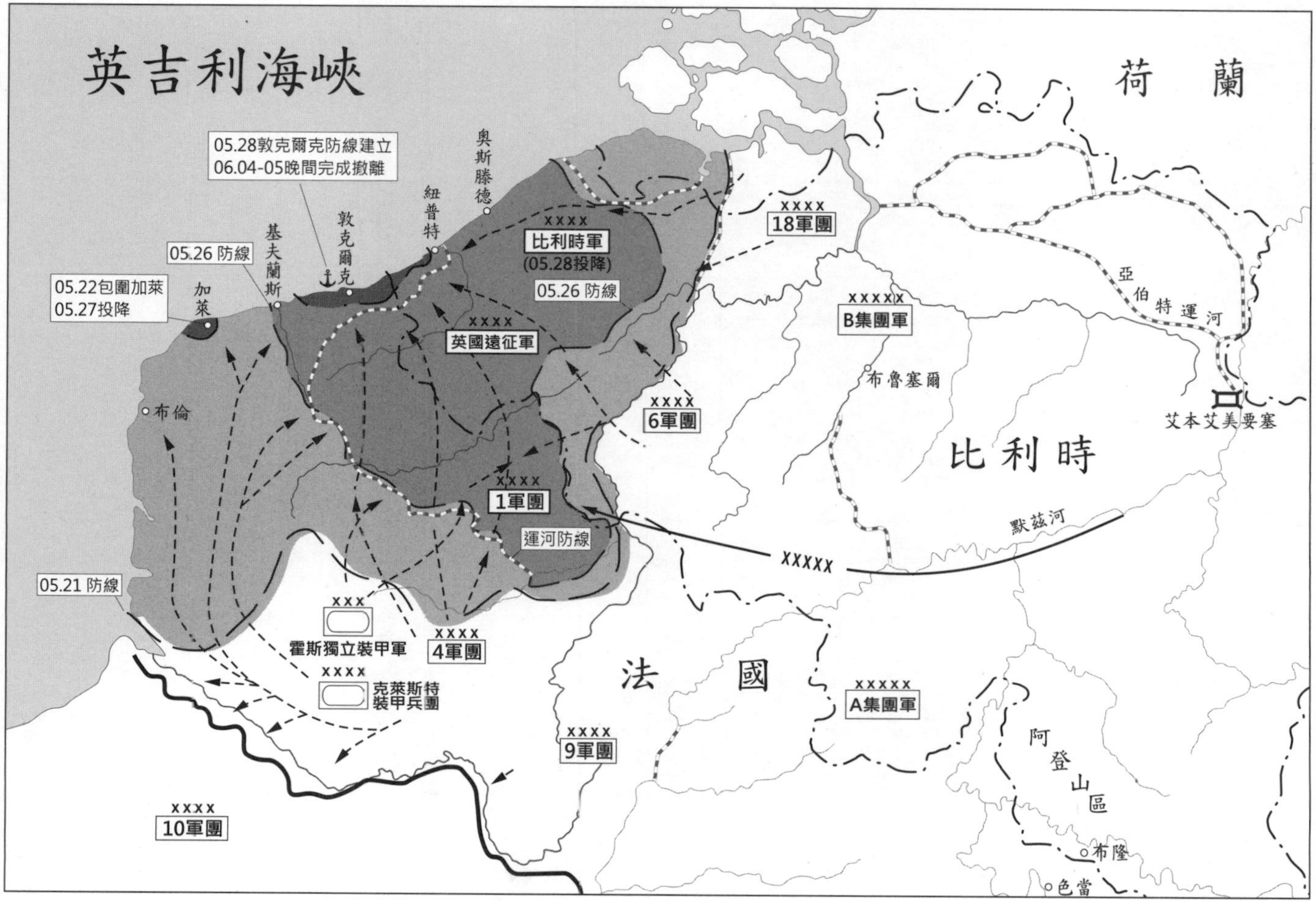
英吉利海峽
荷蘭
比利時
法國
05.28敦克爾克防線建立
06.04-05晚間完成撤離
奧斯滕德
紐普特
敦克爾克
基夫蘭斯
05.26 防線
05.22包圍加萊
05.27投降
加萊
布倫
05.21 防線
XXXX
比利時軍
(05.28投降)
05.26 防線
XXXX
英國遠征軍
XXXX
1軍團
運河防線
XXXX
18軍團
XXXX
6軍團
XXXXX
B集團軍
布魯塞爾
亞伯特運河
艾本艾美要塞
默茲河
XXXXX
XXX
霍斯獨立裝甲軍
XXXX
4軍團
XXXX
克萊斯特裝甲兵團
XXXX
9軍團
XXXXX
A集團軍
阿登山區
布隆
色當
XXXX
10軍團

林書豪 繪製

PART II

第一天　五月二十六日，星期天

敦克爾克在地球表面存在的時間並不算長。在不到一千年之前，敦克爾克大部分的地區只不過是在漲潮與退潮之間若隱若現的一座沙洲。不久之後，海水退至較遠處的地方，一座教堂建立了，那座圍繞著教堂而建的村落，被命名為敦克爾克，在西佛蘭德語，意思是被沙丘圍繞著教堂之意。這是一個在英吉利海峽岸邊的寂靜漁村，也就是在分隔英格蘭和法蘭西那條海峽最窄處的北端。四百年前，當敦克爾克還是西屬荷蘭的一部分時，西班牙人將它改建成為一座可供征服、入侵英國的海軍艦隊要塞，只不過入侵行動沒有成功。到了十七世紀，它曾兩度被英國人圍城，也曾經短暫置於英國人的統治之下，後來則被法國人買回去了。

自此之後，敦克爾克成為一座繁榮的港口都市。到了十九世紀，來自世界各地的許多貨船都停泊在它的碼頭。不久之後，兩座長堤型的防波堤建造完成。它們在外港以相互懷抱的方式向彼此伸展，防止浪潮的灌入。敦克爾克灣以東的海岸，是北歐少見、一個延綿不斷的沙灘地形。沙岸四周有寬廣的荒涼地帶，其間又點綴著一些粗糙的草叢，還延伸到比利時邊境再過去長達八英里的地方。

這裡的海灘平緩地延伸到海裡。退潮的時候，人們可以涉水走向海裡達數百碼之遠，水深還不會超過他的膝蓋。漲潮時，沿岸水深可達數呎深，還不足以讓大船靠岸，最多只能停泊在距離海岸半英里外的海面上。

通往敦克爾克港水道，對於那些熟悉這個水域的領航員來說，都會有那麼一點點地風險，更不要說那些即不了解又沒有正確海圖的海員了。即使是距離海岸相當遠的水域都佈滿了淺灘。介於帶狀沙洲之間的航道，水深可能只有十二英尺。全年大多數的時候，即使是風和日麗的日子裡，敦克爾克外海都有不小的風浪，不但使船隻搖晃激烈，還會讓經驗不足水手駕駛的小船，遭到擱淺甚至淹水沉沒的命運。

敦克爾克市區周圍是被平坦、幾乎沒有生長任何樹木的地形給環繞著。要不是外海不利船隻的天險和四周許多小路，這裡是適合戰車作戰的最佳地形。敦克爾克四周其實是個頗為鄉間的地區，有四大主要運河系統和許多次要的運河及河流流貫其間。在一九四〇年春天，敦克爾克大撤退正在進行的時候，這些水路提供了適時的屏障，位於其後的防線，使得那些橫掃法國北部的德軍部隊，得以被約略地延緩了他們的推進。

英國宣布選定某天作為全國祈禱日。英國國家廣播公司轉播了西敏寺內的晨禱會，由英國聖公宗資深大主教坎特伯利（Canterbury）總主教帶領群眾，為那些「在法國面對險境的英國士兵」禱告。當天在英國各地的教堂和猶太教堂也都有類似的禱告活動。倫敦極富盛名的襯裙巷集市（Petticoat Lane Market）也破天荒首度在星期日空無一人，市場小販也在當天前往教堂參加禱告儀式。

對於在英國的許多人來說，這似乎是第一個最為確切證明，海峽對岸的情勢變得相當危急。這是一個非常令人擔心的兆頭。倫敦其中一所天主教堂禱告活動的實況轉播，在當下沒有給出任何官方確切理由的情況下突然被切斷，民眾都以為可能是敵人的破壞陰謀得逞了。官方說法是因為一名站在麥克風附近的女性禮拜者所造成的。她是由於受到宗教的感動而昏倒，事件與政治無關。事實上，在辛斯利樞機主教（Arthur Hinsley）講道的時候，她曾大聲喊出「和平」，轉播也因此中斷直到她被趕出教堂為止。

當天稍早，高特曾經和當局取得聯繫並告知，他正把原定派往南邊和法軍會和，進行夾擊行動的那兩個師預備隊調往比利時前線，填補比軍留下來的缺口。不論戰爭部內對這個調度有多少保留的看法，事到如今若還是有人堅持往南推進是英軍脫離困境的唯一方法，那可就真的是對戰況一無所知了。高特已做出這樣的決定，任何相關人士也只能盡力配合。當天稍後，戰爭大臣安東尼·艾登（Anthony Eden）傳送給高特的電文透露出，倫敦終於接受高特的看法，認為海路是英國遠征軍唯一脫離困境的可能路徑。艾登告訴高特，高特可能得面對那個他一直都在擔心的狀況，而這個說法現在已經是占了上風了。

> 我所獲得的情報都顯示，法軍來自索姆河的打擊部隊，兵力不足以和你那些位於法國北部的友軍部隊共同發揮功效。假若果真如此，那你可能真的要面對以英國遠征軍的安危為主要考量的局面。在這樣的情勢之下，你唯一的選擇，是往西推進到基夫蘭斯以東的海灘和港口，並在那裡登船。海軍將會提供船艦和小艇，皇家空軍也會給予全力的支援。

令人氣結的是，電文內容還是不確認或同意高特未經許可發動未經授權的片面行動。當天稍晚法國總理雷諾抵達倫敦時，邱吉爾才要和他檢視整體局勢的發展。艾登又說：「……於此同時，你要明白，千萬不可和法國和比利時討論該行動之可能性」，兩者都無法樂意接受將被英軍拋棄的想法。

高特頓時鬆了一口氣，起碼倫敦終於瞭解他正處於究竟是該繼續接受法軍的節制，或是確保英國遠征軍安全的兩難之中。即使如此，他還是認為戰爭部至今還是沒有完全掌握整個危機來到了什麼程度。倫敦對於從海岸撤離法國的想法頗為樂觀。但事實上，這是一個既艱難又危險的行動。二十五萬人在往後撤退五十英里的過程中，必須穿越十五英里寬的走廊地帶，不但身後有敵軍窮追猛打，兩翼的敵軍也是在虎視眈眈。高特發電文給艾登：「我必須毫無隱瞞地告訴您，絕大多數的英國遠征軍官兵以及他們的裝備，」差不多就是全英軍所擁有的重型大砲和戰車，「即使是在最理想的情況下，也都無法避免會失去了它們。」高特對他的副官透露：「我從來沒有想過，英國陸軍會在我的手上，慘遭建軍歷史以來最大的敗仗。」

同盟國軍事領袖之間的互不信任和反唇相譏，如今已成為司空見慣的事。英國認為法軍資深將領令人嘆為觀止的無能，是唯一能夠解釋擁有顯赫歷史的法軍急速崩潰的原因。而英國遠征軍被看成只不過是前來提供微不足道的支援而已。同樣地，法國也對英國多所怨言。法方認為，以一個和法國人口相當的國家來說，在面臨共同敵人挑戰時，卻只派遣數量相對較少的部隊，而且還在開戰沒多久，又下令那些部隊往海岸的方向撤退。而且，令人多所期待的英國皇家空軍又在那裡呢？當時不是允諾要派遣大量軍機的嗎？由於基本的通訊設施幾乎陷於癱瘓的地步，因而使得絕大多數駐守在法國境內的英國皇家空軍許多中隊早已在捲完鋪蓋之後升空飛返英國。

更糟糕的是，英法兩國之間對戰略又產生了不同的看法。高特唯一關心的，就是英國遠征軍能否撤回英國。對於布藍查德來說，即使他已經知道高特的意圖——事實上他並不清楚，他也不打算命令他的部隊，其中包括英國遠征軍棄守他的國土。布藍查德認為，撤退只是為了縮短戰線，以維持在敦克爾克的灘頭堡，並持續破壞德軍的行動。他提出了和魏剛幾乎一致的訓令，「我們將堅守這個灘頭堡，絕對不會存有撤退的念頭。」

法國人之所以會有這樣的反應，其中一個最具影響的因素，是他們對於從海路脫逃的概念所知不多，相形之下，對於航海知之甚詳的英國人卻能直覺地理解。法國海軍總司令法蘭哥依斯·達爾朗上將（François Darlan），被要求探討對於在敦克爾克包圍圈的法軍，「登船」調移到法國海岸線較為南端的安全地區的可能性。但是，這個要求卻引起了一點緊張——達爾朗直覺的反應認為，撤退根本就不可能。位於法國北部的將領也未被告知上層有這個打算。史皮爾斯將軍前往巴黎參加法國政府的軍務會議時「突然瞭解……（對於會議的成員來說）海洋和無底深淵簡直沒有兩樣，是任何軍隊都無法克服的障礙，除非他們經過特別安排、擁有與生俱來、無法理解的強大力量如聖經人物沙得拉、米煞和亞伯尼歌（Shadrach, Meshach, and Abednego）等人所曾擁有的那樣。」

英軍的士氣明顯低落了許多，在過去十天以來，只能在配給一半口糧——能獲得一半已算幸運；撤退、挖掘戰壕，以及再度撤退的過程中度過，若說士氣不會因此而低落也實在是不可能。在經過九個月瞎忙一陣之後，卻什麼也沒做，這實在是一種非常奇特的戰鬥模式。當命令下達之後，在前線的正規步兵單位還能井然有序地撤退到新的陣地，但是後備和支援的部隊則無法這麼做。後者即沒有像前者那樣受過嚴密的訓練，也沒有團隊榮譽的觀念。這些單位在作戰時，如有經驗的軍官或資深的士官陣亡之後，就馬上會瓦解。士兵盡自己所能的往後逃。很多人被告誡「人不為己，天誅地滅」，再加上國內為這些前線士兵所辦的全國祈福會，「我們好像是註定要被殲滅的部隊」——確實對於提升他們的士氣根本毫無幫助。

高特決定撤退到海岸的消息，也無法提升戰時內閣和參謀首長的士氣。他們對英國遠征軍的命運有著不祥的預兆，更使他們擔心德軍入侵英國的日子即將到來。艾侖賽將軍日記寫說：「……德軍在入侵之前，可能光靠空襲就能降服這個國家了……英國的處境非常嚴峻。」在白廳工作的基層人員，從他們的長官那裡聽到風聲，高級官員不斷召開緊急會議，並且已經開始做最壞的打算。新聞部政務次長尼古森曾建議妻子隨身攜帶自殺藥丸：「這樣在必要的時候，可以自我了斷。我應該也會帶著。我一點也不害怕這種迅速又光榮的死法。我反而害怕被折磨和羞辱。」國會議員魏毛斯（Lord Viscount Weymouth）則擔心發生在捷克斯拉夫和波蘭的事件：「一想到希特勒逮到能把自己對英國的仇恨給加以報復的機會，過去種種就顯得微不足道了。」

柏林的高級官員也都信心十足地認為，英國和法國都將面臨全面挫敗的命運。他們甚至還預告，「不到幾個星期」，英國將會向德國投降，而德軍也將佔領倫敦。從許多跡象顯示，德軍可能會使用一種可怕的秘密武器來使英國臣服。並非只有德國人會認為希特勒在不久之後將獲得全面的勝利，駐巴黎的布立特大使發電文給羅斯福總統：「我認為在法蘭德斯的英軍、比軍和法軍在二或三天之內將被迫投降。」英國的領導階層都認為雷諾當天抵達倫敦，其目的就是為了向英方宣佈，他的政府正考慮和德國簽署和平條約。倘若如此，英國將得獨自對抗希特勒。邱吉爾也準備請求法國總理，不要採取那樣的行動。

他提醒雷諾，英法兩國曾經共同保證，不會個別和德國簽署和平條約，違反該保證是件不名譽的作為。邱吉爾也警告雷諾，假如法國臣服於德國，不論希特勒虛情假意所提出的和平條件有多寬宏大量，法國縱使不成為德國的奴隸，那至少也只是個附庸國而已。邱吉爾還說，假如法國政府真的私自與希特勒簽訂和平條約，英國勢必也將法國和德國一同列入其海上封鎖的對象。很不幸的是，這將導致法國人民要面對飢荒之苦。法國也將和海外殖民地失去連絡，這正意味著英國將可能佔領法國在非洲、加勒比海，以及其他地區的領地。除此之外，一旦英國被迫對在法國領土上的德軍展開軍事行動時，法國將無法避免陷入死亡和被蹂躪的命運。法國的城市很可能會被英國皇家空軍給轟炸。

同時，邱吉爾也試圖說服雷諾，情況並沒有像表面看起來的那麼嚴重。相反的，入侵的德軍已過度延伸，並瀕臨枯竭的局面；此外，希特勒也面臨國內經濟的壓力，再加上同盟國持續對納粹德國的聯合對抗，遲早把美國也給拉進來同盟國這一方。即使最後仍然無法說服雷諾，邱吉爾還是會迫使法國，在和德國簽訂和平條約之前，能協助英國遠征軍撤離，並將法國的海空軍移交給英國節制，讓德國無從掌控他們。

如同事先所預料的，雷諾的到來，並沒有給倫敦帶來什麼希望。極度沮喪的雷諾向邱吉爾首相證實，他不但沒有要求貝當元帥執行預定的計劃——鼓舞法國人奮起，注入堅決作戰到底和贏得戰爭的決心——他的新任副總理，顯現已經是法國失敗主義者的領袖。雷諾說，他擔心德軍不久將會把部隊推進到巴黎，而他沒有任何可以阻止德軍的對策。德軍和法軍的兵力對比是一五〇師對五〇師，根本就沒有勝算的機會。

雷諾說，法國願意為自己國家的獨立自主，戰到只剩一兵一卒也在所不惜。雖然如此，他還是試圖透過外交管道，和義大利取得停戰協定，挽救自己的國家不致遭受全面的潰敗。他認為必須說服墨索里尼，德國對歐洲的征服，並不符合義大利的國家利益。必須勸服墨索里尼不要加入德國攻擊法國的陣營，反而應該運用其影響力，讓德法展開和平談判。法國願意提供一些非洲殖民地給義大利作為回饋。

雷諾認為英國可能也會願意擺出類似的友善姿態。眾所皆知，墨索里尼對於蘇伊士運河和直布羅陀被英國給控制了感到丟臉。早在凱撒時代，地中海就是羅馬的控制範圍。如今英國卻控制著墨索里尼口中的義大利內海兩大門戶。或許是時候，英國將蘇伊士運河、直布羅陀，以及地中海中部的殖民地馬爾他，都給託管了。

邱吉爾小心謹慎的應對著，作為虔誠的大英帝國信徒，他對雷諾的建議感到震驚。他深信，在此刻訴諸外交途徑，只會讓希特勒得逞而已。但邱吉爾也非常清楚，雷諾在巴黎也是面對極大的壓力。他告訴雷諾，他會把建議提呈給戰時內閣，他也確實這麼做了。不過，他警告那些對尋求義大利協助的建議感到心動的內閣成員，當請求墨索里尼「前往面會希特勒，懇求他能善待我們時，必須注意，千萬不能被迫陷入不利的境地。」

至於法國未來的命運，邱吉爾則無法確定如何才會是對英國最有利。他知道雷諾並不是個失敗主義者。但從法國總理的沮喪神情可以看出，法國真的已瀕臨潰敗的邊緣。德國的心戰宣傳已經把目標轉向，他們要說服法國人，德國發動戰爭的目的並非針對他們，而是英國。那些心懷二意的英國人，早就下定決心要讓法國人戰到最後連一兵一卒也不剩。

希特勒很可能會提出相對溫和的投降條件給法國。邱吉爾因此警告他的內閣成員，「對我們希特勒不會如此」。雖然要英國獨自和志得意滿的德國作戰，將會是件令人感到痛苦萬分的事，但邱吉爾強調，不論法國的結果是什麼，英國和德國一戰，總比淪為附庸國的結果還要來得好。

邱吉爾的看法獲得了所有閣員的一致贊同。不過，邱吉爾和哈利法克斯對於能否在英國成為戰場之前，和德國達成一個不喪權辱國的和平條約雙方產生了很大的歧見。身為外交大臣，哈利法克斯尚未完全認同邱吉爾的領導方式。雖然兩人在個性上的不同是造成意見分歧的原因之一，但並非是唯一的原因。哈利法克斯並不是個容易記恨的人，他只是質疑邱吉爾是否能夠理解，德國空軍將把他們的強大毀滅能力，從佔領的比利時、荷蘭，以及法國北部的空軍基地，帶到來英國的城鎮上空。

情況不見得必定會如此發生。哈利法克斯認為，必須冷靜的評估整體戰局，尤其是不帶任何情緒性字眼的情況下，做出客觀的結論。和邱吉爾不同的是，他告訴戰時內閣，假如英國有意做出某些妥協，他深信那「很可能可以使我們脫離目前的困境」。他還說，他比邱吉爾「更希望法國能成功地達成歐洲的均勢」——這意味著很可能會召開一場由德國獨裁者在背後主導的和平會議。哈利法克斯認為，他並不相信「首相的判斷——希特勒堅持要開出苛刻的條件——是正確的」，他反倒認為，「假如希特勒開出了並不會侵害英國獨立自主的條件，我們就應該接受，否則就太愚蠢了。」

一直非常推崇邱吉爾領導才華、來自上議院的外交大臣，當下可能非常後悔在兩星期前，並沒有掌握機會成為英國的領袖，反倒讓邱吉爾成為英國的首相。並不只有哈利法克斯對邱吉爾好戰、慷慨激昂的誇張言詞日益感到不耐。那種言詞或許對一般大眾還可能產生某些提振士氣的效果，但對於高階官員來說，則未有同樣的效果，他們知道在海峽對岸的戰況已日益危急，英國正面臨極大的考驗。

外交部常務次官凱德肯爵士日記寫說，他認為首相「太過於漫天胡扯，太過於浪漫和感情用事，而且也太過於倔強。張伯倫看來依然是最佳的人選。」仍然活躍於內閣的張伯倫，顯然也對邱吉爾的剛愎自用大表不滿。他日記寫道：「假如放棄馬爾他、直布羅陀，以及非洲一些殖民地能使我們脫離困境，我們實在應該馬上就接受。」

自己的國家也將大難臨頭的雷諾，對於邱吉爾不惜戰至一兵一卒也要對抗希特勒的決心同樣持保留態度。雷諾從倫敦返回巴黎的當天傍晚說：「唯一能完全理解整體戰況的是哈利法克斯……他相當清楚，歐洲的問題必須加以解決，」他不忘抱怨說「邱吉爾總是愛欺凌，威嚇。」

在巴黎的魏剛將軍，雖然不甘願地接受了他南北夾擊的計劃被取消的事實，但他仍然有把握地認為，假如付諸行動的話，還是有極大的成功機率。不過他也非常瞭解，現在除了將位於北面的部隊撤往海岸之外，實在沒有其他可供選擇的策略，他也因此發出適切的命令。英國戰爭大臣艾登，並不打算讓高特等待法國支離破碎，一層又一層的通訊系統發出正式的撤退命令。他直接打電報給英國遠征軍總司令，正式告訴他開始執行撤退行動。

> 首相今天下午已經和雷諾有過一次會面。雷諾已經一五一十地把法軍目前的狀況和保有的武器裝備向首相說明。可以明顯看出，法軍不可能在南邊聚集足夠的兵力發動攻擊，進而能與北邊的部隊會合的效應。處在這樣的狀況之下除了將部隊撤離到海邊之外，你實在也沒有任何策略可供選擇……現在，你已被授權，可立即與法國及比利時的軍隊，

執行往沿岸撤退的行動。

高特終於獲得認可執行他老早就已經展開的行動。英國遠征軍和法國第一軍團的部分官兵，早就已經開始逐漸後撤。然而，聯軍指揮部還是因為誤解和互相矛盾而感到困惱。布蘭查德將軍依然被蒙在鼓裡，也沒有人告知他，英軍已經為要撤退到英國而展開行動了。對於英軍的意圖同樣不知情的，是阿布瑞爾海軍上將（Admiral Jean Abrial），他是負責指揮敦克爾克地區的法軍指揮官，他絕對有權決定是否要讓撤退行動放行。他只能透過指揮系統接收來自巴黎的訊息，關於撤退的消息，他聽到都是謠言居多。

加萊守軍還是在頑強地抵抗。固守加萊的尼科森准將和他的部屬，遭到德軍的圍攻。德軍每天持續不斷地空襲、砲轟，以及地面攻擊。德軍的攻勢一天比一天猛烈，那是因為德軍已經對頑強抵抗的英國守軍，感到愈來愈不耐煩了。英軍傷亡日益慘重，不得已被迫撤退。戰鬥是且退且走，先是一區接著一區，然後一條街接著另一條街；人員切割再切割成更小的單位，構築在建築殘骸上的陣地也井然有序地逐步縮小。尼科森准將在這天下午被俘。由於彈藥所剩無幾，他的官兵都是戰到被擊敗為止。到了傍晚，抵抗已被壓制，生存者都淪為戰俘。

要評斷加萊守軍的犧牲是否值得，實在是件難為的事情。在該城陷落前兩天，其實已經計劃要將加萊守軍給撤離。之後尼科森又接到通知，駐守在英吉利海峽沿岸港口的法軍指揮官根據來自巴黎的命令：「不准撤退。」加萊的英國守軍若能守住，將能阻止德軍沿著海岸線北上推進。但其實加萊失守時，部分德軍部隊早已繞道直接朝敦克爾克的方向推進。問題就在於，加萊守軍堅守城池，是否只為了戰爭部口中所說的，「展現同盟國的團結一致」。當時正值法國對英軍的拋棄公開表達不滿，又或者，加萊守軍至少達到牽制德軍一個裝甲師的作用，讓距離加萊沿岸更遠的聯軍部隊，有機會強化介於敵軍和敦克爾克之間防線上的最後一道缺口。

那道缺口的價值仍然難以評斷。這完全要取決於英國遠征軍是否能從那個狹窄的走廊撤到海邊，然後再從那裡登船。包諾爾在日記寫說：「不論我們是否能抵達海岸，也不論我們是如何地脫離海岸，更不論我們有多少人能僥倖存活，這都得取決於上帝的旨意。這是唯一能做的事。我們不可能停留在這裡而不會被圍困，而且也沒有任何方向可以逃逸。」高特手下三個軍長的其中一位，之後將會出任帝國參謀總長的布羅克將軍也認為：「……假如能夠救出英國遠征軍百分之二十五的官兵，我們已經算是非常幸運了。」

位於高特右翼的運河防線，現在已經像之前那樣有組織了。防線是由英國遠征軍四個缺編的師負責防守。他們的敵手，是倫德斯特A集團軍的六個裝甲師和四個機械化師。他們仍然在等候希特勒同意恢復進攻的命令。運河防線的四個師當中，有三個師是地方軍組成的後備師，另一個師則原本是到法國接受訓練及執行支援任務的。如今，他們的任務是要堅守陣地，防衛英國遠征軍撤退路線上的部分陣地。

左翼有另外四個師，準備與波克麾下未配置大量裝甲車輛的B集團軍對抗。基於裝甲部隊數量有限，希特勒反而未對他們下達停止前進的命令。防線接壤海岸最後二十英里的是比利時部隊，他們不僅遭到連續挨打，還傷痕纍纍，也快要分崩離析了。他們的狀況在當天則又是加速的惡化。斯圖卡式接連不斷的轟炸，再加上隨之而來的步兵攻擊，使他們更加狼狽。假如他們完全放棄對抗的話，德軍可能會衝破防線，然後從北邊沿岸包抄敦克爾克了。

魏剛當天下午得知，只要補給品還能維持下去，比軍也將奮戰到底阻擋德軍的前進，然而，也「快要到其耐力的臨界點了」。魏剛愛莫能助，他也就沒有做出回應了。魏剛更為關心遭到猛烈攻擊的法國第一軍團，不知道他們的命運是如何。第一軍團是在里爾附近被轟擊的，那裡是距離敦克爾克最遠，也是通往沿岸撤退走廊最後面的陣地，因此他們還沒有接到撤退的命令。

當天稍晚，希特勒擔心他的運勢很可能會突如其來的轉變，又再度對戰役的進展感到憂心。布倫已攻佔，加萊也快得手，轟炸機也損毀了敦克爾克的港口設施。要完全摧毀法國北部口袋內的聯軍所消耗的時間，似乎是長了點。雖然戈林曾信誓旦旦地保證，但德國空軍還是未能完成任務。原先計劃從穿越比利時後，前來執行趕盡殺絕戰略的B集團軍，不但尚未完全突破比軍的防線，現在還遭遇到那些防衛著高特左翼的大部分還在極力抵抗的英軍。

當天，希特勒的將領對於面對運河防線的裝甲部隊靜止不動的怨言漸次加強。陸軍參謀總長哈爾德傷感地說：「我們的裝甲和機械化部隊還是靜止不動，沒有絲毫前進的跡象……好像它們都長了根似的……照這個速度來看，將要花數週的時間，才能將口袋內的聯軍部隊給掃蕩完畢……。」希特勒無法忍受這種設想。他原先是擔心聯軍可能會往南突破、切斷他的攻勢，如今證明是多餘的。聯軍並沒有朝那個方向調動部隊。他因此堅定地認為，戰鬥終將要結束，只是時間問題而已。

當天稍後，他下令裝甲部隊堵住聯軍業已開始用來倉皇逃往海岸的缺口。促使敦克爾克在戰爭史上佔有一席地位的契機，大約在同一時刻也在英吉利海峽對岸緩緩登場了。

五月二十六日傍晚六點五十七分，在多佛的雷姆賽將軍接獲來自海軍總部的命令——「開始發電機作戰。」接續的電文再告知他：「誓要注入全力貫徹發電機作戰」。作戰目標是要在兩天之內，從敦克爾克「撤出四萬五千人」，「之後行動很可能因敵軍的干預而中止。」

電文中完全沒有提及，其餘英國遠征軍——人數高達二十五萬人的命運將會是如何的隻字片語。難道他們就這樣從帳冊上被一筆勾銷？戰況的發展非常快速，上述問題未能被投以應有的關注。焦點都集中於撤出儘可能多的人數。艾命賽認為，即使能達成發電機作戰所預估的最低搶救人數，就已經是件非常不錯的成就了；若是搶救出三萬人，那已經是夠幸運了。發電機作戰在實施之初，預示著可能會失敗的烏雲已先籠罩住多佛的上空了。

不祥的預兆又因對實際上的運作情形認知有限，而顯得更為黯淡。發電機作戰展開時，雷姆賽一開始可用作撤退用途的船隻，包括三十五艘載客渡輪（大多數平時是往來海峽兩岸）、六十二艘近海貿易船、駁船、平底貨船和荷蘭平底船，以及各式的補給運輸船。雷姆賽起步過早，在當天下午就派遣救助的船隻渡海前往敦克爾克。除小船之外，他打算以「每四小時只有兩艘船艦」的方式遂行計劃。在那個時刻，相對只有少部分的人員抵達敦克爾克等待撤出。往海岸撤離的命令，才剛開始在那些沒有進入陣地、抵抗敵軍收攏逃往海岸缺口的部隊之間散播出去。派遣船隻前往卻接運有限的人員，這實在是毫無意義且極為危險的事，同時數量稀少的驅逐艦卻因為被撤運行動給困住，而捨棄原該執行的海峽或其他防區的巡防任務。推斷只能在四十八小時之內——預估德軍將在那之後完成合圍，撤出數量有限的英軍，只不過是一種一廂情願的看法。

此時，可供雷姆賽使用且能靠岸又不擱淺的船隻為數不多——只有來自藍斯蓋特（Ramsgate）緝私基地的一些機動船、少數海釣船，以及四艘交通艇——使得撤出在敦克爾克海灘及港內的官兵之希望變得渺茫。雷姆賽懇請海軍總部幫他找尋更多的小艇，好在海灘上接運。從各方跡象顯示，英國陸軍絕大多數的部隊將被迫滯留在法國。每當戰況變得更加危急的時候，高特就會對他的上司顯得更加不耐，也使他更為深信，倫敦當局根本就無法理解整個戰況。

當天，船隻衝入戰火之中，並成功往返敦克爾克與英國之間的港口，使得人們相信，發電機作戰行動是可能會成功的。這些船隻在途中曾遭到敵軍空襲和來自岸上的砲轟，而港口本身也變成了斷垣殘壁。當客輪奧利恩女僕號（TS Maid of Orleans）駛近時，敦克爾克正遭受猛烈的空襲，客輪被迫返回多佛。之後唯有再跑一趟，以完成被賦予的任務。

如同張伯倫在十六天前必須讓位給強而有力的領導者，艾侖賽也在同樣的情況下在這一天卸下他帝國參謀總長之職。一般認為，由於高階將領之間的誤解，以及英國最高指揮部和法軍指揮部對於戰局的困惑不解，是導致聯軍在比利時和法國犯下嚴重錯誤的部分原因。除此之外，德軍也似乎有意無意地，想展現出這是一場和以前完全不同類型的戰爭。在這樣的情況下，精通機械化作戰的約翰．狄爾將軍（Sir John Dill）被認為更適合擔任英軍的總指揮。這項任命使許多高級軍官寬心不少，他們認為早就應該由狄爾取代艾侖賽。

由於艾侖賽多年的指揮經驗仍然受到重視，他被賦予負責掌理英國本土防衛軍（British Home Forces）的任務。雖然新職務並沒有像帝國參謀總長那麼富於聲譽，但英國正面臨敵軍入侵的威脅，這個新職務的重要性已不可同日而語。英國政府早已制定了許多本土防衛的措施。現在必須將這些措施加以強化和發展。海岸防衛有待加強，軍隊的擴編工作——當時英國國內只有三個師是完訓的——則必須加速進行。

英國全國各地的民防也須加強實施。例如，當天全英國各地的汽車車主都接獲指示：必須確保他們的車輛在夜間是不能行駛的，以此防止在夜色掩護之下，潛入英國的敵方特務使用這些交通工具。各地加油站每天結束營業時，則要讓油泵給完全失效，讓其他人無法使用。英國做好在本土迎戰敵軍的準備。白金漢宮的大門口，也設置了幾個安置機槍陣地的沙袋。

預想到英國陸軍幾乎所有的重型裝備，都可能會被遺留在法國，原本就倍受關注的軍需生產，如今更是得到前所未有的關愛。供應大臣、前勞工黨主席赫伯特．莫瑞森（Herbert Morrison），提醒勞工朋友提防任何可能妨礙戰爭物資生產的事物。莫瑞森告訴在生產戰爭物資工廠裡上班的工人：「在戰爭期間，你們都是公務人員。」他提醒他們「看起來沒有責任感的搗蛋鬼，也許是第五縱隊的成員，甚或是敵國的特務都有可能。」

假如有人在你耳邊竊竊私語要求你放慢你的工作步調，並且還告訴你，國家為了求取勝利而犧牲了你的安全和未來，那麼，你應當知道，他是什麼人——他是個比敵軍的傘兵都還要來得陰險與危險的叛國賊。

華府沒有獲得跟戰況有關的詳細報告。不過羅斯福卻非常瞭解，同盟國的處境已變得相當危急。從邱吉爾發出的私人電訊，可以感受到他深陷於憂慮的狀態中。從駐巴黎的美國大使布立特的報告，也可看出法國首都已到處彌漫著滅亡即將到來的氣息。駐柏林、巴黎，以及倫敦的美國武官相互傳送有關戰況大致情形的電文。有名駐柏林美國武官的報告指出：「同盟國能否有效地反擊德軍的前鋒並且穩住戰線，將決定整個戰爭的結果。」

希特勒的部隊在極短的時間、以極快的速度摧毀了同盟國的防線，再加上同盟國陣營很可能因此崩潰，使得華府更為之驚愕不已。在紐約的時代廣場，寂靜無聲的群眾圍繞在時代大樓附近，爭看著德軍攻擊同盟國的戰況快報。不論人們如何思考在此戰中的是非對錯，在這之前很少有人會想到，美國的國家利益已經嚴重且很可能將立即遭到損害。現在，絕大多數的美國人都已瞭解，納粹德國可能在不久之後就會對美國的國家安全造成直接的威脅。美國戰爭部在先前所擬定、命名為「彩虹」（Rainbow）的緊急防衛計劃，只將重點放在西太平洋，以及日本的擴張主義者所可能造成的威脅。現在，戰爭部的聯合計劃委員會立即開始修訂彩虹計劃。

修訂後的彩虹計劃要做最壞的想定——英國和法國將被打敗，美國也將面對充滿敵意的德義日聯盟。敵對的德義日聯盟的海軍兵力，再加上被德國俘獲的英法兩國艦隊之後，將遠超過美國海軍。許多報告指出，希特勒曾經威脅，在他戰勝的時候，假如英國不將皇家海軍的艦隊交到他手上，他將殺死一百萬名英國人。當英法兩國懇求美國提供戰爭物資的同時，美國的戰略家呼籲白宮應在美國週邊採取非常的手段。他們建議總統，假如納粹已經明顯的即將征服同盟國，那麼就應下令將英屬西印度群島，以及其他英國、法國、荷蘭和丹麥在西半球的屬地以「保護」為由實施佔領。對此，羅斯福收到了來自各方專家、人士堆積如山的建議。

假如那些壞孩子在戰爭中獲勝，或甚至只是對於國外那些舉止較為高尚的孩子暫時性地較佔上風……毫無疑問地，我們將面對被對方在政治、商業或殖民地等領域，施以各種拐騙、耍弄、羞辱、干擾等手段製造出來的事件，這終將會迫使激烈且令人不悅的攤牌……當今主政的政府若想博取大眾和媒體的注意，莫過於制定出一個能時時刻刻完全掌握西印度群島的計劃，並且將掌控的中心移到華盛頓特區——而不是仍然由處於戰爭狀態中的歐洲各國首都來掌控。

羅斯福在認真考慮之後，接受了這些警告和建議。在一篇他發給國會的文告當中，他表示非常擔憂德軍在西半球出現的危險性。

……假如英屬百慕達落入敵國的手中，現代化轟炸機在不到三個小時的時間，就能飛抵我們的沿岸。從西印度群島外圍的一個基地起飛，可在兩百分鐘內抵達佛羅里達州的沿岸。至於位於非洲西海岸外海的島嶼，則和巴西只相距一千五百英里。現代化飛機從維德角群島（Cape Verde Islands）起飛，七小時之後就能飛抵巴西上空。巴西的帕拉（Para）距離委內瑞拉的卡拉卡斯（Caracas）只有四小時的飛行時間，從委內瑞拉到古巴和巴拿馬運河區只有兩個半小時，從古巴和巴拿馬運河區到墨西哥的坦皮科（Tampico）只須兩小時十五分；而從坦皮科到聖路易斯（St. Louis）、堪薩斯市（Kansas City），以及奧瑪哈（Omaha）則只要兩小時十五分。

雖然許多人都把眼光投注在歐洲，對於美國政府和軍方將領來說，拉丁美洲才是他們首要關注的地區。幾個南美洲國家裡，居住著不少德裔以及在政治上極為活躍的親德人士。根據未經證實的報告指出，一些武裝的德國人早已在巴西南部接受訓練，在前一年就發生過由法西斯分子所策動的政變。德國在所有拉丁美洲國家的首都都派駐有數量龐大的外交人員，德國和這個地區早已發展出極為廣泛的商業利益，這其中包括完全掌控數條商業航線。這些航線大多是由十七人座、三引擎的 Ju 52 型戎克民航機負責飛行，它們能夠很輕易就改裝成轟炸機。

作戰計劃處送交給國務院的備忘錄中，曾建議美國應「儘早和所有的美洲國家展開會談」，協助防範「可能會對他們造成威脅的外國的干涉和活動」。作戰計劃處還指出，現階段美洲各國並無能力防衛外力的威脅和干涉，美國要有心理準備，在必要時伸出援手。換句話說，假如必要的話，美國將說服中南美洲國家拒絕和德國合作，使美國得以取得在本區域的主導權。戰爭部一名參謀將領甚至更為露骨地指出：「我們務必確認，在必要的時候，中南美洲國家的機場、港口等設施，以及其領海的錨位都能供我們運用。」

> 防止南美洲各國受到德國的慫恿而推翻現有政府唯一有效的方法，就是在那裡超前部署合乎需要的預支兵力，或至少是表面上看起來合乎需要的兵力……我們應毫不猶豫地立刻派遣一艘甚至多艘海軍艦艇，以表面上是親善訪問的方式，駛往重要的港口。這些艦艇上的海軍或是海軍陸戰隊員，能在必要的時候做為嚇阻或達成我方目標的兵力。

美國最為關注的國家包括阿根廷、智利、哥倫比亞、烏拉圭，以及委內瑞拉。其中又以巴西為最首要的國家，因為根據派駐在該國的美國大使館館員指出，巴西有許多官員和將領都是親德分子。蓋世太保甚至在里約熱內盧設有分處，德國的影響力正不斷地擴張中。《紐約時報》（*The New York Times*）的報導曾不祥地指出，一名到訪里約熱內盧的德國人，告訴當地一名電梯操作員應該去學德語，因為「你將會用得上它」。

英國海軍總部也不遺餘力地警告美國，有關德國介入西半球的行動。五月二十四日，海軍總部發出讓美國政府無從證實或推翻的消息——六千名納粹黨人已登上多艘德國商船，很可能正朝著巴西前進。他們可能和當地的親納粹人士會合而共同推翻巴西政府。羅斯福次日責成海軍軍令部長擬定秘密計劃，一旦德國真的對巴西造成威脅，利用空運把一萬名美軍的先遣部隊送往巴西。緊接在先遣部隊之後，則是十萬名經由海運抵達的增援部隊。行動代號「金鍋」（Pot-of-Gold）的作戰計劃，包含四艘戰鬥艦、兩艘航空母艦、九艘巡洋艦，以及三個驅逐艦戰隊。

五月二十六日晚的「爐邊談話」，羅斯福想要讓美國民眾事做好心理準備，美國政府最後很可能會被迫採取美國民眾所不願見到的步伐。

> 今晚，在曾經是一片歌舞昇平的比利時和法國的街道上，數以百萬的民眾為了躲避炸彈、砲火，以及機關槍的摧殘，正快速逃離他們的家園，他們不但沒有避難的處所，而且也幾乎完全沒有食物了。他們蹣跚地往前行走，完全不知道路的盡頭究竟在何處……我們當中有許多人在過去對於發生在國外的事件抱著不理不睬的態度——因為，他們相信……正在歐洲所發生的事情，和我根本毫無關係；不論那裡發生了什麼事情，美國也總是能夠在世界上維持著本國的和平以及獨特性……對於那些不願意相信一場大風暴即將來臨的人來說……過去的兩個星期意味著許多不實的幻想都已破滅。他們的幻想說我們相距

即遙遠又相互隔離，如今已不復見了，假若再不抵抗威脅的話，那將沒有任何一片土地是可以享有自由的了。

羅斯福一再地向美國民眾保證，不論要採取何種行動，都是用於確保和防衛美國國土。他承諾，「不管未來的代價有多高，」他並不是只考慮到美國國內的防衛而已，他說「我們奮起抵抗」，「並且建立起一種生活方式，並不只是為了美國本身才這麼做，而是為了全人類。我們在執行一個崇高的責任與任務。」

羅斯福上述談話被孤立主義者譏諷，說他是想把美國推入歐洲困境的另一次計謀。可能被共和黨提名為總統候選人的法蘭克．甘奈特（Frank Gannett），駁斥了羅斯福的那段談話，認為他想嚇唬美國民眾，就像奧森．威爾斯（Orson Welles）著名的電台廣播劇《世界大戰》（The War of the Worlds），火星人入侵地球的情節一樣。

雖然羅斯福更為關心西半球的安全，但事實上他還是認真謹慎考慮，英國和法國不斷希望提供戰機和戰爭物資的請求。即使國會許可了，但每一樣物資幾乎都因供應不足，無法再撥出一部分前往歐陸。美國陸軍有二六〇〇名戰鬥機飛行員，卻只能有一六〇〇架 P-40 戰鬥機可供分配，轟炸機則有五十二架。美國陸軍軍械處答應可以提供五百門一戰時代的野戰砲、五十萬支李－恩菲爾德步槍、三萬五千挺機槍，以及五百門迫擊砲。礙於法律規定，羅斯福無法運送任何一種美國國防所需，但數量卻不多的戰爭物資到國外。有不少人質疑說，在美國軍方還未完全做好充分備戰的工作之前，這些是否真的就是剩餘物資還有待確認。因此，當英國使盡全力，想從一個幾乎毫無希望的行動中拯救被圍困的軍隊時，美國政府除了表達同情並祝好運之外，根本無法提供任何援助。

就在發電機行動第一天的午夜時刻，已經有二七、九三六人成功從敦克爾克撤回。這些都是那些所謂「暫時用不上」的人，他們在很早就已經接獲撤退的命令。那些作戰部隊，也就是英國極需仰賴，要在本土防衛海岸抵擋敵軍入侵的部隊，他們不僅離家的距離甚遠，還深陷於危機當中。

第二天　前景堪憂

發電機作戰在前一晚就已展開，在五月二十七日更是全面的啟動了。皇家海軍武裝商船莫那女皇號（SS Mona's Queen）是當天早上第一艘返回的船艦。她的成果無法令人有太多的期望。她是前一晚德軍空襲時抵達敦克爾克，但還是裝載一、四二〇人上艦。回程時除了被岸上火砲擊中以外，德機也對她來個低空掃射。返抵多佛時，艦上有二十三員喪生，六十員受傷。另外五艘當天一同前往撤運的船隻，在抵達敦克爾克之前遭遇岸上敵軍火砲的猛烈砲擊，只好空船回航、無功而返。兩列由一艘拖船拉著——要到沙灘接運，再轉到離岸大船——的小艇則因為拖纜斷裂，在途中失去蹤影。

德軍掌控了敦克爾克以南的海岸線，使得救援行動更加複雜和危險。敦克爾克外海有許多沙洲和淺灘，周遭海域都是沉船的墳場，因此距離多佛最近的航程也要有三十九英里，中間要繞道經過法國部分以及加萊以北的海岸線，使船隻都籠罩在岸上德軍火砲的射程範圍之內。這船隻只好改跑替代航線。其中一條非直接駛抵長達五十九英里的航線，德軍已經佈有水雷。這裡還沒有完成掃雷，雖然只有軍艦船體才會做消磁的動作，但基於時間緊迫，縱使是一般船隻，還是會被指派使用這個路徑進去執行撤運。船隻必須先航行八十七英里的距離，在進入北海之前，在比利時的奧斯滕德（Ostend）外海轉向西南方朝敦克爾克航行。雖然這兩條較遠的航線在敵軍火砲射程之外，但船隻暴露在德軍空襲和魚雷攻擊的時間大為增長。時間因素也是至關重要的。多佛到敦克爾克直線航行單程只需兩個小時，上述航線卻要花更長時間。這表示，預估在德軍攻佔敦克爾克並終止發電機作戰行動之前，所能撤出的英軍人數將要下修、減少。

這同時也意味著，為讓行動比原先計劃時更有效率，勢必要在敦克爾克這邊受到密切的監督。當地必須派駐有一名高階軍官，除了規劃人員裝載，還要與英國遠征軍、皇家海軍保持直接聯繫。任務最後落在英國海軍第一大臣的參謀長，威廉·坦南特上校（William G. Tennant）的身上。坦南特被任命為「敦克爾克海軍指揮官」（Senior Naval Officer Dunkirk）的當天早上，匆忙從倫敦趕往多佛，以便在動身橫渡到海峽對岸接掌任務之前，能先聽取簡報並組織一個由十二名軍官和一百六十名水兵所組成的工作小組。小組成員完全不知道他們的任務是什麼，只是被告知必須輕裝出發，其中一名軍官竟然是帶了網球褲前往。由於收到集合令時人正在樸資茅斯（Portsmouth）的教堂作禮拜，有名軍官從多佛出發時就一路穿著軍禮服。

在英吉利海峽對岸，聯軍高階將領當天早上召開一場會議，擬定敦克爾克及其周邊地區的防禦計劃。高特任命英國遠征軍第三軍軍長羅納德·亞當中將（Sir Ronald Adam），負責組織敦克爾克陣地的防衛。亞當於上午七點，在距離敦克爾克二十英里的山城卡塞勒（Cassel），與指揮同盟國沿岸部隊的法籍將領邁利·法格德中將（Marie Fagaled）在蘇威吉飯店（Hotel Sauvage）會談。他們兩人先是檢討建立陣地防禦工事的可能性，然後就決定看要如何著手。英軍的防線起於距離法比邊境沒有多遠的沿海小鎮紐普特（Nieuport），一直到沿著大約與海岸線平行的佛尼斯運河（Canal de Furnes）沿線佈防，然後再跟著伯奎斯運河（Canal de Bergues）深入到內陸約六英里的伯奎斯小鎮為止。法軍負責的防線從伯奎斯往西延伸，沿著運河到沿岸的基夫蘭斯為止。兩國部隊建立一個共同補給系統，支援整個防禦陣地。包括有彈藥堆積所和口糧站，補給船冒著槍林彈雨往返多佛運補這些作戰必要的物資。

等這些事情都安排妥當後，亞當和法格德一同到卡塞勒的飯店和魏剛將軍的代表、科爾茲將軍（Louis Koeltz）、阿布瑞爾海軍上將、布藍查德將軍，以及皮歐克斯將軍（Rene Prioux）

共同檢討整體戰況。與會法籍軍官，沒有任何一位事先知曉英軍已計劃要從敦克爾克撤離英國遠征軍。對英軍撤離計劃知之甚詳的亞當，卻沒有獲得授權與他們商討此事。他的唯一任務是與他們協商陣地該如何防禦而已。科爾茲、阿布瑞爾、布藍查德，以及皮歐克斯，仍然以為撤退只不過是為了在敦克爾克建立橋頭堡，使德軍無法把聯軍給逐出那裡而已。然而，法軍沒有接到命令，也沒有意圖放棄法國北部最後一片還未被侵占的領土。

面對這些不甚真實的因素，人們也會產生不同的解讀切入點。科爾茲轉達魏剛制定的反擊計劃給與會的將領，目的是要解救防守加萊的守軍。他對加萊在前一晚已經失守完全不知情，而且防守的法軍已經被驅趕到基夫蘭斯，退守到更靠近敦克爾克的海岸線了。德軍就是從這裡轟擊那些打算使用距離最短航線的救援船隻。即使德軍的砲彈落在會議中的卡塞勒飯店附近，都無法讓科爾茲拋棄他那不切實際的想法。

不過，並非只有他一個人會想出不切實際的策略。在蘇威吉飯店參與秘密會議的法籍軍官對於撤退計劃一無所知，即使知道也將大為震驚。對於在多佛的法籍軍官來說，情況則又完全不同了。當天早上在多佛舉行的會議中，法國的海軍軍官正和英國軍官討論兩國部隊從敦克爾克撤退的相關程序（他們直到會議開始時才知道英國的撤退計劃），雙方都一致同意，同盟國應採取行動奪回加萊以南直達格里內角（Cape Griz Nez）的法國海岸。以當時的情況看來，是不可能做到的。與會人士認為，如果做到的話，對整體撤退計劃將有莫大的助益。否則撤退行動失敗的可能性很大。

在多佛的那一場會議中，英法兩國海軍的代表都認同，由雷姆賽中將負責管理前往敦克爾克的英法兩國船隻出航的相關事宜，對發電機作戰計劃所知有限的阿布瑞爾將軍，則負責指揮在敦克爾克以及沿岸船隻停泊和裝載等相關事宜。在敦克爾克海岸負責統籌英軍撤退事宜的坦南特上校，要受到阿布瑞爾的節制。地面（和海面）的行動原則都已確立，加速完成撤退成為當務之急。

人員若要從海灘裝載撤離的話，將需要大量的小艇。當務之急就是盡快找到它們，並整備妥當投入行動去。此任務交由船務部（Ministry of Shipping）全權負責。當天清晨，船務部小艇處的李吉斯（H. C. Riggis）聯絡位於德汀頓的塔夫兄弟造船廠（Tough Brothers Boatyard，Teddington）的負責人，道格拉斯・塔夫（Douglas Tough）。塔夫家族在泰晤士河畔從事造船事業將近一世紀，熟悉英格蘭東南方的海岸和航道。塔夫被英國政府賦予委託公務員的身份，在海軍人員的陪同下，開始四處找尋適用的小艇。塔夫要找到的，不光是小艇儲備處（Small Vessels Pool）登記有案的船隻，其他不太具有船形的船隻也要徵召。

> 那些船隻停放在肯特（Kent）和薩克西斯郡（Sussex）沿岸泥濘的河口或小溪上，離泰晤士河都不遠……有的蓋上帆布、單艇隻影；有的油漆剝落、銅件黯淡無光；悠悠水流在艙底發出的潺潺聲時有所聞，有的船在造船廠裡或吊高，或拖上岸放著。

找尋小艇行動往北最遠至英格蘭東岸的華許（Wash），往西最遠是去到康維爾（Cornwall）。假如無法和船主取得聯繫，那就直接將船帶走。少數取得連聯繫的船主，當被告知海軍需要他們的船隻參與緊急、秘密的軍事行動時，不願意交出他們的船隻。雖然大眾對英國遠征軍的困境所知有限，但是對於英國的處境日益艱難則是有些瞭解的。部分船主被要求將船駛往沿海的集結點停放後，再移交給海軍。其他船主則堅持要提供協助，親自將船隻交到海軍手上。

當天清晨群聚在卡塞勒的將領們，這一邊在規劃著敦克爾克的防禦，另一邊的雷姆賽則在估算，需要有多少的船才能將人員運回國。至於如何把部隊撤到沿岸登船，則又是另外一樁頗費思量的事了。負責這些任務的軍官必須面臨殘酷的事實——由於敵軍仍然具有強烈的企圖心和泰山壓頂的兵力，他們當下的難題，是一方面必須要找到部隊來堵住防線上缺口的同時，又要試圖在敵軍猛烈的砲火攻擊之下，井然有序、按照時程從那條走廊撤退到沿岸。

處在如此強大壓力之下的人，必然無法對來自遠方且又毫無任何道理可言的命令加以「正確」回應。高特從魏剛那裡接獲一項「個人請求」，希望英軍能大力參與未明確說明的一項聯合反擊行動——他告訴高特，「整個戰局的演變使得我們必須採取猛烈的攻擊」——他終於清楚瞭解，作為聯軍最高指揮官，魏剛的想法已完全和現實脫節。現在即使是發動反擊，唯一且合理的目標就是維持撤退走廊不會被德軍封鎖。從皮歐克斯將軍和其他被皮歐克斯復職的資深法籍軍官所公佈的聲明來看，高特對於法軍的判斷已經失去了信心。法軍認為，既然當天早上已在敦克爾克周邊建立了防禦陣地，那皮歐克斯的第一軍團就不應該撤退到沿岸地區。皮歐克斯本人還宣稱，他的部隊再也不撤退了，他們將堅守戰線並與德軍戰鬥。衡諸德軍在軍力上所佔的強大優勢，此舉雖然相當英勇，卻毫無意義可言，充其量能延緩德軍的攻勢，以及掩護英國遠征軍撤退到敦克爾克而已。

現在高特只有在必要的時候，才會認可法軍指揮部是他本人和他轄下官兵的主管。他早已不再擔憂自己的一舉一動，是否像個部屬應有的作為。經過數天的誤解和對目標認同的分歧，他和倫敦當局才最終取得一致的看法。當天下午戰爭部發出的電文指出：「顯然現在唯一的目標，就是儘可能把你的官兵撤回英國。」

即使高特完全同意以上說法，期間還是引發出微妙的狀況。就他的立場來說，真的完全不用考慮是否也要協助法軍撤離？他們有些已經撤到敦克爾克。假如有人問起這個問題時，他該如何處理？對此，倫敦內部也有不同的看法。有些人認為英國應堅守對盟友的承諾，同時也期盼法國不會停止反抗；如情況被迫停止對抗的話，那就讓法國交出它的空軍和海軍給英國。邱吉爾則認為，不要讓法國人產生正遭到英國人遺棄的想法。也就是說，要考慮到把法軍也從敦克爾克撤出的可能性。然而，戰爭部現在只能專注於儘可能多地撤出英軍回到本土，這些部隊是要用來抵擋德國對英國本土不可避免的攻擊。戰爭部與英國遠征軍維持著日常的通信往來，在這當下前者占據優勢，可以在不驚動邱吉爾以及暫時不採用他那不受歡迎的「建議」（也就是撤離法軍）。

高特也被告知，用不著做得太過明顯，使法國認為英軍已不願和法軍合作。反正英國遠征軍的安危還是他的首要考量就是了。他還被告知，法國海軍總部正在採取步驟，要安排船隻參與撤退行動。而當這些船隻出現的時候，兩國人員要共同使用撤退設施。「在法國船隻出現之前，你有權用英國船只載運英國人。」

這是英國遠征軍總司令較為喜歡的方式。從他被告知的發電機作戰計劃內容，他認為當中的行動方案還不夠好。幾經苦惱的情況之下，高特要他的空軍參謀，維克多．哥達德（Victor Goddard）上校在前一晚前往倫敦，然後出奇不意地出現在隔天早上於白廳舉行的參謀首長會議，他按照高特的指示要求海軍做出更多的努力。哥達德對與會人員說：「我是由高特勛爵派遣來告訴諸位，目前所提供的援助實在不夠……。」他接著又指出，除了橫渡海峽的渡輪之外，還必須有「觀光汽輪、近海貿易船、漁船、救生船、遊艇、機動船，以及任何可以橫渡海峽的都可以。」

這位不請自來、大膽的非將級軍官，對他的長官發表談話本已不受歡迎，再加上高特和哥達德對於各項事物的實際狀況又無法完全掌握，因而使得與會人員大感不悅。當時已有許多小船聚集在泰晤士河出海口以及東南沿海港口，刻正要被派遣到敦克爾克支援大型船執行撤離行動。

與此同時，那兩個越過比利時與法國北部，沿路強力打擊的德國集團軍，正要往前推進封閉包圍聯軍逃往海岸的道路。希特勒在前一天的下半天，已經恢復了往前推進的命令。在運河防線另一頭靜止不動達三天之久的德軍裝甲部隊，此時又開始發動勢如破竹般的攻擊行動，他們不但恢復了昔日往前推進時的衝力，並在夜晚來臨之前，強而有力地跨過運河防線。

雙方戰力的不對稱，又再度在戰場中顯現出來。英軍第二師絕大多數的戰防砲都運往敦克爾克，此刻要應對敵軍三個裝甲師、一個黨衛師，以及其他兩個師的部分單位。處境是如此的惡劣，但英軍第二師在五月二十七日當天還是和敵軍奮力作戰到底，整個第二師幾乎快全軍覆沒的地步。他們慘烈的犧牲換來法軍第一軍團兩個師以上的部隊，以及四個英國師的許多單位，在包圍圈收攏以前可以返回友軍陣線，並在黑夜的籠罩下得以溜往海岸方向去。之後，英軍第二師繼續承受強力攻擊的情況下，殘餘部隊也能夠順利撤離到後方。

對於運河防線沿線的英軍來說，這是艱困的一天。其中處境最為艱難者，當屬皇家諾福克團（Royal Norfolk Regiment）第二營。他們人員損失相當慘重，殘餘官兵被迫撤退。黨衛軍骷髏師因該營的頑強抵抗，再加上想起一週前，該師在阿拉斯被英軍給擊退了而深感蒙羞，所以轉而對第二營的被俘生還者施以殘酷的報復，他們當中絕大多數都已受傷在身。第二營被迫退到帕拉狄斯（Le Paradis，法文是天堂的意思）村附近的一座農場裡。在被包圍、彈藥不足、人數相差過於懸殊等情形下，只得快步跑過農家的庭院，然後都被敵軍機槍給撂倒。那些沒有陣亡的，被以刺刀或手槍來結束生命。其中兩位佯死的英兵，被德軍其他的部隊俘虜。他們後來把整個事件的經過公諸於世。大戰結束之後，主導屠殺事件的黨衛軍連長以戰犯起訴。在一名現場目睹經過的婦女指證下，將那位黨衛軍連長處以死刑。

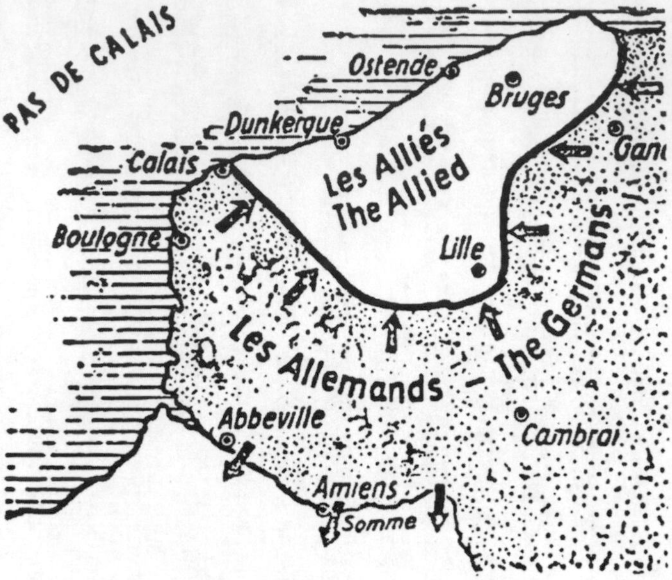

Camarades!

Telle est la situation!
En tout cas, la guerre est finie pour vous!
Vos chefs vont s'enfuir par avion.
A bas les armes!

British Soldiers!

Look at this map: it gives your true situation!
Your troops are entirely surrounded —
stop fighting!
Put down your arms!

心戰傳單

在前線幾乎每一個據點裡，德軍雖然如秋風掃落葉般往前推進，卻也不是完全沒有付出任何代價。一名德國軍官的報告說：「在每一個陣地都發生激烈的戰鬥。尤其是在每一座村落的每一幢房子裡……人員和設備的損失都極為慘重。敵軍每一次都頑強地作戰，他們堅守著崗位，戰至最後一人。假如我方砲擊這一個陣地，他們不久又會出現在另一個陣地繼續作戰。」

德國飛機來到陣地上空投心戰文宣，其中裡面有一張概略的地圖，顯示在法國北部的聯軍現況是多麼的無望，呼籲他們投降。

英國的戰士們！
你們已被全面包圍了！
放下你們的武器！

文宣除了對那些無路可走，只能選擇投降或從容赴義的人以外，根本發生不了太大的作用。

同時，守軍接獲命令，是時候要撤往海邊去了。這些部隊在過去數天，不斷地重複著作戰、撤退、挖掘戰壕、再度作戰，以及撤退等程序，他們的目標除了生存下去，根本不做他想。冷溪近衛團（Coldstream Guard）第二營的基層軍官在接獲撤退的指示之後，一方面感到震驚，另一方面又鬆了一口氣。他們當時聚集在一幢位於防線後，被他們徵用作為臨時指揮所的民宅裡，等候命令。

我們坐在椅子上繞著房間圍坐成一個圓圈，然後等待。營長抬頭向上看，在停頓了一會之後說：「我們將往後行軍五十五英里撤向海岸」——他再停了一會兒環視我們。我們的心都涼了一大截。五十五英里似乎有點遙遠。接著，他又繼續說：「然後登船回去英國！」頓時引起轟動。從來沒有人料到會如此。我們一向對撤退感到陌生，一九一四年時英軍也曾後撤，直到不知為何，某一天接獲命令就地接戰，就打贏了馬恩河戰役。可是這一次卻大不同！我們緊繃多時的神經如今突然放鬆。我們在為戰況感到焦慮的同時，想到我們個人在不久將來的前景時，大家頓時感到心滿意足。然後，我們又想到那五十五英里的距離，卻又不禁開始懷疑了。

德軍指揮官開始接到報告說，英軍正在敦克爾克有系統的撤離，人員正以井然有序的方式登船，然後再送回英國。德軍將領還無法意識到這是一場多大規模的撤退行動。德軍第四軍團參謀長，科特·布立奈克少將（Kurt Brennecke）倒是接獲情報：「大型船隻正快速地駛往（敦克爾克港）碼頭，跳板跨在船隻和碼頭之間，人員成群登上船。」布立奈克一想到德軍在往後的日子，還要在戰鬥裡和他們遭遇，內心就感到擔憂，他們不但可以養精蓄銳，還能夠獲得良好的裝備。德國空軍被要求加快攻擊步伐，沿著海岸線往前推進的德軍，把法國守軍逼退到距離敦克爾克只有四英里的陣地，敦克爾克已進入德軍火砲的射程範圍內。

沿著撤離走廊，較為內陸的地方道路都被阻塞了，使得撤退行動更加錯綜複雜。發電機作戰才剛剛啟動，由前線通往敦克爾克周邊相對較為安全陣地之間的主要道路，都因人為和車輛的因素嚴重阻塞。除了難民的問題之外，指派給英軍和法軍指揮部各自使用不同撤退路線的措施，後來證實也是行不通。當法軍被告知，他們自己國土上的某些道路要保留給英軍使用時，都深表反對。如同高特後來在他的報告所言，他對於最後變成一片混亂的結果感到震怒。

布藍查德將軍同意的撤退計劃，將某些道路保留只給英國遠征軍所使用。事實上，法軍和運輸車隊都還在持續使用這些道路，此舉使得英軍在撤退時遭遇到許多麻煩。可供撤退的道路有限，大部分又窄小……加上擠滿了徒步的部隊和馬拉的運輸工具，以及為數眾多的難民。

相較於英國遠征軍悲慘的狀況，法國當下的遭遇就馬上給比下去了，包諾爾將軍覺得後者還更悲慘。但他還是大發牢騷，說：「在英軍和法軍之間劃分界線及分配使用道路根本就沒有用。他們不但不遵守，還任意做他們想做的事。」

敦克爾克防禦陣地內的阻塞造成一些棘手的問題。假如朝著敦克爾克方向前進的所有車輛都被允許進入防線內，到最後都將動彈不得。英國遠征軍總部下令將車輛棄置在沿岸防禦區外的道路。撤退中的部隊被要求在距離敦克爾克港和附近海灘剩下數英里路程時，必須徒步前進。但口說比動手執行要來得容易就是了。

向海岸撤退的路上無情的空襲如影隨形。Bf109戰鬥機對於撤退的部隊以及掩護部隊施予猛烈的攻擊。多尼爾和亨克爾（Heinkel）轟炸機負責投彈轟炸。斯圖卡式從天空發出恐怖的尖銳聲，並朝他們投下致命的炸彈。高特懇請倫敦儘可能派出最強大的戰鬥機來掩護他的部下，但是英國皇家空軍的戰鬥機司令部卻認為無法完成所期待的任務。

戰鬥機司令部被要求從日出到日落之間，持續不斷地以強大戰力的戰鬥機做空中巡邏，確保敦克爾克兩邊各三英里的海岸之安危。要保護英國遠征軍所在區域不受敵軍的轟炸，可能的話，還必須提供空中掩護。戰鬥機司令部根本就不可能執行上述任務，因為它還必須防衛英國本土的領空，使其不致遭到來自歐洲大陸的德國空軍可能發動的攻擊。

為了強化空防的力量，戰鬥機司令部司令道丁上將把英國劃分成四個地理區域，每一個戰鬥機大隊負責一個區域。第十一戰鬥機大隊負責掩護、參與發電機作戰計劃。該大隊的管區是在英格蘭的東南方，和法國北部的海岸距離極為相近。第十一戰鬥機大隊大隊長，凱斯·派克空軍少將（Keith Park）可供運用的有十六個中隊，戰鬥機總數達到兩百架，要視乎飛機妥善率才能決定投入的架數。在此階段，德軍派有三百架轟炸機，以及五百五十架可用做護航的戰鬥機。

皇家空軍戰鬥機為了掩護發電機作戰計劃，必須從位於英格蘭東南部的比金山（Biggin Hill）、哈肯吉（Hawkinge）、肯里（Kenley），以及曼斯頓（Manston）等空軍基地起飛，往返距離至少是各五十英里。戰鬥機如果在敦克爾克與敵機接戰的話，會消耗大量的燃油，因此纏鬥時間只能限縮在至多二十分鐘，然後就必須飛回基地。英國雷達探測範圍無法涵蓋敦克爾克，完全要依賴目視，也就是說英國戰鬥機必須在敦克爾克頻繁巡邏，才能找出敵機的行蹤。在這種情況下，這些戰機根本不可能對撤往敦克爾克，以及已經在那裡集結的英國遠征軍官兵，以及將載運他們回國的船隻，提供全天候十七個小時毫無間斷的掩護。

但是空中掩護還是得提供的，必須擬定出一套儘可能充分提供掩護的系統。以下三個雖然是可能的解決之道，但沒有任何一個是令人感到滿意的。要求戰鬥機司令部將所有戰鬥機參與掩護行動，不但可能全數遭到殲滅，也將可能使得英國領空的制空權落入敵方手中，因此這個選項必須排除。派遣大編隊的戰鬥機進行巡邏，意味著各個巡邏時段之間的空擋時間將很長，最後可能導致皇家空軍根本就沒有在敦克爾克出現的結果。若是派遣較為小編隊的戰鬥機出勤，雖然可能會縮短各巡邏時段之間的間隔，但在面對德軍數量龐大的作戰機時，則又將處於極為不利的困境。

後來終於選擇了最後一個可能的解決之道。每次巡邏時只派遣八至二十架戰機，使各巡邏時段之間的時間差距儘可能的縮短。在撤退的第一天，皇家空軍的戰機從日出開始，就以組成小編隊的方式參戰，直到日落時方休。總共派出了二八七架次，在結束一個航次落地之後，馬上自動回復到待命的狀態，隨時準備保護英國本土。在和高達五十架以上的敵機對峙的過程中，總共擊落了十架，自己也損失了十四架，不是很理想的比率。

許多英軍飛行員從未有過實戰經驗。敦克爾克的掩護行動提供了他們一次戰火洗禮的經驗。不論他們在過去曾受過何種程度訓練，直到他們在第一次親身經歷空中纏鬥以後，才能真正地體會到噴火式以及颶風式戰鬥機，或是敵軍戰機的威力究竟是如何。

> 我們遭到 Bf109 戰機的突擊。這是我們第一次和敵軍遭遇。突然間，天空充滿了漆上黑色十字架標幟的敵軍。這實在令人感到非常惶恐，我第一次體認到，在那個當下真的有人想置我於死地。這是一個生死交關的時刻。

德國空軍的各個中隊長，在面對缺乏經驗的英軍對手時，可以說是佔盡了優勢。他們會派一架看似落單的戰機當誘餌，當英軍就位要擊落德機時，在太陽上方數千英尺飛行的 Bf109 戰機，會迅速地向下俯衝並擊落英國戰機。

然而，英軍飛行員不光是經驗不足和數量不夠等問題而已。他們過去學過的飛行與戰鬥技術，指揮官和教官如今還得再實際操練這些飛行員，徒增更多的難題。英軍和德軍不同的是，他們採用緊密的V字飛行隊形，以致於除了領機之外，其他所有的飛行員都必須專注於保持隊形，而不是在空中搜索那些可能會隨時從上方、旁邊，或是後方突襲的德國戰鬥機。除此之外，即將要裝上的座艙防護甲板，卻被誤以為會加重噴火式戰鬥機的重量，並減弱戰機的機動性。結果原本那些可以死裡逃生的飛行員，卻因此而喪生了。有一個中隊在發電機作戰最初的兩天，損失了五名飛行員和五架噴火式戰鬥機，因而被迫退出巡邏的工作以便重整。

噴火式戰鬥機和颶風式戰鬥機一開始是採用低空飛行的方式進入作戰區——大約一萬英尺或更低——Bf109 戰機就會利用太陽在背後、比英軍戰機更高的優勢位置，向他們俯衝而來施以猛烈的攻擊。英軍飛行員很快就學到了教訓。但他們要花較長時間才知道，德軍一直在監聽著英軍戰鬥機的無線電頻道，等到飛行員回報正要折返回基地的時候，德軍就會飛臨敦克爾克掃射地面的英軍以及在外海的船艦。

地面部隊對於皇家空軍的批評，早就已經是他們重複不斷的話題。地面部隊一直遭受德機的猛烈轟炸，卻甚少看見皇家空軍的飛機前來保護他們。雖然皇家空軍本身也遭遇到許多困難，但在撤退行動開始的那一個一整天，皇家空軍的確曾經多次破壞德軍的空中攻擊。他們的努力甚少受到地面部隊的注意和感激，這是因為皇家空軍本身的資源有限，加上必須掩護沿岸和內陸的廣大延伸區域。不過，在發電機作戰期間，若沒有皇家空軍貢獻一己之力，德軍在撤退區域上空，將如入無人之境，如此將很可能導致撤退行動是以英國遠征軍遭到屠殺、投降而告終。

在巴黎的民眾，已經感受到厄運的腳步正日漸地逼近。市井之間早已流傳著德軍將要攻佔巴黎的謠言。警方突擊各處旅館以及在街道上巡邏，以便找出陰謀破壞者或是第五縱隊成員。成千上萬民眾被盤查，要求出示身份證明文件。有能力的巴黎人，都逃往法國南部和西南部避難，他們的車子裝滿了任何能帶走的貴重物品。太多的巴黎人想逃離了，以致市內的交通大打結，動彈不得。

法國政府深信，義大利得知德軍在法國北部獲得大勝、法國又陷入一片混亂的節骨眼，會覺得是時候要從法國的東南部入侵了，墨索里尼和希特勒的部隊一樣，都是很難被擊退的。貝當此時也不再掩飾，他認為法國已經戰敗了。他更為關心的是，法軍要留意、準備處理國內可能爆發的內亂，進而讓共黨趁機發動政變。同樣也開始心灰意冷的魏剛，則公開發言指稱英國「拒絕作戰」。他不解的說，當英軍什麼都不做，只是一再撤退的時候，又如何能指望法國繼續和德軍對抗。向德軍投降只是遲早的問題。

在倫敦，戰局的嚴峻現況正經由官方的管道給擴散出去。當運輸大臣約翰・雷斯爵士（Sir John Reith）獲知英軍部隊正準備從法國撤退的時候，在日記裡寫道：「這實在是太可怕了，在撤軍的過程中，他們一定會遭到屠殺的命運。」白廳到處都有打聽消息的人。那些沒有參與秘密作戰計劃和會議的人因為所知不多，所以一直詢問海峽對岸究竟發生了什麼事；對於那些了解戰況、臉色凝重的高級官員來說，則意味著將有一連串開不完的緊急會議。從報紙和英國國家廣播公司那裡，都無法獲知發電機作戰的消息，對於導致要進行發電機作戰的背景也所知有限。

在其中一個緊急會議中，邱吉爾指示參謀首長們詳加檢討，一旦必要的話，英軍是否能獨立對抗德軍。當天稍後他所獲得的答案令人沮喪。參謀首長們告訴邱吉爾，德國人手中掌有絕大多數的王牌，最具決定性因素的應該是空軍，德國空軍戰力遠超過英國皇家空軍，比率大約是四比一。只要皇家空軍能夠擊退德國空軍，英國就將不會遭到來自海上的入侵。但假如德國空軍真的在英格蘭上空取得絕對的優勢，英國很可能將一敗塗地。假使敵軍強大的兵力成功登陸，即使英國本土有地面部隊與之對抗，也無法把他們擊退。因此，最重要的就在於能否在敵軍最初登陸時——不論是從海岸或是空中——就迅速地將他們擊退。

防禦計劃必須要照顧到所有的可能性。它們絕對不能受到傳統思維的蒙蔽。德軍早已展現出，他們是具備做出令人意想不到舉動能力的狡猾敵人。計劃就是要想到各方面，敵軍有可能採取分散登陸的方法，無論如何一定得考量如何讓德軍戰車不會經由逐次登陸的方式，從點、線、面最後集結成一個裝甲師，橫行於英格蘭南部的平坦地形，到時候將會難以因應。

根據參謀首長們的看法，軍隊和民眾的士氣是決定勝負的極其重要因素。邱吉爾又是影響軍隊和民眾士氣的關鍵人物。以一個戰時領袖來說，建立和維持大眾的士氣是他最為重大的成就之一。他看起來總是那麼信心十足和絕不受人擺佈，他身上展現出的，是一股絕對不使人絲毫產生挫敗念頭的自信心。當英國遠征軍處於將可能全軍覆沒的困境時，哈利法克斯依然處於搖擺不定的狀況。首相府一名基層官員在日記中指出：「從很多跡象中看得出來，哈利法克斯很可能已成為一名失敗主義者。」

哈利法克斯在當天出席戰時內閣的一次會議時，強迫邱吉爾應該要腳踏實地。哈利法克斯說：「假設法軍崩潰後，希特勒提出了和平條件。假如法國政府對德國人說：『我們無法獨自對你們所提出的和平條件加以回應，你們必須一起與同盟國談判。』而假如因瞭解自己的弱點而極力地想結束戰爭的希特勒，對英法兩國同時提出停戰協定的條件，那首相您是否願意和他們就停戰一事而加以討論呢？」不願被逼入絕境的邱吉爾回答說，在那樣的情況下，他將不會加入法國的行列共同和德軍討論停戰協定的條件，但假如他被告知停戰的條件為何，那他倒想去討論看看。

哈利法克斯此刻無法確定邱吉爾的回應所代表的含意，以及他的看法是什麼。三個月前，當他告訴牛津大學學生「邪惡的勢力必然遭到正義之師」時，他的態度就已經有所改變。他現在對英國的未來感到擔憂，使他非常確信邱吉爾不但漠視英國所面臨的重大危機，而且還用一些潤飾過後的話來增強情緒化的反應。在那一個被他稱為「冗長且令人困惑的討論」——也就是戰時內閣會議——之後，他日記中寫下：「我認為溫斯頓簡直就是一派胡言。」哈利法克斯覺得，假如首相還是繼續做出類似的舉動和說出類似的話，「那我們的看法一定會極為分歧……當他把自己陷於一股由情緒而激發起來的熱情時，真是令我非常沮喪，我認為他實在應該讓他的頭腦做出理性的思考才對。」他對凱德肯爵士說：「我再也無法和溫斯頓共事了。」

凱德肯則回答：「這真是荒謬至極。他的狂放言論不但使你感到無趣，就連我自己也覺得沒什麼意義可言，但是，在那樣沉重的壓力之下，你可千萬不要做出任何糊塗的事情。」

戰時內閣裡嚴重不和的謠傳和報告早已散播到白廳以外的地方了。甘乃迪大使曾去電向華府報告：「假如德國對英國和法國提出和平條件，那在英國內閣裡的『誓死一戰』和『訂定和約』兩派人士之間勢將引發一場爭吵。」

> 除非奇蹟出現，否則將無法拯救英國遠征軍被全數殲滅或者……投降……雖然邱吉爾、艾德禮（Clement Attlee）等人會誓死戰鬥到底，但也有不少其他人認為與英格蘭財務和人民的損失和傷害之程度相比，豈是挽回英國自尊就能彌補的……英國人，即使處在這樣惡劣的困境之中，真的不清楚情況有多糟。等到他們知道的時候，我真不知道他們跟隨那一派——奮戰到底、慷慨就義？還是和德國達成協議。

英國可能會向德國屈服，志得意滿的希特勒將更加難以撼動。這引起華府更多的關注。助理國務卿威勒斯後來回憶說：「在那些日子裡，華府各個政府辦公室都掛有歐洲前線的地圖。每天早上戰爭部聯二（G-2）一名負責情報業務的軍官，都會帶著一張上面標示著德軍最新進展的法國地圖前往國務院。」

在倫敦市中央皮卡第里圓環（Piccadilly Circus）附近的乾草市場（Haymarket），許多美國人在合眾國郵輪公司（United States Lines）的辦公室前排隊預訂返家的船票。以紀念老羅斯福總統命名的羅斯福總統號郵輪（SS President Roosevelt），負責前來搭載支付了七十五美元船費的美國公民。乘客自行前往愛爾蘭的葛爾威（Galway），然後在該處搭乘羅斯福總統號，一週後該船將會駛入葛爾威的船塢做定期保養。

美國的孤立主義者的聲勢依舊相當高漲，白宮和國務院裡的親英派宮員，還是會不時將美國政府最新的想法和規劃，告知駐華府的英國外交官員。當倫敦得知美國基於國家安全的考量，有意兼併英屬西印度群島以及英國在西半球的一些屬地時都大表反對。不過，英國駐美大使洛西恩爵士則去電建議倫敦，應當考慮將紐芬蘭、百慕達和千里達的基地租給美國。如此一來，美軍勢將擔負起這些地區的防衛責任，能解除英國在當地的義務。對邱吉爾來說，在當時那種情況下由美國來兼併那些區域，實在是異想天開，除非美國能提供更實質的回報，否則邱吉爾是不會感興趣的。雖然邱吉爾和羅福斯私交甚篤，但他對於美國無法協助自己對抗歐洲邪惡勢力而感到憤怒。他告訴戰時內閣，英國從美國那裡「根本沒有獲得任何對戰爭有益的協助」，美國似乎只關心自己國家的防衛而已。

邱吉爾本人其實非常清楚，羅斯福對於聯軍的處境極為同情，只不過他受到大眾輿論的束縛而裹足不前。當羅斯福暗示：假如情勢所迫而皇家海軍戰力尚算完整，英國對抗德國的戰爭將可能會蔓延到加拿大的時候，邱吉爾並沒有因此而感覺到被冒犯。他和在倫敦的一些其他人士早就已經思考過這種可能性。當羅斯福暗示說：假如英國政府和皇室被迫流亡海外、英王不應前往加拿大，而是百慕達。因為美國人實在無法接受北美土地上會出現君主政治這個事實的時候，戰時內閣卻頗不以為然。有些極為憤怒的內閣大臣甚至懷疑羅斯福或許還會想到，一旦英國被德國打敗，那美國就能順理成章地「拿下大英帝國的一些屬地」。美國政府必須非常小心，千萬不能過於急躁。空軍大臣阿契伯德．辛克萊爵士（Sir Archibald Sinclair）就認為華府必須瞭解，英國雖然遭到挫敗，但還是會奮戰到底的。

邱吉爾對於上述的看法都大表贊同。但他更為擔憂的是，英國本土的人們很可能會被誤導而產生截然不同的看法。他們很可能會妥協，為解決國家的難題走了一個捷徑——和希特勒達成協議，這不但使德國得以掌控歐洲大陸，也使英國未來的獨立自主遭到嚴重的挑戰。一向備受尊敬且有著強烈愛國心的哈利法克斯，對於希特勒和納粹所將帶來的浩劫感到相當擔憂，他早就已經向英國大眾提出不難理解的論調。他的理由很簡單：沒有錯，假如英國的獨立自主面臨危急時，不論任何代價，都要奮戰到底。但是，假如希特勒能保證在簽署停戰協定之後，將不會妨害英國的獨立自主，那又為何不考慮接受柏林提的停戰條件？如此英國的城市就能夠免於遭受像鹿特丹被夷為平地的悲慘下場。當各種狀況看起來都不是那麼有利的時候，派個中間人去只和德國人談談話，應該不致於有什麼損失吧！

敦克爾克傳送來的初步報告，並無法令人感到寬心，再加上大量的英軍將可能遭到被俘的命運，邱吉爾因此相當清楚，他正面臨著一個極為微妙的處境。雖然他的演說受到熱烈的回應，但他到目前為止還沒有明白地指出，如何使英國不致於在戰爭中遭到嚴重的挫敗。許多保守黨人士對他的觀感還是沒變，他們認為邱吉爾只不過是個行事衝動且擅用口才的政治人物而已，而哈利法克斯則是一位在全國各地都極受尊敬的政治家。邱吉爾非常清楚，假如英國未來在戰場上遭到更進一步的嚴重挫敗，他將會步上張伯倫的後塵，在政治上失去了他的舞台。他那感人的訴求，揮灑熱血、淚水和汗水，確保英國仍能屹立不搖、一個獨立自主且值得自豪的國家，到時候很可能會被棄置一旁，取而代之的是哈利法克斯熱切推廣而可能會失敗的做法——如何使英國本土逃過在戰爭中遭到毀滅的可怕厄運。

到了正午，坦南特上校在多佛聽取簡報後，瞭解到身為敦克爾克海軍指揮官，監督撤退行動所必須擔負的任務是多麼艱難。當天下午，他和他的幕僚搭乘獵狼犬號（HMS Wolfhound, L56）驅逐艦橫渡英吉利海峽，抵達之後就開始執行他的工作。他們先是開始試圖理解自己和撤退人員所將遭到的危險是什麼。在前往敦克爾克途中，獵狼犬號曾遭到俯衝轟炸，而被迫採取迴避的行動，同時她的防空砲也試圖對空中的斯圖卡式展開反擊。雖然這些射擊並沒有獲得令人滿意的戰果，卻使他們在驚駭當中清楚了解，參與撤運的船隻，火力不夠堅強，最多只能做出象徵性的還擊而已。

橫渡海峽已經是夠困難的了，但這和坦南特看見目的地情況時的訝異程度相比，則又不足為奇了。他從來沒有看過處於燃燒中的城市、敦克爾克似乎已變成了人間煉獄。巨大的火焰和厚重的黑色煙幕從地平線上急速升起，石油燃燒所產生的臭味四處可聞。德軍轟炸機當天在敦克爾克城區投下了兩千公噸的炸彈和燃燒彈。上千名的民眾遭到殺害，那些和原單位失散的英、法及比軍官兵，他們在數日前就已在敦克爾克集結尋求掩護，也同樣遭到無情的屠殺。

噩夢還沒有結束。坦南特和他的部屬登岸後，朝著第三十二號堡壘前進，這裡是阿布瑞爾將軍設置在港邊的指揮所，當地的英軍指揮部也在這裡獲得辦公空間的分配，可以隨時前往檢視敦克爾克的受損程度。在經過數日的轟炸之後，敦克爾克已變成一座荒城，街道上滿佈建築物的廢墟，以及焚毀的交通工具殘骸。到處都橫躺著人和馬匹的遺體。路面電車的纜線也全數掉落。

有些英軍士兵早在建築物的地下室裡找到藏身之處，當房子垮下來的時候，有些人不是身陷其中就是被壓死。那些幸運的生還者當中，有些因這種恐怖的經驗而弄得心神不寧。某位軍官對一名士官說，他看見一名戰功顯赫的一戰老兵，獨自躲在角落哭泣，幾名士兵也開始發出如小動物般奇怪的聲音，就好像是思念家園的狗一般。

傍晚時分，躲藏在城裡避難處所的官兵，接到前往海灘和沙丘的命令，到了那裡之後，他們會有更進一步的指示。有些早將武器丟棄的士兵一臉茫然、如醉漢般徘徊走動。一群尚未丟棄手上武器、易怒的士兵，很顯然地是受到空襲的影響抓狂，當他們看見坦南特一行人穿著清潔整齊的海軍制服，更是不由自主地感到憤怒而擺出一副不友善的態度，不過很快就順從了。

不僅是敦克爾克市區，就連港區也因空襲而到處可見斷垣殘壁。帶著滿腹沮喪之情，坦南特巡視港口看看還有什麼設施可用，除了船塢被炸毀、扭曲的起重機以外，就沒有其他的了。防護著港口外海的兩座防波堤，似乎沒有遭到砲火的波及。若船隻想沿著這兩座防波堤停靠是很冒險的行為，但又沒有其他地方可供大型船隻安全靠岸。眼下會使人沮喪地認為，即使是極為少數的英國遠征軍都很難撤離。

剩下來唯一的選項，是利用龐大數量的小艇，駛入敦克爾克港東面的海灘去接人。小艇把人員轉運到在外海等候的大型船隻上，然後又駛回岸邊繼續接運更多人，這個冗長且危險的過程完全仰賴天候的狀況、皇家空軍的空中掩護、以及防禦陣地抵抗敵軍的能力而定。當坦南特收到消息，德軍已攻克加萊，他們的戰車正沿著海岸向北推進，距離敦克爾克很可能只有三十六小時的車程，此刻的他領悟到，當天早上他在多佛討論的撤退計劃早已過時了。他緊急通知多佛：「請立即派出每一艘可用的船艇前往敦克爾克以東的海灘。明天晚上將很難進行撤退行動了。」

誤解使任務更困難重重。當坎特伯利號（TS Canterbury (II)）客輪在極度困難的情況下載運了四五七名人員離開敦克爾克時接到指令，要求轉達給試圖進入港內的船隻回頭。坎特伯利號總共傳話給三艘正駛往敦克爾克的客輪，她們全數都駛返多佛。但其實，那道回頭命令的用意，是要那些船隻轉往到沙灘那邊等候接運過來的官兵而已。在混亂狀態獲得澄清之前，訊息經過多方傳遞，早已被誤傳為「敦克爾克已落入敵軍手中，避開。」在聽到此一誤傳的訊息之後，五艘平底船立即調頭駛返英國。

那個時候，數量龐大的待撤退官兵，已開始群集在敦克爾克以東的沙灘和沙丘上。英國遠征軍三個軍都各別被指派到不同的海灘上等候——第三軍的位置是鄰近敦克爾克港的馬洛

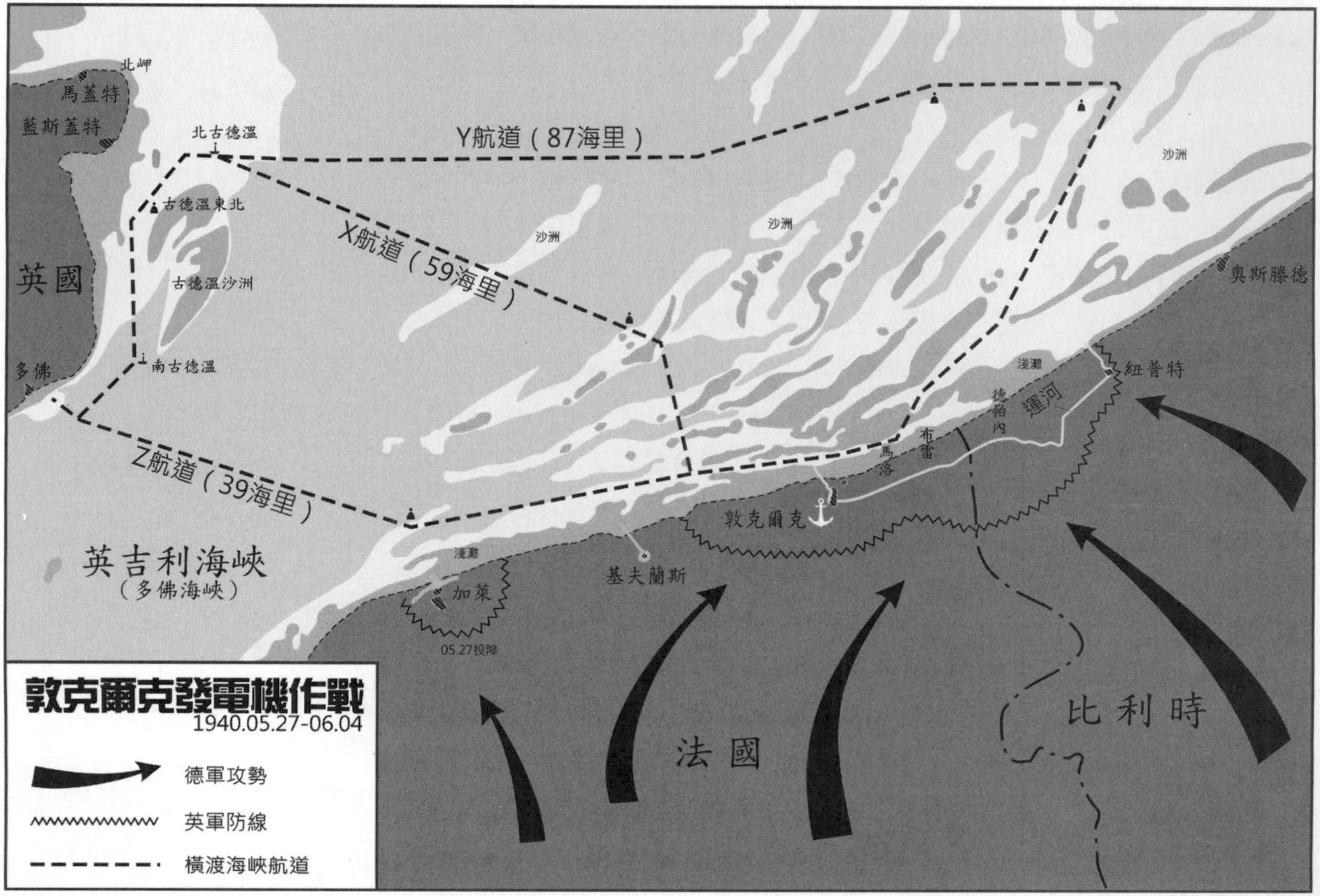
敦克爾克發電機作戰
1940.05.27-06.04
德軍攻勢
英軍防線
橫渡海峽航道
北岬
馬蓋特
藍斯蓋特
英國
多佛
北古德溫
古德溫東北
古德溫沙洲
南古德溫
Y航道（87海里）
X航道（59海里）
Z航道（39海里）
沙洲
沙洲
沙洲
英吉利海峽
（多佛海峽）
淺灘
加萊
05.27投降
基夫蘭斯
敦克爾克
馬洛
布雷
德帕內
運河
淺灘
紐普特
奧斯滕德
法國
比利時

林書豪 繪製

（Malo），第二軍是越過法比邊界屬比利時海岸的德帕內（La Panne），第一軍介於兩者之間的布雷沙丘（Bray Dunes）。那些已經抵達指定地點等待撤退的官兵，都只是各個軍級單位中的極少數部分而已。假如次日夜晚的撤退正如坦南特所言，將會是個「困難重重」的行動的話，可以合理推斷，才開始沒有多久的發電機作戰就已經進入了尾聲了，而英國也將會沒有自己的地面部隊了。

海軍中將雷姆賽在得知敦克爾克的情況之後，也和坦南特上校一樣，知道這是個時、地、物都不正確的作戰計劃——由救援船隻以井然有序、緩慢的速度撤出。英國從未面臨過這種危機。他必須伺機行動，而且還要儘可能地加快速度。可供他運用的所有船隻，包括在外海巡邏、珍貴的驅逐艦，都接到立即前往敦克爾克沿岸外海的命令。包括一艘巡洋艦、九艘驅逐艦、兩艘運輸艦、四艘掃雷艇，以及其他各式各樣的船艇都在接到命令之後在馬洛、布雷沙丘，以及德帕內等處就定位，「儘可能裝載英軍官兵……這是我們可以解救他們的最後一次機會了。」這些船隻很快就抵達定點，然後放下船上小艇，接運由坦南特安排的灘頭督導官，開始試用有組織性的隊伍登船，但過程沒有很成功。

整個撤退過程還是緩慢得令人難以想像。小艇數量太少了，也只有這些小艇才能達成載運人員撤離的任務。這裡搭載了三十人，那裡搭載了四十人，而另外某個地方又搭載了十二人。若按照這樣的過程來看——船隻駛近海岸，人員上小艇再接駁到停泊在外海的大船——如此這般撤退行動註定會失敗，其實現在就已經失敗了。

坦南特決定拼死一搏，再一次仔細看清楚敦克爾克外港的情況。外港防波堤距離陸地一英里，並且在寬廣的外海相互靠攏。這兩個由混凝土樁建造而成的防波堤，上面是寬達八英尺的通道。雖然港內有許多殘骸，但船隻依然可以駛入。若意圖使船隻安穩地沿著防波堤停靠，會是件很冒險的舉動。當初建造防波堤的時候，並沒有將其設計成具有此種用途。但若要用船隻大量撤運人員回英國的話，那實在是沒有其他的方法了。西邊的防波堤大約只有五百英尺長，盡頭那端附近的水域較淺。東側的防波堤則長達將近一英里，或許可以用來當作碼頭。

一艘原本就往來英吉利海峽之間的渡輪，海峽女皇號（MV Queen of the Channel）停靠在近海，接運小艇載出來的人員。坦南特命令該船駛進港內並停泊在東防波堤。海峽女皇號謹慎、緩慢地駛近，然後迅速又安全地將她牢繫在柵柱上，坦南特為之鬆了一口氣。登船可能會是個問題。敦克爾克港內潮水高低水位相差十五英尺。高潮時，人員可以直接從防波堤登上甲板。低潮時，藉由跳板及梯子登上船。多佛很快地就接收到船隻將入港的消息，坦南特的手下也很快地組織了一條延綿很長的人龍，讓他們在船隻抵達時，從附近的海灘走上東防波堤上登船。雖然整個局勢還是不太樂觀，但這畢竟是發電機作戰的第二天整天當中第一個較具希望的發展。

整個撤退作戰的毫無準備，從各方面都可顯現出來。例如，救援船隻上的船長和大副事先未被告知，即將登船的人員不但急需醫療救護，而且也已經很長一段時間沒有進食和飲水了。

葛薩米爾號（HMS Gossamer, J63）掃雷艦的伙房和船上其他地方一樣，都擠滿了撤退的士兵。不過……所烹調的醃牛肉三明治以及所準備的數加侖可可亞飲料卻異常受到他們的喜好。至於在多佛……嘗試從補給站補充下一趟出航所需使用的補給品；但是，除了燃料和彈藥之外，令人驚訝的是，補給站不願意提供食品。食品？太可笑了！醫療用品更是如此！不過，在經過無數通電話和無線電溝通之後，我們的需求還是被滿足了，至少獲得了部分的補充……

對於比利時陸軍來說，五月二十七日是個大災難的日子。戰事漸近結束，比利時國王利奧波德三世（Leopold III）必須做一個悲痛的決定。他的部隊一直遭受到幾乎毫無間斷的攻擊，情況已經變得相當危急。比軍不但缺乏彈藥，也無力抵抗來自空中的攻擊，更不利的是，被敵軍分割成兩部分。比軍被迫將國土絕大部分的地區讓入侵者佔領。德軍不但轟炸城市，還會掃射路上驚慌失措的難民行列。比軍每一次往後撤退所構築的防線，每一次都會被德軍所突破。雖然比利時把最後的預備隊都已投進去，卻未能對整體戰局造成絲毫影響。位於北方的荷蘭早已投降。不久之前才信心十足、抵達時並信誓旦旦向比利時保證，將協助阻擋入侵者的英法聯軍，如今已呈現混亂的狀態。利奧波德三世在當天早上被告知，將英國遠征軍撤回英國的行動已經開始了。利奧波德三世已意識到他自己軍隊的命運——被擊敗並遭到屠殺。

中午過後沒多久，高特從英國駐比利時連絡官凱斯爵士那裡，收到預示比利時將潰敗的電文：「陛下希望讓您知道，他的軍隊已垂頭喪氣。比軍在過去四天接連不斷地作戰，敵軍猛烈的空襲，皇家空軍也未能阻擋，……他相當擔心，再也沒有自己的軍隊可以作戰，或者更需進一步尋求英國遠征軍協助的時刻已快速到來了。」

當天傍晚，一名比利時軍官抵達德軍防線，要求告知停戰的條件。他被告知，除了無條件投降之外，再也沒有其他的了。利奧波德三世相當清楚，他已經沒有選擇。就在午夜之前，一直負責防守聯軍最左翼的比利時部隊在利奧波德三世的命令下，於次日清晨四時停火。魏剛得知消息時，簡直氣炸了。他指控比利時在沒有事先知會同盟國的情況之下，就拋棄了同盟國部隊。雖然他知道比利時陸軍的困境，也瞭解在兩天之內，比軍必會在德軍發動的一次決定性的攻勢後敗落。

對於高特來說，比利時的投降使他必須立即採取補救的行動。他從一開始就已認知到，比利時陸軍相對較弱的一面。兩天之前，他力排眾議硬是派了兩個師從已證實為失敗的南面攻擊戰術中撤出，轉去掩護比利時部隊。雖然布羅克將軍形容那兩個師「似乎已經從地圖上消失了」，但高特卻心安地認為，至少那兩個師可以守住防線上的一個小區域。現在比利時境內，有一道介於英軍陣地和海岸之間，寬達二十英里、無人防守的缺口，大量德軍可以從這個缺口湧入攻佔敦克爾克，使得發電機作戰嘎然而止。

當消息傳回倫敦，戰時內閣立即召開緊急會議。新聞大臣古柏在前一天曾經發佈一個聲明，向英國大眾解釋，政府未能將海峽對岸發展態勢詳加公佈的原因。

> 在這個國家裡，絕對沒有任何一個人希望以犧牲某位英國人，或法國人，或是比利時人的代價而換取消息。我們必須耐心且信心十足地等待消息會安全送達。

如今，古柏在內閣裡呼籲，必須讓英國大眾明瞭英國遠征軍的處境是多麼的危急，英國媒體轉載由法國政府發出的戰爭公報內容，還保留了他們原有的樂觀語調。新聞大臣警告說，英國大眾尚未對即將爆發的事件做好震撼的心理準備。邱吉爾雖然對新聞大臣的看法大表贊同，但他還是要求暫且不要公佈詳情。他認為，在公佈比利時已經投降的消息之前，必須先讓大眾有較長的一段準備時間，一旦聽到非常不好的消息之後，能很快地平穩下來而不致於過度震驚。

這一天結束的時候，並無任何跡象顯示英國遠征軍除了被殲滅以外，還能夠有什麼展望。高特對整個撤退行動的步調所知有限，他以為發電機行動開始以來，只不過有兩百名士兵是利用小艇從海灘撤離而已。事實上，確切的數字比兩百人還要多出十倍以上，只不過這樣的數量還是不足以使人對整個撤退行動懷抱著太大的期望。包括在港口登船的人員在內，五月二十七日、發電機作戰的第二天，撤離的人員只有七、六六九人。說實在，英國遠征軍還是處於被殺害或俘虜的危險之中。

在寫給妻子的一封簡短書信中，雷姆賽對於整個戰局的發展感到頗為心寒。

整個戰況實在可怕得令人難以置信，使人不禁懷疑，一旦英國大眾對於整個戰局的各項發展及其後果有所瞭解時，他們會如何面對……每當我想到我正在……指揮一項前所未有、最為艱困和危險的作戰行動時，都覺得實在可怕，除非上天非常仁厚，否則整個撤退行動將無可避免會發生許多悲劇。

第三天 漫長的撤退

比利時部隊半夜的投降，很可能使英國遠征軍的撤退行動被迫中止。根據和德國簽署的降約規定，比軍必須允許德軍在毫無阻礙的情況下，穿越曾經屬於其負責的防線，也就是防衛著英國遠征軍左翼，距離海岸二十英里的區域。飽受德軍攻擊且士氣已跌落谷底的比利時人，除了投降之外早已不做其他打算。即使在德軍往前推進之前，比軍士兵就先揮舞著白色的手帕，示意他們再也不繼續作戰了。不論先前設置了什麼阻擋德軍進攻的障礙物，如今不是被移除，就是空留該障礙物無人防守。假如德軍在比軍所留下的缺口被補強之前強行通過，並且迅速朝敦克爾克推進，在當時還未完全設置完畢的敦克爾克防禦陣地，將和馬奇諾防線一樣變得毫無用處。原先寄望於發電機作戰至少將些許部隊運回國的可能，到時機會將變得微乎其微。那一道寬達二十英里的缺口要立即填補。

這個任務於是乎就落在布羅克將軍的第二軍。雖然布羅克的部隊在其他地區也遭到極大的壓迫，他還是從各單位拼湊人員編成一支部隊，迅速前往被比軍棄守的重要據點，軍部直轄部隊加入他們的行列。德軍在沿海的紐普特攻佔一座橋樑，以及在敦克爾克的邊緣地區建立一個小據點之後，就再也沒有其他突破了。在法國狄克斯穆德（Dixmude），英軍第十二皇家槍騎兵團（12th Lancers）的巡邏隊，用槍指著一名比利時軍官——已不再是盟友——逼問他某座關鍵性橋樑原先計劃是要如何炸毀的。英軍來得及在德軍強行過橋前幾分鐘才把它給炸毀，德軍當時正從東面迅速推進到這裡。黑夜來臨前，缺口已補強，至這一刻開始，德軍暫時被擋住，無法再朝著敦克爾克猛衝，高特此時才鬆了一口氣。

比利時投降的消息傳到法國時，對民眾的士氣造成嚴重的打擊。在此之前，經過層層過濾的官方公告，使大多數法國民眾無法確切瞭解，同盟國其實已面臨危急的狀態。有不少法國民眾被政府的公告說服，民營報紙也相信政府，以為貝當和魏剛又重返崗位，不但德軍在法國北部的推進將遭到遏止，德國侵略者要不是被趕回去就是被殲滅了。對他們來說，比利時的投降就如同雷諾總理當天早上在收音機裡所發表、充滿悲憤的談話所言，不僅是項背叛的行為而已。顯而易見的，法國的大災難已經日漸逼近了。

無庸置疑，英國政府對於比利時的投降也大感失望。前首相大衛．勞合．喬治（David Lloyd George）以慣有的誇張語調對國會說：「縱使翻遍了全世界最為墮落的國王之編年史，也無法找到一個比利奧波德三世還要來得背信和怯懦的君主。」然而，在倫敦有些人則試圖想要從法國對比利時國王感到的失望和憤怒當中，嗅出一些有利的跡象。有人認為，假如法國真的對比利時的「背叛」大為震驚，如此一來，一向極力鼓吹和希特勒簽署停戰協定的失敗主義者此時或許會變得啞口無聲。史皮爾斯充滿希望地堅稱：「或許法國政府中有一些官員顯得相當軟弱和優柔寡斷，但現在他們必定會堅持到底地站在我們這一邊。」就連邱吉爾也認為，比利時的投降「很可能觸怒了法國。倘若如此，他們將不再像現在一樣是那麼的困惑和驚訝，反而會成為令德軍喪膽的對手。」這是臨危極力抓住渺茫希望的最後一絲機會。

英國遠征軍前鋒部隊的撤退開始了，沿路還是有許多問題。冷溪近衛團第一營營長卡吉諾甫中校（A. D. L. Cazenove），當天清晨破曉之前就開始朝海岸方向撤退，他回想起由於道路堵塞而引發的難題：「撤退行動令人感到緊張萬分。無止境的延誤不斷發生，我們呆站在路上好幾個小時，不知道我們會不會被敵軍給切斷後路。」

威爾斯近衛團（Welsh Guard）第一營以單一縱隊隊形在道路兩旁行進，用意是要防範敵軍的空襲，「由於道路中央擠滿了其他部隊，英軍和法軍都有，絕大多數都慌亂得沒有秩序可言，或者是沒有受到任何形式的掌控。也沒有看見他們攜帶有自衛用武器，只見他們都大聲嚷嚷：『那一條是前往敦克爾克的道路？』」

在敦克爾克，前一晚抵達並被指派擔任灘巡以及灘勤的海軍官兵，正試著對群聚在沙灘上、分成不同群組的官兵強行貫徹命令。一名軍官以及他轄下的一小隊水兵，派駐在主要灘頭——和敦克爾克市毗鄰的馬洛、和馬洛相距六英里的布雷沙丘，以及距離行動計劃區最遠的德帕內。這些人員很快就會發現，他們只能孤軍奮戰。他們無法與別處灘頭的主管、敦克爾克海軍指揮部的長官、或者是停泊在外海，等候接人的船隻聯繫。更糟的是，待撤離人員不但毫無紀律和組織，沒有跡象顯示，陸軍有努力建立次序或撤退的程序。一直對撤退行動各種繁雜事項極為投入的陸軍，在未經深思熟慮的情況下，就草率地認為，一旦待撤退士兵抵達海岸後，接下來的主要工作應由海軍來負責。海灘上待撤退的人員數目不斷地增加，但是用來載運他們離開的船隻仍然不足。這些官兵和海軍灘勤官兵都不知道，整個發電機作戰計劃已有所改變，主要的撤退方向不是在沙灘，而是在敦克爾克港。

當海峽女皇號前一晚成功停靠在敦克爾克港內東防波堤時，一切就變得相當明顯，港內要比從沙灘上更能載走較多人員。海峽女皇號的甲板和船艙內每個地方，擠滿了九五〇名士兵，於破曉時分靜靜地駛離碼頭，緩慢地開出港外，朝著多佛的方向行駛。出航不久，海峽女皇號遭德軍戰機的猛烈轟炸而下沉。令人欣慰的是，船上大多數人員都被其他的船隻救起。

雖然面對損失，但很確定的是，港區將是撤走大量人員的主要管道了。坦南特下令那些在晚間原本在外海待命接運灘頭人員的驅逐艦，分別是馬凱號（HMS Mackay, D70）、曼特羅斯號（HMS Montrose, D101）、威米號（HMS Vimy, D33）、渥西斯特號（HMS Worcester,

D96）、匕首號（HMS Sabre, H18）、以及安東尼號（HMS Anthony, H40），要求她們駛入港口並且迅速朝著防波堤航行，因為至今為止那裡是最為適合接運人員的。同時，在多佛的發電機作戰計劃總部也收到通知，後續駛抵敦克爾克的船隻也該這麼做。

擔任防波堤上碼頭指揮官的克勞斯頓（J. C. Clouston）中校，建立了一套嚴謹的管控系統。他在碼頭登船處以及入口處，安排官兵站崗以維持紀律。各部隊都被重新組合成最多只有五十人的小組，這樣他們就能井然有序、迅速的撤離，一旦救援船隻抵達很快就可以登船。如今撤退行動重心已移轉到防波堤碼頭，但從海灘撤離的計劃還是沒有放棄。然而，從海灘上撤退必備的小艇依然極度缺乏。

被強制徵用、集結在泰晤士河以及英格蘭東南海岸的小船小艇，清晨時就開始出現在多佛，其中有些被認定不適合橫渡英吉利海峽之後就物歸原主，另外有些則未能在指定地點正確集結。沒有無線電的船艇，海軍也很難靈活調度她們。其他可用之船，移走船上所有不必要的設備和易燃物之後，就準備橫渡英吉利海峽了。

由於缺乏海軍官兵來開那些船，部分自駕船隻前來集結點的老百姓，被要求納編皇家海軍一個月，並且告知他們以及他們的船隻將要執行何種任務。大多數都簽署了同意書，有些人還是有點疑慮，他們從來沒有想過，自己原本用來當做休閒、釣魚，或是擺渡之用的船隻，如今要被徵召去打仗。其他人決定不去。

那時，在毫不知情的情況下，我們被告知必須用現有的船隻來進行「驚險動作」……我的胃部突然結成一塊……我的小肚讓我以為那個硬塊已經掉到我的膝蓋。我不敢看其他人，我只記得我甚至沒有告訴我的妻子和小孩我已離開倫敦，當然我更沒有讓他們知道我已加入了皇家海軍……就在這個時刻，加入我們一同執行營救英國遠征軍行動的伯第希亞皇后號（Queen Boadicea II）船員……談到還有家室及沒有收到危險加給等之類的事情……，另一艘船上三人，拿起自己的私人物品，靜悄悄地爬上岸去之後就不見蹤影了。我之後很慶幸當時竟然有勇氣，不讓自己找到藉口不去。

航海圖分發給了各船各艇，並把他們編成船團，準備來橫渡英吉利海峽，接回那些蜂擁聚集在敦克爾克海灘上，凝望著海面盼望救援到來的官兵。

從前一晚開始，高特就一直想和當時仍是法國北部地區聯軍協調官的布藍查德取得聯繫。看到比利時的投降後，他想解決英法聯合行動的問題。最為關鍵的問題，布藍查德依然遊走前線各個指揮所之間，而重來不交代清楚自己的行蹤。直到上午十一時他們兩個人才連絡上，那時布藍查德現身英國遠征軍位於赫特克奎（Houtkerque）的新總部。

雖然他那時已身心俱疲，但是，當原來以為法軍也接到類似指示的高特告訴他，英國遠征軍已接到倫敦的命令，將會把軍隊從海岸撤離歐洲大陸時，他大為震驚。布藍查德第一次聽說發電機作戰計劃，魏剛和阿布瑞爾海軍上將都沒有告訴他一丁點消息。布藍查德一再堅稱這是一項錯誤，指責英方為何不早些告訴他？同樣地，高特也非常驚訝地發現，布藍查德在聽到有關發電機作戰計劃時，竟然是那麼震驚。高特也非常訝異，布藍查德指揮的法國部隊，竟然還沒有接到巴黎命令他們前往敦克爾克等待載運的指示。不過高特認為，不論撤退與否，英國遠征軍和法軍在當天晚上必須採取同步撤退行動，如此一來，整體的防線才不會出現缺口。

布藍查德完全不同意高特的看法。他並不打算讓法軍再做更進一步的撤退。他認為，和德軍作戰並延後其向巴黎推進的速度是非常重要的。他會讓在索穆河以南的魏剛部隊有更多的時間，建立一道堅強的防線來抵抗敵軍的攻擊。為了維護法國的獨立自主，每一個小時都是極為重要和珍貴的。除此之外，布藍查德也考慮到他的部隊實在是筋疲力盡了。過去兩個星期，他們接連不斷遭到攻擊而且不斷移防調動，已經沒有餘力再繼續移動了。即使他們真的撤退到敦克爾克，他們也不會選擇撤離。也許皇家海軍已經做好讓英國遠征軍登船的準備。布藍查德被告知前一天早上在多佛舉行的英法海軍協商會議的結果，因此他認定，法國海軍總部並沒有為法軍擬定任何撤退計劃。

雖然高特的說服功力一向不太靈光，但他還是試圖說服布藍查德，面對敵軍優勢兵力的合圍態勢，堅強抵抗無法挽救什麼，反而將造成慘重的損失。除了點出法軍這麼做的荒謬外，高特無意讓自己陷入難堪的境地——當法軍仍英勇奮戰之際，他卻要命令英軍拋棄法軍同袍而實施單方面的撤軍行動。

正當高特和布藍查德在爭論該怎麼辦的時候，法國第一軍團（事實上也正是唯一殘留下來可供布藍查德指揮的部隊）的新任司令皮歐克斯將軍的報告指出，他的部隊已筋疲力盡。不論有那一種最佳的策略可供採用，以他部隊的情況來看，根本不可能撤退。高特很想知道他們真實的情況究竟是如何？假如他們的情況已不適宜撤退，那是否具有牽制敵軍的能力？高特懇請布藍查德重新考慮他的決定。

> 我……懇請布藍查德將軍，為了法國、法軍，以及同盟國的利益著想，請您命令皮歐克斯將軍撤退。我認為，他的部隊還不致於疲憊到無法移動。法國政府至少也能提供船隻供部分官兵撤離，若能解救部分受困的法軍，也總比完全失去他們要好得多。不過，就我個人一己之力，是無法讓皮歐克斯將軍願意撤退的。

由於還是無法改變布藍查德的決定，高特只好告訴他，無論法軍將會採取怎麼樣的行動，英國遠征軍會先前往敦克爾克，然後再從那裡撤退（他們早就已經這麼做了）。這是倫敦所下達的命令，他必須遵守。除此之外，他也堅定地認為，援救官兵行動早已開始執行，若還是讓他們落在敵軍的手中，那將是個夠瘋狂的結果。

當天，可供後撤的走廊左右兩側的戰鬥依舊相當激烈，傷亡人數也是如此，與其說當天是一場戰鬥，屠殺會更為貼切。超過八十多名在渥赫特鎮（Wormhout）附近被敵軍包圍的皇家瓦立克郡團（Royal Warwickshire Regiment）官兵，向黨衛軍阿道夫・希特勒團（Adolf Hitler SS Regiment，之後的黨衛第一師）投降後，在槍口威脅下，被集體趕往一座小穀倉，在那裡被黨衛軍投擲手榴彈殺害。那些沒有立即遭到殺害的，則又在機關機和步槍的掃射之下也全數陣亡了。

同盟國指揮所和變動的防線之間的通訊狀況還是每下愈況，最後無線電和電話的通訊也損毀了，對摩托車傳令的依賴愈來愈深。這些摩托車傳令的任務，是要經由堵塞的馬路，將命令和報告送抵防線中的單位。然而，這些騎士從來沒有在指定位置找到那些單位的下落。高特非常清楚所下達的命令要不是沒有送達，就是送達的時候已過時了，因此他約略地將次日夜晚防線撤退的狀況通知各個軍長，還賦予他們根據自己的判斷，儘可能地將其各自官兵平安撤退到敦克爾克防禦陣地的權限。

這些部隊在撤退時穿越過了一片滿佈著敗象的土地。

> 各村落裡的每一座房舍、教堂上的尖塔、農舍、茅舍，以及人們所居住的每個處所上，都飄搖著一面白色的旗子。即使並非一面真正的旗子，至少也是由白色的桌布、床單、毛巾、或是手巾做成的旗狀物……居民在德軍抵達時，急忙將這些象徵投降的旗子升起。

從前方海岸那裡傳來「敦克爾克海灘橫躺著數百具遺體」，以及「數艘滿載著撤退人員的救援船隻被潛水艇或斯圖卡式擊沉」的謠言。這些被德軍擊敗的部隊，相當清楚俯衝轟炸機帶來的強大破壞力。敵機臨空時，他們迅速躲藏到壕溝裡掩護，「有些人趴在殘破的車子底下，或是平躺在田野的草叢之間，甚至有人跳到運河裡，只有頭部露出水面。在不到幾秒鐘的時間……路上看不見任何一個人影。」

這些部隊並不光是往海岸撤退而已。命令是要他們輕裝行動。當他們抵達敦克爾克防線時，還被要求務必不能讓裝備落入敵軍手裡。有位軍官回憶說：「我們保留足以載運我們抵達距離敦克爾克一或二英里處的車輛。抵達之後，除了保留一輛作緊急使用之外，其他全數銷毀。在撤退的路上，官兵近乎發狂似地將裝備摧毀。在曾經是寂靜幽然、上方有著晴朗天空的鄉間小路，此時此刻的情景很可能是這場怪異的戰爭中最令人驚訝的一幕。」大量的裝備和器材都被毀損。負責昂貴軍品保養、維修以及分配等工作的官兵對於這種浪費感到痛心。

> 新穎的無線電機……成排放置在野地上，每一排共有二十台。這個時候，有個帶著一把十字鎬的士兵走上前去，將它們逐一敲成碎片。軍用大卡車更是破壞得徹底，冷卻器和引擎在大鎚的敲打之下變成碎片；輪胎洩氣完畢之後被重砍和鋸切。停靠在運河附近的車輛則被順勢推進河裡。這些載具一輛接著一輛推入去堆砌起來，使得部分運河塞住了。

錯誤無可避免地發生了，有些錯誤甚至還對整個戰局造成不小的影響。原先被轉移到包圍圈陣地的德帕內的高砲單位額外的砲手，現在都拿起步槍加入地面防禦作戰了。不過，命令內容沒有被正確理解，誤以為是全單位所有砲手都要加入防禦。為免被丟棄的高射砲——急需於保護防線、反制空襲的武器——落入德軍手中，在命令的誤解被澄清之前，官兵就先行將這些高射砲給摧毀了。高階指揮官得知後即訝異、沮喪，也相當的憤怒。

雖然撤退的路上出現了阻塞的情形，但是到了中午過後，許多英國士兵已抵達海岸地區，並散佈在沙丘及敦克爾克東邊十英里範圍的沙灘上。這些地區在承平時期，每當氣候怡人的時候，常會有小孩在上面建造沙堡，也會有群眾在該處嬉戲。對於前來載運部隊撤退的船員來說，那些官兵看起來，就「好像是數千支木棍」。

沙灘上呈現出意想不到的景象。放眼所及，沙灘向後延展直達沙丘地帶。沙丘地帶除了表面零散著枯焦草叢的黃色沙礫之外，甚麼都沒有。英國遠征軍的殘餘部隊就像蟻窩被巨人雙腳踩踏過的螞蟻般，散佈在這段廣大的區域。有些人聚集在水域邊緣，等待著小艇將他們轉運到停泊在外海的兩、三艘大船艦上；其他那些還未輪到的，或是過於疲累以致於已不在乎是否輪到的士兵，則雜亂且疲憊地橫躺在一起。

許多大排長龍的隊伍不但延伸到海灘，也有進到海水裡的。有些有基層軍官帶領的士兵，在抵達時就已經是井然有序，等待時也能保持如此。當接到排入登船行列的指令之後，他們就移動到指定位置，然後等待前進去登船。不過，大多數士兵都是屬於那早已在作戰或撤退過程中潰散的部隊。其中有些士兵除了曉得戰況相當不利之外，對於其他就完全一無所知了。他們只是一路上「跟隨著人群」而來到敦克爾克的。

生存是唯一且優先考量事項。有位軍官後來寫到：「我們現在只有一個想法、一股衝動——我們只想抵達海邊，然後像亞瑟王般在夜晚時分被靜靜的載離。」不論是組織良好的單位，或是衣衫襤褸的小組殘餘士兵，這些將要撤離的士兵們都顯得疲憊、饑餓和口渴。其中有些士兵超過一天以上未進食。沙灘上，士兵紛紛加入那些看起來有組織的單位，如此似乎可以增加他們生還的機會。後續要加入的人則被告知：「你不屬於我們的單位，滾開。」這種狀況會發生，是因為深怕更多人的加入，會使得自己被撤離會變得更困難。在遭受到這種無情的拒絕之後，這些士兵只好朝著敦克爾克反方向的海灘走去，希望在離開港區之後，能加入排他性較不強烈的隊伍，以便更快被接走、返家。

> 起先大家都排成一列，但假如你認為這麼一來就能夠比排在後頭的人較早登船，那你可就錯了，最後，你會發覺自己只能站在水中而無法上船。其實當載運的船隻抵達時也並非真的會造成恐慌，只不過原先的行列早已亂成一團。你會自然地涉水想登上船。在試過幾次都無法如願地之後，你會厭惡為什麼一直站在水中，然後你會調頭往回走，最後又坐在沙地上。接著，當其他的船隻又抵達的時候，你又會再度嘗試。

許多遺體飄浮在水面上。其中大多是德軍戰機轟炸船隻時遭殺害的。有些則是在攀爬超載船隻時，因無法登船又未能抓緊而落水溺斃的。

一波波的沙丘以及上面一塊塊堆積而成的雜草或多或少形成掩護，因而較不易因空襲而受到傷害。有些時候，當德軍戰機飛在距地面一百英尺上空進行掃射時，還能用機關槍對其反擊。在情勢艱困、很難找到掩護點的時候，這些沙丘上的草叢倒也能夠使他們一廂情願地認為是不錯的掩護處所。士兵們必須自己決定，究竟是在他們自認為較安全的沙丘上等待海軍灘勤人員的召喚去登船，或是在看起來能較快速撤離的沙灘上等待。不論是沙灘或是沙丘，沙子都能夠減緩炸彈的爆炸威力，也能使破片的擴散範圍有限。然而，在那上面仍然橫躺著遺體，有些上面還覆蓋著被棄置不用的厚重大衣。可以想見，被炸死的只會越來越多。

時時刻刻都有士兵抵達。其中有些士兵甚至在一抵達海岸之後，就說要能夠立即登船回家。不過後來他們卻沮喪地發現，在他們之前還有數千名士兵也同樣在等待。縱使守規矩安份排隊，處在海軍灘勤人員管控之下的官兵也都拒絕等待下去。

突然間，我看見一個人匆匆跑過……當時還沒有輪到他登船。一名原本排在他之前的士兵，馬上用堅定的口吻斥責他：「滾開！滾回去！你這個渾球……。」他們的語氣就是如此沒有錯。那個人終究還是未能登船，而原本他想搭乘的那艘船，現在正朝著外海駛離。他只好退縮，在沒有人發現、事情又被忽略的情況下，他又回到排隊行列之中……當我們處於危急的時刻，就會像動物般很容易忘掉事情……我們當時只有像猴子般的記憶力。

更難搞的反而是湧浪，雖然浪潮的起伏還不算太大，但已足以使得小船艇難以駛近岸邊接運。一名待撤退的士兵諷刺地說：「在疲憊、溼透，和饑餓的情況下，我們一致認為作為渡假勝地，布雷沙丘的評價太高了」。

即使吹拂著輕輕的微風尾，潮汐仍舊是個大問題。退潮的時候，等待撤退的士兵也隨之向前推進，儘可能接近那些要接運他們去外海的小艇。等到漲潮的時候，他們不願意因後退而拉大與小艇之間的距離，因為他們很擔心說，排在後面的士兵不會隨之而後退，如此他們就會喪失了排在隊伍最前方的優勢。最後他們就會被海水從膝蓋、再漫淹到大腿，最後是到了肩膀。

當他們終於靠近一艘船時，就會盡力攀爬上去。小艇上的水兵、水手，或業餘水手，有時候還得用槳拍打他們，免得小艇會傾覆。雖然愈來愈多的船艇抵達參與接運，可是數量還是太少，無法大量消化在岸上等待的士兵人數。看起來在早上十時之前，從岸上直接載運的行動無法有太大的成果。

港區內的防波堤狀況反而看起來較為樂觀。救援船隻抵達、泊靠、載運，以及駛離港區的頻率愈見繁密。被載運返抵英國的人數正節節上升。不過，在港區內所能做的也只有這樣了。雖然已載運了數千人，但是等待撤離的士兵數目仍舊多得嚇人。港區內還有數千名士兵等著上船，數萬名士兵更是沿著撤退走廊，朝向海岸方向前進。

順利從敦克爾克撤離，並不代表一定能順利返抵家園。除了早上沉沒的海峽女皇號之外，商船阿布凱爾號（SS Abukir）在滿載著士兵航向英國途中，被一艘魚雷艇擊沉。另外兩艘響應義務加入的客輪，則因退潮而擱淺在淺灘。法國海軍總部負責援救法軍的小型船隊成員之一的多錫恩號（Douaisien）法國貨輪，在觸到德軍水雷之後沉沒。前往加萊外海搜尋德軍水雷的湯姆斯布萊特號（HMT Thomas Bartlett，前身為海軍掃雷艇）武裝拖網船，則誤入英軍雷區而沉沒，船上所有人員都殉職。在其他個案，大多數落水人員都會被救起。然而當天在登船之後，船隻被擊沉落水究竟令多少名英國遠征軍官兵命喪黃泉則不得而知。若想記載那些人登船、那些落水人員被救起，以及那些人喪命等，根本就是件不可能的事。

清晨的雲霧，再加上儲油庫燃燒所產生的濃煙，在當天早上大部分時間都提供了敦克爾克部分的空中掩護。後來由於風向的轉變，天空轉為放晴，德軍戰機就再度橫行於上空，看起來它們在沿岸地區上空的數量比前一天還要少。原來德國空軍當天將其軍力集中攻擊聯軍位於內陸的防線。沿著海岸線逼進到敦克爾克以西的德軍砲兵，則對港區實施砲擊，雖然命中率不算高，但頻繁度是愈來愈高了。

德軍火砲所造成的破壞，要比原本預估的都還要來得嚴重。這一天即將結束之際，位於多佛的發電機作戰計劃總部，規定參與的客輪白天不能再使用港區防波堤撤運官兵，理由是他們在泊港接運靜止不動時，很容易成為敵人的攻擊目標。只有軍艦才能繼續在白天使用防波堤。這些軍艦將持續來回穿梭港區以便撤離部隊。直到夜暮低垂時，民船都只專注於從沙灘上接泊部隊到大船的任務。雖然停泊在外海的大船仍舊不時暴露在敵機的空襲威脅，但還是遠在德軍火砲的射程範圍之外。此種情形究竟將持續到什麼時候，沒有人敢妄下斷言。

行文至此，內容幾乎都是聯軍挫敗、撤退，以及混亂等故事的描述。但事實上，德軍部隊不但同樣損失慘重，而且也面臨著極為嚴重的難題。古德林將軍在報告中指出，他所指揮的裝甲師「急需於維修」。裝甲部隊雖然長驅直入，攻入更為深入的區域將鉗制住聯軍，使其無法朝海岸地區撤退，但是若要在海岸附近地區和同盟國作戰，勢必得採用極為不同的戰術。古德林認為：「在野外沼澤地區採用戰車攻擊戰術是毫無道理的，一旦下雨將動彈不得……，步兵比裝甲部隊更適合在這種地形作戰。」他又指出，若繼續使用戰車擔任尖兵，將會使「我們最優良的部隊作出無謂的犧牲。」因此應將戰車部隊全數撤走。畢竟戰車部隊轉向南進之前，有必要休生養息，好在摧毀防守巴黎的法軍路途上，獲取更多的榮譽與光輝。

德軍以大軍壓頂之勢橫掃法國北部，現在的他們缺乏衝力，對於北部戰鬥的緊迫感也大為降低。敦克爾克的聯軍，受困於一個背對著海面的扁長型口袋內。現在，以掃蕩的方式來對付他們是再好不過的戰術了。德軍將領在知道英軍正利用船隻從敦克爾克撤回英國時，當然感到不高興。他們實在無法想像，英軍怎麼可能會執行或甚至已經執行著這麼大規模的撤退行動。

邱吉爾、他的戰時內閣，以及包括參謀首長們等在內的許多人士，也無法精確推測發電機作戰計劃究竟將會有何種成果。直到目前為止，從撤退人數來看，認為結果會是悲觀的勝於有信心的。派駐比利時皇室的凱斯爵士，在比利時向德國投降時任務就已宣告結束，他在發電機作戰的第三天，帶著高特的傳話橫渡英吉利海峽回到倫敦。根據兩人的談話，高特當時仍然認為英國遠征軍獲救的機會不高。大家都很了解，英國遠征軍不論是在海岸等候，或是據守在防禦陣地，或是拖著疲憊身軀穿越撤退走廊，或是保護著該走廊的官兵，都極度缺乏食物和彈藥。面對這種情況，高特也實在是愛莫能助。即使已經不斷的呼籲了，還是無法派遣更多船隻和更多的空中掩護的情況下，又如何奢望將英國遠征軍撤出敦克爾克能成功呢？

非正式報告一再傳回英國遠征軍的困境，以及皇家海軍又如何在整個緊急撤退行動中顯得自暴自棄，英國國會也日益感到焦躁不安。雖然邱吉爾在國會毫不避諱地將壞消息告知議員，但是仍然拒絕對英國遠征軍所面臨的危機多加透露給下議院。同時，他也避免留有推測的空間，讓人以為英國會因為軍事上的挫敗，而可能與德國簽署停戰協定。

我期盼自己，能在一知道消息之後，馬上把他們正進行中、極為艱困的奮鬥情形向國會提出說明。不過，這或許要等到下星期的前幾天才能做到。同時，我希望國會也能事先做好準備，也許將聽到沉重和悲慘的消息。我只想強調，不論這場戰爭的演變如何，我們絕對不能忘掉有保衛這個世界的重責大任，因為這是我們所無法推卻的。如同在我們以前的歷史中曾經發生過的諸多事件般，堅定的信心必定能藉由自己的力量給產生，縱使經過災難和悲傷，也終能將敵人打敗。

邱吉爾甚至拒絕考慮，英國可以在不受更進一步重大損害——當時極可能因這場戰爭而遭到大浩劫——的情形下，光榮地抽身而退的可能性，使他再度於戰時內閣中面臨外交大臣的強烈質疑。哈利法克斯堅決主張：「我們千萬不要忽略一個事實，在法國戰敗以及我們的飛機製造工廠被轟炸之前，我們可能和敵軍簽訂條件較好的（停戰）協定，尤其後者在未來三個月不到的時間內就會發生。」

邱吉爾絲毫不為所動。他回答說，假如英國同意就停戰展開會談，爾後發現德國的和平條件簡直令人難以接受時，那英國這個國家整體的戰爭意志將盪然無存。他相當確定，德國所提出的任何停戰條件，一定都是被設計來使英國任由希特勒擺佈的。當英國離開談判桌回到戰場的時候，「我們將會發現，到時可供我們運用的部隊，其戰鬥意志已不復存在。」邱吉爾接著又以令哈利法克斯困惱的說教式語調宣稱：「繼續作戰到底的國家將會再度興起，那些因膽怯而投降的國家則只會嘗到滅亡的命運。」

名義上還是保守黨黨魁的張伯倫，雖然近日才卸去首相職務，但其意見還是不容人們所忽視。他持續支持哈利法克斯的觀點，尋求和敵國進行不致於喪權辱國的和平談判。張伯倫認為，假如是為了使法國不和德國個別簽署條約，那就也更應該要如此做。這兩位戰時內閣中極為資深的閣員，同時也是受到大多數保守黨員高度敬重的政界人士，他們的所做所為並不僅是和邱吉爾意見相左而已。一有機會，他們總不忘挑戰邱吉爾的領導地位。邱吉爾在戰後所寫的戰史中，在描述到當時那種危急時刻，對於他們兩人的觀點往往著墨不多。即使高達二十五萬名英軍的命運處於未卜之際，他仍得面對他們兩人額外施加的壓力。邱吉爾的著作中，也很少提及這種額外壓力。他只談到，他獲得戰時內閣外其他政府官員的大力支持。這些政府官員在當天傍晚另一場會議中，對於他所堅持的立場大加喝采與讚揚。

> 為數不少的與會人士突然站了起來，然後跑到我的位子旁，歡呼著且輕拍我的背部。無庸置疑，在這個緊要關頭，假如我對於領導這個國家表現出遲疑的態度，那我很可能會被丟到辦公室外面。

戰時內閣成員之一的艾德禮，則抱持著極力支持的態度。他不但是工黨黨魁，也是邱吉爾的副首相，假如這個由全國黨派所組成的聯合政府，還想要繼續維持下去的話，那他的支持具有決定性的影響力。不過，艾德禮也警告：當英國大眾瞭解到英國遠征軍眼前所要面臨的厄運時，將會感到震驚。對於戰局的演變相當了解的人當中，絕對沒有任何人相信英國在敦克爾克大撤退之後還能東山再起。他們一致認為，縱使英國遠征軍能順利從敦克爾克撤回國，英國終究還是難逃悲劇的下場。英國政府不祥的預感，在其決定將全國劃分成十七個食物配給區域的決策中顯現出來。一旦在緊急狀況通訊中斷時，每一個食物配給區域將會在該區官員的管控下，「確保食物能獲得合理的分配」。

德國開始加強提升宣傳戰：高特提出投降的要求，法國也即將宣佈投降。雖然英國政府實施了嚴密的新聞檢查，防止類似謠言流傳到英國，但終究無法防止大難即將臨頭的各種謠傳造成民眾士氣低落的事實。英國政府採取數種措施，防止國內興起一股厭戰風潮。議員在國會中建議應制定國防法，賦與政府禁止報社印製、出版，以及發行反對政府進行軍事作戰的任何言論。其中一個特定的目標就是共產黨支持的《勞工日報》（*Daily Worker*）。該份報紙不但完全聽命於蘇聯的指揮，而且還把英國與希特勒所進行，根本是一場資本主義國家之間的鬥爭。

英軍的戰鬥機——噴火式、颶風式，以及無畏式（Defiant）——天一亮，就會在敦克爾克口袋上空與敵接戰。戰鬥機司令部在發電機作戰的第三天，總共出動了三二一架次，部分飛行員還從位於肯特的空軍基地來回飛行了二至三次。落日之前，有十七架英軍戰鬥機在任務中遭擊落或損壞。被擊落的戰機中，大多數的飛行員都幸運獲救，但仍然有七人殉職。根據戰後的資訊顯示，當天空戰德軍損失了二十二架戰機，不過並非全部都發生在敦克爾克上空。無論如何，這個數字還是比皇家空軍所聲稱，在行動期間因空中掩護擊落的敵機數量還要少得多。

後來，當英國國家廣播公司終於能廣播敦克爾克撤退的相關新聞時，則聲稱：「我方人員發現，再也找不出任何言語得以表示他們對皇家空軍的感激。」地面部隊認為，他們實在有太多的字詞可以用來描述他們對皇家空軍的觀感。但是，他們絕對不可能將其觀感於廣播中陳述。例如空軍上尉艾倫·狄瑞（Alan Deere），他所屬的中隊在敦克爾克幾乎全軍覆沒。但他還是像那些地面部隊官兵般，根本就沒有機會將其感想公諸於世。狄瑞的戰鬥機被擊落之後，他奮力逃到海岸地區，並試圖登上撤運船，以便能返抵他的基地後再升空接敵。但是，他遭到一名陸軍少校的阻擋和大聲叱責：「從你們空軍這些傢伙在天上的作為來看，你們實在大可待在地面上，這對你們來說或許還會比較好一些。」

雷姆賽在發電機作戰結束之後試圖匡正此種責罵和批評。他公開說：「我個人和由我所指揮的部隊，非常感激皇家空軍在聯軍撤退期間，所給予我們的支援和掩護。」但在行動期間，雷姆賽確實曾對英國皇家空軍提出嚴苛的指責。

> 不論適切與否，我們都期待能獲得全面的空中掩護。但是，停泊在外海的船隻卻曾經在接連數個小時當中，飽受敵軍炸彈和砲彈的威脅。由於這些船隻的職責就是停泊在外海等待部隊登船，這使得船上人員必須具有強烈的責任感與堅定的決心——事實上也就是英雄主義——否則實在無法完成使命。各艦指揮官的報告指出，從船上對空戰的觀察，他們相信皇家空軍飛行員應該給予嘉勉，但另一方面，他們也對皇家空軍能否在撤退行動達到最高峰時，提供該有的空中掩護則感到失望與意外。

在敦克爾克凝視著天空的坦南特上校，則較不願過度苛責。他說：「天空的範圍是如此的遼闊，通常很難知道我方的戰鬥機是否在場。」

不論皇家空軍的戰果估算是如何的不準確，飛行員那些誇大不實的戰果，對於提升國內民眾的士氣倒產生了正面的效果。這使得英國大眾和飛行員本身——當然不包括那些正被敵軍戰機攻擊的部隊——都產生了「英軍在空戰中勝過德軍」的印象。不過，道丁對於此現象一點也不高興。他對別人指責戰鬥機司令部未能提供更多、更完善的空中掩護給敦克爾克地區的人員和船隻感到非常反感。他相當擔憂，戰鬥機司令部現在可能被命令執行更全面的空中掩護，在德軍對英國本土還未實施決定性作戰之前，他將會損失更多的戰鬥機。當英國本土防衛戰展開時，英軍在戰鬥機的數量上將處於絕對的劣勢。

道丁為了使飛行員誇大不實的戰報所造成的欣喜感能減至最低，他的報告指出防禦英國本土所需的「戰鬥機數量幾乎已達最低臨界點」。他警告說，假如戰鬥機司令部防禦英國本土之效能因執行敦克爾克的空中掩護而遭到破壞，「情況將會變得相當嚴重。」他所要說的是，為了順利完成發電機作戰而提供的空中掩護實在太多了；不過，他並不是說只須提供少量的戰鬥機就足以達成目標，而是他認為，最必須優先考量的，是英國本土的空防力量，不能因為執行其他任務而導致其戰力完整性遭到破壞。

邱吉爾對於必須優先考量的事項則有不同的看法。對他來說，讓部隊從敦克爾克撤回英國是當前最為重要的。當然，他也很瞭解道丁的心情以及他所關切的事項。但是外號「鬱悶先生」的道丁，因時常發表過於悲觀的預測而享有「盛名」。艾倫賽在日記中說他是「一個難以理解的老傢伙」。空軍參謀長尼華爾也頗有同感，認為道丁實在是過於擔憂了。皇家空軍將儘可能持續為敦克爾克提供空中掩護，這當然是以理解和認知英國本土空防將不致於遭到剝奪的情形之下為之。

高特當天下午把他那位於內陸的指揮所搬到距離敦克爾克以北十英里處的德帕內海岸附近，總部設立在原比利時的皇家別墅。他的指揮所和橫過海峽、接連布魯塞爾和倫敦之間的海底電話纜線相距不遠，這使他得以保持和英國首都之間的聯繫。高特巡視一番之後，向戰爭部報告說，大約有兩萬名士兵等待撤退，他們暴露在猛烈的空襲之下，而且前景看來是蕭瑟又黯淡。他警告說：「毫無疑問，假如空襲依舊像現在的密度持續下去，這裡將會變成一個殺戮戰場，這樣的情形在接下來的四十八個小時之內很容易就會發生。」

高特要求倫敦澄清之前所下達的命令。他擔憂說，那個可供撤離的走廊的兩側——或當更多士兵因撤離而留下更大的缺口——在他所有的部隊抵達海岸之前就已失守。那麼在撤退行動再更進一步進行之前，防線將遭到敵軍的蹂躪。他很想確切地知道，一旦情況變得更壞時，倫敦對他是抱持著何種期待。是防止有更多的殺戮而向敵軍投降，或是期望他戰至最後一顆子彈為止？為了確保有明確的指示，他必須獲得來自陸軍大臣艾登的電文。

> 我們信心十足地認為，你和由你所率領的英勇部隊將會為了確保我國國家的安全而繼續進行頑強的作戰……皇家海軍正提供一切可能的援救，而在這緊要關頭，皇家空軍也將盡其最大能量提供空中掩護。

這是否意謂著他將必須戰至一兵一卒呢？他還是無法確定。

入夜後進行撤退行動是較為安全，這時的德軍飛機都已落地。船艦能夠輪流駛入港區的東防波堤裝載官兵，而在灘頭的小艇也能夠繼續任務。當天總共有一七、八〇四名士兵返回英國，這大約是沙灘上待撤退士兵人數的三分之一而已，但卻是前一天撤退人數的兩倍。但並不意味著發電機作戰已經脫離失敗的厄運。

新聞大臣古柏最後終於獲得內閣的首肯，開始為英國大眾做好最壞打算的準備。他在當天晚上的廣播演說中，試圖讓民眾瞭解未來將要面對極大的麻煩。

雖然我們的部隊必須從他們現在所據守的陣地撤離，但這並不意味著他們是被打敗的……我們的士兵依然勇氣十足，他們的意志力絲毫沒有受到動搖，每一位軍官和士兵都渴望和敵軍在戰鬥中遭遇和對決……我們都還記得在上一次大戰中那些黑暗的日子……雖然表面上看來似乎已在戰爭中遭到嚴重的挫敗。但事實卻絕對不是如此——雖然當時從各種事件來判斷，似乎看起來相當悲慘，但後來證實是通往勝利之途的前奏……當危險不斷上升時，我們的勇氣也為之增強並且勇敢地與其對抗。

不受英國新聞檢查規範的《紐約前鋒論壇報》（*New York Herald Tribune*）從倫敦發回的報導則顯得更為悲觀。

英國遠征軍……今夜因為挫敗的緣故可能將被拋棄……在如史詩般的悲劇當中，敦克爾克港是脫逃的唯一希望。由於敦克爾克遭到數量上佔盡了優勢的德國空軍之殘暴攻擊，倫敦當局認為撤退英法兩國的部隊是件極不可能的事。於是，在此一悲傷且充滿不確定性的夜晚，英國最精良的部隊將面臨不是被殲滅就是投降的困境。在這個國家裡，沒有人會認為高特將採取後者。

面對這樣的狀況，使人很難不質疑，高特是否在撤退到海岸的過程當中，犯下了悲劇性的錯誤。包諾爾那晚的日記寫道：「可憐的老友，他認為自己的處境壞透了。過去他總是為微不足道的事而煩惱，如今他所承受的重擔是他一生都絕對無法卸下的。英國遠征軍總司令竟然在三個星期之內被趕到海裡！這實在是個令人意想不到的命運。」

第四天　穿越鬼門關

這一天是由悲劇開始的。在清晨天還沒亮的那幾個小時裡，搭載著六五〇名在布雷灘頭由小船艇接駁、登上威克弗號（HMS Wakeful, H88）驅逐艦的士兵，正朝著多佛方向航行。她走的是最長的航線，避開雷區以及沿岸德軍火砲的轟擊。在還沒有走太遠之前，威克弗號船舺被德軍魚雷擊中。隨之而來的爆炸將船身炸成兩半，不到十五秒就沉沒了。搭乘威克弗號的官兵，當時都在下層船艙中熟睡而命喪海底。威克弗號姐妹艦，葛雷弗頓號（HMS Grafton, H89）驅逐艦當時裝載了八百人，也在找尋威克弗號的生還者的過程中被魚雷擊中。葛雷弗頓號在黑暗中緩慢下沉時，還對在附近緩慢移動的一艘小船開火，艦長誤以為那是德軍魚雷艇。前來營救葛雷弗頓號生還者的利德號（HMS Lydd, N44）掃雷艦，也去撞沉一艘令人起疑、後來證明不是敵艦，反而是英軍的康弗特號（HMT Comfort）掃雷艦。當時康弗特號之所以在附近航行，也是為了搶救威克弗號上的生還者。沒有人知道在這一連串的不幸事件中究竟有多少人喪命。諸如此類悲劇性的混亂、誤擊，以及不幸事件，早已成為整個撤退中常見的一部分了。

多佛的發電機作戰總部獲知上述不幸傷亡之前，該處值勤人員早已對可能發生大災難的種種跡象苦惱不已。當天夜晚大約有七十艘船艦橫渡英吉利海峽。有些是要駛往海灘接駁待撤退人員，其他則在防波堤接運人員撤離。可是，那些船隻究竟在何處？它們早該在清晨三點之前就應駛回英國，但到了早上九點卻未返航。這麼說這些船隻要不是被敵軍擊沉，就是已因戰損而失去動力了。假如在黑夜掩護下都已經損失了那麼多艘船，要是在白晝展開撤退行動，情況又將會如何呢？

多佛人員的擔憂不斷地高升，一艘驅逐艦傳來敦克爾克方面的情形或多或少使恐懼感稍稍紓解了。「載運待撤退人員的船隻……在入口由於煙幕的影響而導致導航困難，因此很難進入港區，加上航程中還有敵軍的砲擊與空襲。」原先期望客輪能在日出之前從防波堤載運大量人員撤離，最後卻令人大失所望。同時，一整夜超強碎浪使得原本就夠惱人的情況，更增添小艇人員在灘頭拉人上船的難度。任何一陣北風的吹起，都能使敦克爾克附近海岸興起一股巨浪。停靠在海岸附近的船隻必須等到北風過去，也就是早晨陽光快要出現的時候才能恢復任務。

同時，防禦陣地東面區域的情勢發展，也對整個撤退行動形成新的威脅。德軍在攻佔紐普特不久之後，就把重型火砲移到附近的比利時海岸，迫使在當地的守軍不得不往德帕內方向撤退，德軍此舉也使得位於附近外海的朱德庫特航道（Zuydcoote Pass），也是通往英國的一條較長的航道，處於敵軍砲火射程範圍之內。位於中間的航道成為白天唯一可行駛於敦克爾克和英國之間的航道了，軍方已經完成掃雷，計劃在白晝期間橫渡海峽的船隻都接獲指示要「小心行駛」，這很可能會導致塞船的情形。

不論如何小心航行，還是免不了會遭到敵機的空襲。德軍終於瞭解英軍在沿岸活動的企圖心，比他們認為可能的規模還要大得多。原先他們以為，除了少數英軍能夠順利撤退之外，大多數都將在後有海峽、三面又被德軍包圍的情況下，要不是豎白旗投降就是被德軍殲滅。德軍從空中偵察得知，英軍撤退的決心以及投入的心力都是令人難以想像的。德國空軍再度接獲指令，必須全力應對。德國空軍對那些船隻發動了密集的空中攻擊，而且一直持續到最後一刻為止，所造成的傷亡人數多得驚人。

除了前一天白晝被擊沉的那兩艘驅逐艦以外，另外一艘勇士號（HMS Gallant, H59）驅逐艦被擊傷，之後一次的近爆彈還是讓她退出戰場。美洲虎號（HMS Jaguar, F34）驅逐艦被炸彈擊中後失去動力，最後只得拖回多佛；手榴彈號（HMS Grenade, H86）驅逐艦在防波堤裝載了官兵，啟程前往多佛時被擊中，船身起火燃燒，失去動力、在海上漂浮。手榴彈號在沉沒之前被拖離港區，以免封住入口。最後在港區外爆炸、沉沒，只有少數生還者被救起。

一艘快速砲船、兩艘掃雷艇以及四艘客輪也相繼沉沒。戰損的包括有三艘英國驅逐艦、三艘法國驅逐艦、兩艘掃雷艇，以及兩艘客輪。當時法國還未擬定全面從海上撤退的計劃，但那三艘驅逐艦已加入英軍的撤退行動。在這些戰損但還可使用的船艦當中，有一艘莫那皇后號（SS Mona's Queen（III））。當發電機作戰展開之際，莫那皇后號是第一艘冒險闖入敦克爾克撤運士兵的船隻，雖然在救援行動中戰損是常有的事，但莫那皇后號的情況卻令人有一種不祥的預兆。許多小艇試圖援救海灘上待撤退人員時，遭到轟炸、猛烈的砲擊，或甚至損毀。小艇的殘骸就擱淺在海岸地區，要不是正起火燃燒，就是已遭焚毀，這種景象最容易引發待撤退士兵心裡陣陣的恐慌。

由於情況需要，灘頭這邊有許多的划艇，有的甚至可載運高達三十人，現在都被丟棄在海邊四周。官兵就利用划艇自行划出外海去搭乘等候在那裡的大船。有名海軍軍官報告說：「當這些士兵抵達停泊在外海的大船、登上之後，就任由那些曾經載運他們的划艇隨著潮水漂浮，就連划槳也遺失了，使得她們變得毫無用處。」在焦慮等候救援，和幸運地到目前為止在空襲中尚能生還，再加上終於登上了將駛回家園的船隻，幾乎沒有任何一名士兵願意冒險，將划艇划回灘頭去接運那些並不像他們那麼幸運的士兵。大船上的水手，不但有時必須跟隨著小船的人員來回穿梭於灘頭和大船之間，有時必須運用大船上的砲火對抗敵機。當敵機從地平線上消失之後，他們還有船上的任務待完成，根本無法休息太久。他們也實在是太疲累了。他們當中很多人是自從「暫時用不上」的人員開始撤退的時候，就一直全力投入任務，因此每天的睡眠時間都很少。他們當中有許多人，尤其是海軍艦艇上的官兵，幾乎整個星期都冒著敵軍臨空的危險在執行載運人員的任務。

即使船上有多餘的人手可協助灘勤人員維持井然有序的撤退行動，也並非總是能成功的。當停泊在布雷外海的拜德弗號（HMS Bideford, L43）快速砲船，派遣人員上岸接管沙灘上的撤退行動時……發現這幾乎是不可能執行的任務。沙灘上的士兵飛快地湧向小艇，在淺水就把艇給翻了，然後小艇就這樣棄置在那裡，沒有人打算把小艇扶正後再利用它划出去大船處。

這雖然並非獨立的個案，但像這樣的行為是絕對不會少的。在整個撤退過程中，部隊的行為會根據因其所受過的訓練、個人的行為標準、責任感、軍官在場時的紀律，以及遭遇困境時的情緒反應等而有所不同。有些士兵在搭乘小船抵達大船之前，並沒有像大多數的士兵般登上大船後，將划艇棄置、任其漂浮。他們不但沒有登船，反而還將划回灘頭接運其他人上船。至於在沙灘上等待撤退的士兵當中，也有一些人很有耐心地在零落的隊伍中等待輪到自己時才登船，而不像大多數的士兵那樣，爭先恐後硬把原先排在自己前面的士兵擠到後頭。

根據一些等候多時終於可登船、但又返回沙灘上協助其他人撤退的士兵報告指出，他們在沙灘上並沒有看見任何一起違反紀律的事件。但也有其他士兵堅稱，在沙灘上的每一位士兵都只為了自己。因此，當士兵們爭先恐後地湧向水面並且把駛來的小廳艇給弄翻時，海軍灘勤官會強力介入，通常會需要動用到武器。

> 我拿出我的左輪手槍，對著站在隊伍最前面的那名士兵旁的水面開槍。發出的巨響以及濺起的水花著實讓他們嚇了一跳。我警告他們必須往後退。我說：「假如你們再繼續這樣下去，那任何一個人都休想離開這裡。現在，你們兩個人去把那艘小艇推到淺水中，並且把艇首轉過來背向著沙灘。」一名少校出現了，他詢問到底發生了什麼事。我把經

過情形告訴他之後，他問我想要怎麼做。我告訴他，我想設立兩個登船點，從沙灘延伸到沙丘之間，每六十名士兵為一組相隔站立，一旦敵軍展開攻擊時，能減少死傷的人數。那位少校毫不猶豫地著手進行我告訴他的兩排成組的方法。

沙灘上等待撤退的士兵——不論是紀律嚴謹或早已沒有紀律的士兵——在遭到猛烈的砲轟以及長距離的撤退之後，都顯得極為疲憊和無助。他們迫切地想要回家，他們大部分從觀察德國軍機作戰的情況就知道，即使擠上回國船艦一個得來不易的位置，並不意味著就一定能平安返抵家園。雖然如此，他們還是很想搭上駛往家園的船艦。即使外海漂浮著正起火燃燒的船艦，水面上漂浮著殉難同袍的遺體。事實上，士兵從港區，或是沙灘上被載運回國途中，其身心所受的煎熬，遠比從內陸撤退到沿岸途中遭受空襲都要來得嚴重。部分人有在船上遇到空襲的經驗，更糟的是人在下層船艙內時遇到空襲。

> 凌晨三點，一枚魚雷擊中驅逐艦時，發出了非常可怕的爆炸聲。我想應該是是爆炸的威力把我給震昏了。我知道的第一件事，就是我正搖搖晃晃地在黑暗中摸索，試圖找到船艙的門。整艘船搖晃得很厲害……找到逃出船艙並可前往甲板的路對我來說，簡直就像是一場惡夢。四周的環境一片漆黑……過了不算短的一段時間之後，我才突然想到，或許我們當中還是有人能夠抓住逃生的機會。不過，後來不知怎麼著，我又覺得其實這也不是很重要。大災難的景象……仍然正試圖穿透我的腦部表層。我記得在美國的電影中曾看過類似的情景。賈利．古柏（Gary Cooper）總是能想出解決之道。

許多士兵從德軍的包圍圈脫逃，以為這下子可以安全返抵家園，後來發現，他們自己正在英吉利海峽為自己的性命向前划行。許多參與援救行動的商船水手，擔心自己會喪生在海峽的海底墳場，部分人往返一次之後，就把船停泊在英國的港口，拒絕再度回到對岸接運。至於新近被徵召的船主在知道所須執行的任務竟是充滿了危險的時候，都嚇得不願上船。他們的工作必須由海軍來接手了。能操船的海軍後備役人員不足。不得已，海軍岸勤人員和海軍學生兵只好緊急投入任務。

歷經半個世紀之後，英國國防部還是拒絕公開那些不願參與以及選擇不參與行動的人士和船隻的相關資料。事實上，在那一段日子，還是有一些民間船員以及海軍官兵，展現出非凡的勇氣和無我的精神。雖然不斷遭到敵軍魚雷和戰機突如其來且驚心動魄的攻擊，他們還是駕著船隻快速地穿越在英吉利海峽兩岸之間將士兵載離。他們經常毫無畏懼地前往援救被敵軍擊中的其他船隻。當葛瑞斯菲特斯號（HMS Gracie Fields）掃雷艦從德帕內海灘載運了七五〇人，朝著英吉利海峽對岸航行遭到敵機的轟炸之後，它的上層甲板充滿了由破裂管子裡所冒出來的蒸氣，方向舵鎖死，致使船身不斷原地打轉。兩艘平底船船長在不顧自身和船隻安危，設法將葛瑞斯菲特斯號的船首和船尾繫緊，解救和接過船上的士兵。潘伯恩號（HMT Pangbourne, J37）掃雷艇，當時因近爆彈造成十三人殉職，船上的羅盤失靈，但還是駛近葛瑞斯菲特斯號，希望能救起生還人員，並希望把船拖回國英格蘭。不過，最後都功虧一簣。

其實，僅是停留在敦克爾克附近，就如同歷經神話中的地獄之旅。奧瑞王號（RMS King Orry（III））武裝郵輪於當天傍晚大約六點左右抵達敦克爾克之後，很快就發現港區內其他所有的船隻都陷入火海。而她本身也遭到俯衝式轟炸機的攻擊。在遭到重擊和嚴重損毀之後，奧瑞王號面臨了將沉沒在港區入口處而阻礙救援行動的危機。不過，幸好船員努力使她保持浮力，並且在沉沒到海底之前駛離港區。

雖然德國空軍的攻擊行動持續而密集，皇家空軍的戰鬥機司令部還是固守著其原有的策略——節約使用戰鬥機中隊，以便德軍對英國的城鎮和飛機製造廠展開大規模攻擊時，能夠與之對抗。但是，第十一大隊大隊長派克少將卻一直不斷且迫切地尋求能改變空中掩護的戰術，原先的戰術使他的戰機無法有效地和德國空軍對抗。不過，如今已能對整個戰局採行較為實際評估的戰時內閣，不得不接受「戰鬥機司令部已無充足的戰機可用來執行持續不斷的空中掩護」的事實。原先戰時內閣認為發電機作戰只能持續兩天，因此才會做出持續不斷的空中掩護之命令。戰時內閣現在已經同意，持續不斷的全面性空中掩護，只有在較不重要的時段才能實施。

對於在沙灘上待撤退的士兵以及前往搭載他們的船隻來說，除了在夜晚時段或許會對敵軍的空中行動稍微限制到之外，根本就沒有所謂的「較不重要的時段」。不過，空中掩護戰術的改變，也意謂著戰鬥機司令部將可以開始派遣大編隊的巡邏機隊——每次最多可達四個中隊——能較有效地和德國空軍大規模的攻擊機群相互較量。結果造成了各梯次巡邏的相隔時間拉長，有時候是令人難捱的一個小時，甚至有時還超過一個小時。而在相隔的時間當中，敦克爾克上空根本就沒有英國戰機。德軍戰機在當天中午和夜晚之間對載運船隻的五次集中式攻擊行動中，有兩次在空中完全沒有遭到英國戰機的抵抗。但皇家空軍還是聲稱，當天在敦克爾克上空擊落了六十七架德機，英軍只損失了十九架戰機。這是一個極為誇大不實的數據。德國空軍當天在法國和比利時上空，總共只損失了十八架戰機，其中有些還是在敦克爾克上空被皇家海軍的防空砲火所擊落。

由於噴火式和颶風式戰鬥機以大編隊執行巡邏，因而較為有效遏止德軍戰機對地面官兵與船艦的攻勢。更重要的是，戰力更強的英國戰機的出現，對德軍飛行員和機組員的士氣、信心，以及戰技都造成重大傷害。自從開戰以來，德國空軍已經將近三個星期夜以繼日地執行任務。原先體能就已瀕臨完全崩潰的窘狀，如今還得面對這段時間以來最為強大的對手。但灘頭上等待撤退的士兵看見前來援救的船隻在海面上被炸毀，登船的士兵在返回英國的船上也會遭受空中的攻擊，使他們的悲痛日益加重，也開始認為皇家空軍怠忽其應盡的職責。當中只有很少人瞭解，要不是皇家空軍的戰機數度衝散德軍轟炸機的空襲編隊，在沙灘和海面上的英國士兵和船隻將遭到空前的大災難；加上皇家空軍轟炸機數度攻擊內陸的德軍陣地、補給線，以及彈藥庫，德軍才難以整合起來閉鎖英軍賴以脫逃的那個缺口。但皇家空軍官兵反而在倫敦的酒吧被剛從敦克爾克返國的士兵咒罵和痛打，生氣地指控皇家空軍是那麼寡廉鮮恥地讓人失望透頂。

當這一天漸趨尾聲之際，沙灘以及沙丘後面的區域逐漸變得擁擠。英軍先是以數以千計，接著又以數以萬計的情況蜂湧而至。

在往海岸撤退途中，我們認為海軍應該不致於像陸軍那般笨拙地造成混亂。我總是存有幻想，海軍早已準備重兵在等候著我們，在後方建立火網保護著我們。想到就讓人感到安心。

雖然進入包圍圈的士兵大多是步行而來，也有許多是搭乘各式各樣的車輛抵達。包括載運著補給品和裝備的救護車、卡車，也有其他車輛是自己摸索著抵達海岸的，都是躲過憲兵為控制交通設立的檢查點後到達的。防禦陣地著重維持強大的防守兵力，因此指揮部只能派遣有限的官兵來維持交通。有些士兵是一路上或掛、或站在軍用卡車的兩側，有些則是坐上被強徵的車子。還有一些士兵是使用不是那麼傳統的交通工具：有的騎著在路上發現的腳踏車，有位士兵開著一台比利時垃圾車，有些人騎上軍馬，也有的是從農家那裡找來的馬兒。

法軍也開始大量湧入敦克爾克包圍圈。當他們行經英軍交通管制點時，也被要求必須丟棄車輛、徒步前進。法軍對於在自己的國土，竟然還必須聽從外國人的命令可說一點都不領情。兩方人馬相互向對方提出警告、用槍枝指著對方威脅，引發了非常強烈的反彈情緒。法軍雖然因為敵軍的入侵而被迫脫逃，但心中仍舊意志堅定地想要奮戰到底，當他們看見自己的軍用設備遭到摧毀時，認為是對他們軍事上的無能另一次羞辱。

在前往海岸地區時，雙方的磨擦已日益形成。英軍不斷抱怨法軍根本無法維持必要的道路紀律，他們駕車橫衝直撞，無視於當時路況，更遑論要求其遵守先前約定好的協議。他們當中絕大多數人對於兩國高階將領間的協議要不是一無所知，就是大力撻伐。法軍提出嚴正抗議，認為英軍以高壓姿態制定的規矩，根本就是把沿岸地區當成自己的領土。一名法國軍官的日記寫道：「又發生交通阻塞了，範圍長達一英里……英軍把該處所有的通道都阻擋了，如此他們自己的車隊能從容不迫地通過。法軍簡直要發狂了。有些射手甚至說要拿英軍來做訓練射擊的對象。」

當法軍終於抵達海岸時，不僅身心已很疲憊，當他們看到英軍只為了自己官兵的安全作著想以後，更感到憤慨不已。法國軍官向巴黎抗議，法國官兵在敦克爾克受到英軍種種的不平等待遇，法國政府也以此向倫敦提出抱怨。對於許多法軍官兵來說，不僅是英軍在面對敵軍的挑戰時就發瘋似地逃往海邊，還理所當然地把沿岸的公物給據為己用。一名法軍上校在憤怒地拒絕聽從英軍的交通管制以後，竟然被對方以槍口指著、雙方人馬不得不把彼此給拉開。雖然不曾有因維持紀律而導致開火的重大事件，但有名英軍士兵日記中寫道：「有一支大約二十名法國士兵組成的隊伍，或許是不習慣英軍的排隊方式，竟然衝向海邊，而且還搶到一艘划艇。他們爬上划艇之後奮力向外划去，距離沒有多遠，立即被一名海軍水兵的布倫輕機槍給開火制止了，划艇在海面上翻覆後浮沉著，附近還見可以到幾具遺體。」

無可否認，這是一個屬於英軍的行動。法軍的單兵或小股部隊（連同一些比利時和荷蘭官兵）輪到他們登船時，不是被趕就是阻擋。法軍指揮部還期待安排更多人撤離，一些還有組織性的官兵都已撤退到沿岸。當天陸續趕抵沿岸的法軍，卻為負責維持撤退行動秩序的皇家海軍帶來難題。為防止出現混亂局面，最後只好把馬洛的部分灘頭轉供法軍專用。此外，英軍也呼籲法軍應派出更多船隻撤運自己的部隊。

法軍官兵對於英軍佔用其國土的海灘大表氣憤，其原因是可以理解的。但是，除了少數法軍高階軍官外，很少基層官兵了解，高特其實花了兩天半的時間，試圖規劃出英法兩國部隊進行同步撤退的步驟，後來發現法軍根本無意撤離。就在當天早上，阿布瑞爾海軍上將還「發了一場火」，英軍並非只是執行一場特定人數的小型撤退行動，作為該地區同盟國最高指揮官的他，巴黎並沒有通知他英軍將進行一場大規模的撤退行動。阿布瑞爾當時還是意圖能「據守敦克爾克，直到戰至最後一兵一卒以及最後一發子彈為止。」他認為英軍應協助他執行這項任務。

高特不但惱怒，也感到百思不解。時間都已經不夠用了，能再牽制住德軍的時間已經不多。來自倫敦的那些命令早就顯示出，有考慮將有意撤退的法軍也一併列入英國的整體撤退計劃裡。身為該地區法軍最高將領、很少走出位於地下的碉堡的阿布瑞爾來說，他的一舉一動似乎暗示同盟國的計劃應該是堅強地據守，並且勇敢地面對腥風血雨的大災難。

高特要求倫敦告知他該如何處理這種狀況。雖然他無意促成，但高特特別要倫敦給出明確的答案，是否該提供英國船艦撤運法軍。他明確地指出：「船艦上每登上一個法國人，其實就是取代了一個英國人。」戰爭部的答覆，正是他所想要獲得的答案。

「不應做出任何與協助法軍撤退有關的事」此舉可能會使人誤認為英方和法方之間缺乏合作的基礎。您的命令如下指示——將英國遠征軍的安危列為首要考量——是極具價值的。我們有充分的理由相信，法國海軍總部刻正採取行動，為法軍提供撤運船艦。一旦法國船艦前來載運其本國官兵時……英軍和法軍將公平地使用各項設施。無論如何，在法軍船艦出現之前，你有權運用英國船艦只載運英國官兵。

上述這段話聽起來相當直接。但是在這麼複雜的行動過程中，要說不會有什麼麻煩的事情出現是不可能的。法軍最高指揮部終於在這一天同意法軍的撤退。邱吉爾為了提振法軍抵抗到底的決心，發出一則呼籲團結的電文給法國總理雷諾：「我們希望法軍盡可能地撤出官兵……我們並不知道有多少人會被迫投降，但兩國應該儘可能共同承擔這次的損失，最重要的是，絕不能因為發生了無可避免的困惑、壓力，以及勞累而相互指責對方。」即使法國海軍只有六艘軍艦前來參與撤退工作，事情還是沒有那麼容易可以達成。

由於通訊中斷，英軍對於奮勇抗敵的法軍堅守著右翼陣地一事知之甚少。即使如此，英軍將領也沒有理由去修正他們的看法，即法國人的不稱職是使同盟國陷於困境的最主要原因。當時即將交出第二軍指揮權，並從敦克爾克返回家園的布羅克將軍的日記寫道，法國軍隊已變成「一群烏合之眾……每當德軍戰機臨空就會顯得驚惶失措的樣子。」

在巴黎的史皮爾斯，持續報告巴黎日益高漲的失敗主義觀點。還有役齡內的法國男子還未被動員以因應敵軍的威脅，因為後勤單位已經沒有庫存的制服和槍枝供應給他們。這實在是一件「非常荒謬的事件」，雷諾大叫地說。魏剛則說：「英國政府應該瞭解，當法國在極不願意的情況下發現自己已無力抵抗敵軍、保護自己的領土時，英國遭遇相同下場的時間也應是為期不遠了。」從魏剛上述聲明，委實很難令人獲致任何的自信心。

令人驚訝的是，雷諾在考量戰況的發展之後，突然再度表現出一絲的希望。這位從極度沮喪的深淵中爬起來的法國領袖，現在似乎又興起了一個信念——雖然北方戰場失利，但還是可望在南方戰場中揚眉吐氣。他要求正準備從敦克爾克撤離的英軍，不但應儘速編成作戰單位、運回法國，若再連同開戰前就在法國訓練的那三個英國師，將足以和敵軍對抗。雷諾更進一步呼籲皇家空軍的轟炸機司令部及戰鬥機司令部，應投入更多的資源在法國戰場上。雷諾已經下達命令給法國各空軍基地，必須完全配合英國飛機的進駐。

不論雷諾究竟是為了何種理由而突然提振了起來，邱吉爾此時已被迫面對事實，法國的投降是早晚的事，到時候將會有一個和希特勒密切合作的法國政府取代雷諾政府。雖然邱吉爾希望法國支撐得愈久愈好，但他還是示意在巴黎的史皮爾斯，一旦他必須向法方透露英國在法國投降之後的作戰計劃時，不應該過於詳細。

譬如說英國正在為緊急狀態來臨時的準備工作，一旦必須為國家的獨立自主和生存作戰時，確保來自國外的補給能源源不斷地運到英國。英國一半以上的食物以及大多數的原物料都是從境外進口的。他們必須確保運輸船團可以順利抵達英國。計劃是要將所有物資改在西岸港口卸貨，那邊是距離被納粹佔領的歐洲最遠之所在。在公海出現的德國潛水艇極具威脅，所以在發電機作戰期間派出大量驅逐艦，對英國的海運來說是一個很大的賭注。但大多數的看法認為，假如進口量能保持百分之六十的水準，英國「應該就有足夠的食物填飽肚子、足夠原物料滿足必要的武器生產。」至於諸如「香蕉和小孩玩具」等物品則要減量進口。

更急迫的，是要做好擊退德軍入侵的準備。戰時內閣提出的提議當中有些聽起來是稀奇古怪的，這也正暴露了英國本土防衛的諸多限制。例如，首相提議把過去戰勝後當成戰利品的德國老舊大砲，考慮轉作戰防砲佈防在英國的沙灘上。由於槍械短缺，有人建議把博物館裡的長矛和早期的武器配給本土防衛軍，至少有武器給他們操練用。

英國人一直擔憂說德國人可能已經研發出某些新型武器。每一天都有新的謠言傳出。其中一則謠言是德軍將採用某種生物戰——德國科學家創造出的雜食性蚱蜢，將成群散佈到英國的農場，逼使英國人受饑餓之苦只好投降。另一謠言是德國已研發出像鴕鳥蛋大小、極具毀滅性的炸彈。這種炸彈是能使大砲失能的神奇裝置。謠傳比利時就是被鴕鳥蛋炸彈攻擊，所以才會這麼快就投降。

負責英國本土防衛的部隊被告知，要提防敵軍來自海上的大規模登陸行動。德國將會集結高達兩百艘之多的快速動力船，每船載運了一百名全副武裝德軍，同時對英國海岸眾多不同的地點發動攻擊。這種最新型的動力船，很可能直接衝上岸後才開始把士兵給卸下。這種攻擊行動若再配合在內陸的轟炸攻擊，將使英國本土防衛部隊難以同時應付。參謀首長會議語氣透露出不祥：「我們並不認為僅通過海軍或空軍的戰鬥，就能夠防止類似的登陸行動。」

雖然邱吉爾本人對於相關威脅和其他危機知之甚詳，但他還是想極力防止失敗主義侵蝕英國人的士氣。要是敦克爾克的情勢仍然沒有好轉的話，英國人的士氣將很容易受到打擊。他相當清楚，假如德軍的無敵形象進入英國人的心靈，那麼恐慌的情緒將如同瘟疫般迅速地傳染。他在當天發出的指令可以看出，他把政府官員的態度和心境視為最重要的一環。

> 在這些黑暗的日子，假如政府裡所有的同僚以及高級官員都能在自己的崗位上保持高昂的士氣，首相將感激不盡。首相的意思並不是要我們低估各種事件所帶來的危機感，而是希望我們能信心十足地把自己的能力和決心表現出來。一定要持續地奮戰，直到敵人將整個歐洲置於其統治範圍的野心被粉碎為止……不論歐洲大陸的戰況如何演變，我們除不能對我們的職責有所懷疑之外，還應該運用所有的力量來防衛英倫三島以及歐洲大

陸。

人們對於戰爭應該再付出更大的心力。不僅應鼓勵軍工廠工人更加努力生產，全國也應該儘可能地提供戰爭所需物資。泰晤士河畔昔時用來監禁人犯的倫敦塔裡，古代的加農砲早就不適合用來當做武器，因此要拿去熔化、製作成炸彈和砲彈。許多城鎮的公園和廣場的鐵欄杆，公園露天演奏台的鐵製用品也都要取下運往熔煉爐裡。此外，官員們基於安全的理由，認為是時候將國家美術館以及皇家典藏館的珍貴收藏運往加拿大保存。

此刻在他位於德帕內指揮所的高特還是無法確知，一旦德軍突破了防線以後——這種情形隨時都可能發生，倫敦期望他如何因應。在戰爭部裡，帝國參謀總長狄爾將軍擔心，高特有可能錯誤解讀前一天傍晚發出的那一則模稜兩可的機密電文，以為是要他不計傷亡代價，誓死奮戰到底。哈利法克斯建議應該明確告知高特，假如戰鬥到底的結果是他的手下將遭大屠殺的話，那麼，「放棄拼搏」——也就是投降——並不是什麼不光彩的事。

邱吉爾卻不以為然。他認為若下達這樣的指令，將只會使高特更為不知所措。這會使高特對自己處境的理解變得更複雜，就在他要為自己做出必要選擇之前，給他這樣一個困難的選擇是錯誤的。邱吉爾認為不應下達明確的指示，他覺得任何一位勇者在極為困頓的情勢之下，必定會運用自己的判斷力來做最佳的選擇。高特目前正處於這樣的情勢當中。邱吉爾堅稱，在那一封送給高特的機密電文中並沒有暗示，一旦英國遠征軍在缺乏食物、飲水、彈藥，或是在完全沒有救援希望的情況下仍然應該繼續戰鬥。邱吉爾當時還是沉醉在無可救藥的樂觀情緒當中，他認為不過早告知高特他或許可以向敵軍投降的方式，很可能可以使敦克爾克再多支撐一天，而若能多支撐一天，就意謂著能多運送四萬名士兵回國。因此，究竟該如何因應，將完全交由高特來決定。邱吉爾在當天傍晚發出的私人電文中也如此告知高特。

假如你和我們之間的通訊完全中斷，根據你的判斷，認為再如何也無法從敦克爾克港區及沙灘上撤離的話，而你無法對敵造成更進一步傷害的話，那麼將交由你來全權判斷和決定。英國政府確信，英國陸軍的聲譽並沒有因此而玷污。

高特相當感激邱吉爾發出的那一則私人秘密電文。在指揮了幾場英國軍事史上重要的戰鬥但都落敗之後，高特真的非常需要那樣的電文。不過，他還是和先前一樣，無法明確地知道究竟是否要奮戰到最後一刻。為何要強調英國陸軍的榮譽？難道英國陸軍的榮譽比士兵們的性命還重要？

通往海岸的道路擠滿了英國士兵。其中一人日後回憶說：「每一條路上都可以看見成堆的車輛和士兵，由撤退人員形成的數條延綿很長的行列，都朝著同一個焦點——敦克爾克——匯集，造成一幅極為奇特的景觀。除了戰車之外，包括救護車、貨車、卡車、布倫機槍運輸車，以及火砲車隊等，都在平坦、毫無特色的鄉間道路上醒目地緩慢爬行……由於塗上了灰色的偽裝漆，若從遠處眺望，實在像火山爆發後，土色岩漿形成的緩慢流動之河。在最後階段，也就是他們把車輛給摧毀之後，雖然身心已是極為疲憊，成千上萬的人還是朝著海岸前進。

疲倦像木板打到頭上般地困擾著我們（有名冷溪近衛團軍官如此說）。當我往前行進的時候，我的雙腿還是保持著靠攏的姿勢，雖然我知道自己看起來像極了酒鬼。過了一會兒，覺得想嘔吐，最後只好脫隊了好數分鐘。當我們停下來準備休息十分鐘的時候，我把整個身體平躺在溼冷的路上，終於真正休息了幾分鐘。

許多單位還是保持著完整的隊伍，有些抵達包圍圈之前都還一直保有自己的交通工具。有些精銳的步兵單位，雖然曾經過激烈戰鬥又損失慘重，但他們還能保持整齊的縱隊隊形行進。但是，有無數連級和排級部隊，在過程中有的與單位失散，有的是整個部隊完全被瓦解的。為數眾多的士兵要不是獨自行走，就是沿途加入其他的隊伍，有時當中的成員根本不熟識。不論是軍官、士官，或是一般的士兵，都拖著沉重的步伐一同向前行，其中許多人使用樹枝當枴杖。他們都朝著敦克爾克的方向匯集。

即使已經穿過包圍圈的防線，一股往前推進的動力使得他們即使在夜暮低垂時，還是不敢放慢腳步。他們必須要去到數英里外的海灘，才能上船、回家。

我們繼續朝著馬洛的方向前進。在穿越鐵道之後又經過了羅森達爾（Rosendaël）的殘破街道。當地的斷垣殘壁豎立在我們身邊，好像是某種逝去的古文明遺跡……街道上時常快速地閃爍著令人百思不解的影子，他們在殘破的門口進出，然後消失在角落裡。原來是一群徬徨的當地居民，他們在敵軍迅雷不及掩耳的攻勢中，被迫躲藏到地下室。還有一些趁火打劫的人，以及可能的間諜。

到了五月二十九日黃昏，也就是撤退開始的第三天之後，英國遠征軍幾乎所有的部隊都已經完成撤退的路程。除了一些落後者之外，英國遠征軍已完全進入敦克爾克包圍圈內。據守撤退走廊的部隊，在付出慘重傷亡代價之後完成了任務，存活下來的人如今也撤離了。對於許多人而言，大逃亡似乎只不過是一個希望而已。

當他們抵達撤退走廊的盡頭時，舉目所見令人感到失望。他們從遠處就可看見敦克爾克港區內起火的油庫冒出的陣陣濃煙。

那個高掛在天空的煙幕就好像是死神伸展著翅膀。至於煙幕下方，是聳立在地平面和較為底部的黑暗邊緣地帶上，遭摧殘的建築物和教堂的剪影，像極了可置人於死地的翅膀。在這些巨大的黑色剪影之間，橘色火焰所形成的長條形火舌正吐向天空……這是一個非常可怕的景觀。不過，就一個才剛逃出敵軍包圍圈的逃難者來說，這可是一點也不壯觀。我們似乎正朝著大滅絕的方向前進。

在避開一幕如同地獄般的景象之後，來到了沙灘上。但是，在這裡所看見的人性表現——大多數人爭先恐後，聲稱自己擁有登船優先權，似乎使人預先嘗到了即將毀滅的滋味。那些在不久之前才和德軍交戰過的部隊非常清楚，敵軍的前鋒部隊應在後面不遠處。由於一直受到德國戰機的攻擊或是威脅，瞭解他們的自身安危仍舊是個問號。等待撤退的人員中，絕大多數都是之前在周邊陣地防禦敵軍的部隊，一旦他們抵達海邊以後，除了在沙灘或沙丘上找個地方等待以外也沒有什麼事可做了。有些必須在那裡等待高達四十八個難熬、折磨人的小時，有些甚至還要等待更長的時間。

沿著海岸線放眼望去，以前原本成排的渡假小木屋，被棄置不用之後，如今只得斜放在沙丘的後面。在某些地方的渡假小木屋是直接面對著沙灘的。許多已被炸壞，其他的則只有輕微的損壞。有些士兵在小木屋裡安頓下來，希望在這裡可以避開空襲。

在這些面對大海的小木屋地下室，我們找到了藏身之處……藏身這裡本就是很正常的選擇……其中有個受到驚嚇的人，他根本就不想離開這裡。我問他：「難道你不想回家嗎？」他的回答是：「不，我只想待在這。」

當沒有空襲而且看起來又似乎無法立即登船的時候，有些人為了解悶，就湊在一起組隊在沙灘上踢足球。大家也建立了默契，不踢球的時候，大家可以回到原先排隊的位置。也有一些人四處來回走動，也許是想看一些別的景色，也許是為了伸展一下雙腿。至於一些冒險心較重的人則慢慢走回沙丘之後的市區，到被棄置的飯店、商家，和咖啡店裡找尋食物和飲料，但大多都已被洗劫一空。有位士兵跌跌撞撞地走到布雷村，看見那裡的法國部隊當時正圍著一團大火煞有介事地烹煮食物。當他靠近的時候，他們邀請他一同享用。其實他們只有烘豆配香檳酒而已。不過，他已經是夠幸運了。有些人直到登船後才有得吃，更多的人直到在英國靠港上岸後才進食。

當船隻或小艇載運人員的時候，登船隊伍的移動速度緩慢，使得距離防波堤或岸邊很遠的人感到不耐煩。對於岸上等待撤退的大多數人來說，在輪到他們登船之前，雖然敵軍空襲以及既期待又須面臨現實狀況令人感到苦惱，但也是在那裡等待而沉悶得令人害怕的日子當中，唯一能使人感到刺激的時刻。

雖然高特曾多次警告德軍隨時都可能突破防線，雖然海空軍的損失極為驚人，雖然由民間客輪負責白晝在防波堤撤運忽然中止，但是倫敦以及多佛的發電機作戰總部，於當天終於逐漸地體認到行動看起來不見得會完全失敗了。至目前為止，載運返國的部隊人數已遠超過行動最初的設想。當天早上，英國遠征軍撤退人員是以每小時高達兩千人的速率從防波堤登船。

另外，縱使高特曾提出不祥的預告，但從所有的報告中顯示，防禦陣地仍然可以守得住。

許多人都認為，再守住一天或甚至是兩天都是有可能的。如此撤退的速度也應該可以相對的加快。英國遠征軍可能會損失半數以上的想法，這個情景令人想到都覺得非常可怕。但目前還可能從包圍圈當中撤出數萬人回到英國。敦克爾克地區實施更緊密、有效的組織動員，因為在過去幾天的撤退當中，不但發生了許多錯誤，也喪失了很多機會。很多船隻在港區外海等候進入的時間過久，同樣地，也有許多船隻停靠在防波堤的時間過久。整個延綿相當長距離的海岸線裡，有些船隻無謂且危險地在沙灘外等候，相形之下，較為遠處的沙灘上所聚集的待撤退人員卻並不多。結果，有些船隻是在沒有滿載的情況下回到多佛。

坦南特上校和他的岸勤工作小組成員自從兩天前抵達之後，每天的睡眠時間就少得可憐。在戰時監督和控制軍隊的撤退行動著實是一件艱難的工作。坦南特需要協助。當天下午，海軍總部參謀、前戰鬥艦艦長弗狄瑞克．威克渥克海軍少將（Frederic Wake-Walker）被指派前往敦克爾克協助，俾使撤退行動的速度加快。他並不會取代坦南特，後者還是繼續擔任海軍在陸上的指揮官。威克渥克的任務，是負責指揮「返航船艦、以及停泊在比利時岸外的船艦」。他將負責指揮那些從英國來的船艦要駛往哪個方向。英方之所以設計出「比利時岸外」這個名詞，如此威克渥克就無須受到在敦克爾克的阿布瑞爾海軍上將的指揮——當時他仍舊是法國西北海岸地區同盟國的指揮官。當他在執行自己的任務時候，由於不會受到阿布瑞爾的注意，因此也就不會更進一步地激怒早已生氣不已的阿布瑞爾。

威克渥克此行還帶了兩名海軍高階軍官，他們將分別負責德帕內和布雷沙灘外海的撤退行動，以及由軍官和士兵所組成的一個小隊，他們將協助維持沙灘上待撤退部隊之紀律。雖然紀律不佳還是個令人頭痛的難題，而且到行動結束之前都仍將是個難題。但是他們遭到的難題，將比早先在海岸工作的海軍人員較易解決。原先群集在沙灘上、雜亂毫無組織的部隊，如今大多數要不是已被載走，就是已變得井然有序。不久前才剛從內陸抵達的部隊，絕大多數都屬於紀律嚴整的戰鬥部隊和其附屬單位。更重要的是，軍官們也逐漸展現其該有的權威。

正當我們自以為已輪到我們登上下一艘返回來接駁的划艇時，有一名軍官從槍套拔出左輪手槍跳進水裡，然後命令我們這一組人員退到隊伍的最後面，他大聲地斥責我們，說我們不應插隊在別人面前……我們這一組人對於此種不平的待遇感到不滿，和他激烈地爭論。那名軍官威脅說要射殺我們。我認為他和其他的軍官們都不是鬧著玩的。我們在極為沮喪的情形下，不得不離開水面，拖著沉重的步伐往人群集中的沙灘上走。

更多小艇抵達投入載運人員的工作，其中包括一開始就按耐不住待的登陸小艇。雖然當時只有八艘，但發電機作戰總部答應將會有更多。海軍總部為了因應海峽對岸的苦苦懇求，命令小艇儲備處徵用更多「合適的動力船隻」，立即從英格蘭的更南端和東海岸，也就是從樸資茅斯到雅茅斯（Yarmouth）為國服務。

由於有希望能載運更多數量的部隊，海軍總部在當天就決定要能夠落實。在參與行動的各型船艦中，驅逐艦載運返國的總人數是最多的。驅逐艦是所有參與的船艦中，配備最精良、能擊退德軍來自空中和海面攻擊的同時，還能急速奔跑於英吉利海峽兩岸之間的。不過，在當天行將要結束時，海軍總部卻下令，所有現代化的驅逐艦全部退出撤運行列。

在當天天黑以前，總共有十艘驅逐艦沉沒或待修，可能是因為擔憂會損及英國本土的防衛能力。假如戰損數字持續下去，英國的現代化驅逐艦數目將大幅削減。同樣的推理也限制了皇家空軍在敦克爾克上空作戰的戰機數量。英國必須擁有足夠強大的海軍軍力來擊退敵軍的入侵行動和保衛海上交通線，假如海上交通線無法掌握的話，英國將無法存活。

雷姆賽中將被告知，他能夠繼續使用剩下來的十五艘較舊型的驅逐艦，以及其他任何一艘他能召集的船艦。但禁止讓現代化的驅逐艦持續穿梭在危險海域，當然更不能將它們靜止不動地停泊在敦克爾克港內載運人員，此舉無異將她們成為敵軍最佳攻擊目標。海軍總部表示，雖然令人感到遺憾，卻不得不這麼做。

命令之所以那麼輕易就做出了調整，是因為工作繁重的登船督導官，對現場的危險程度作出了錯誤的判斷或計算所導致的。當天傍晚有一名岸勤小組軍官，從位於德帕內的英國遠征軍總部傳送電文到戰爭部和海軍總部。他因受到「當天數起事件所造成的影響」，所以把現況回報給倫敦。電文是說由於遭到敵軍猛烈的轟炸，使得敦克爾克港嚴重阻塞。換句話說，已經不可能從港內的防波堤讓人員登船了。

可是事實卻並非如此。雖然港區內四處散佈著燃燒船隻的殘骸，可是並未嚴重阻塞。防波堤和先前一樣都一直那麼好用。不過，多佛港和敦克爾克港的登船工作人員之間的通訊則極不理想。和敦克爾克那一端的無線電聯繫只能在驅逐艦停靠在防波堤時才能進行。由於無法從敦克爾克或其他管道獲得證實或否認，而且也未曾想像如此一個重要的電文竟然會出差錯，尤其還是經由戰爭部和海軍總部傳送，使得發電機作戰總部毫無選擇地只能命令船隻不得再進入港區。他們又再度被受限於只能使用較不具效率且更耗時的方式——船艦停泊在外海，小艇前往沙灘接駁人員。結果，在當天其餘的時間以及午夜之後的時間，只有五艘小船進入港區撤運了數百人，而不像先前大船停泊在防波堤般，運送數千名待撤退人員。

從早上於港區登船速度加快的情形來看，使人充滿希望地認為當天將可運送五萬至六萬名人員出來。就因為錯誤的報告，當天只有四七、三一〇人返抵英國格蘭——其中三三、五五八名從港區，二二、七五二名從灘頭撤走。行動開始至今，總計撤走了七二、七八三人。這比原先預估的要多出許多，在敵軍的攻勢終結發電機作戰之前，雖然時間所剩不多，還是可以有所作為。

這些被撤回去的官兵在回到英國時，都會受到英雄般的熱烈歡迎，但前提是要生還的。當他們興高采烈地在多佛、蘭斯蓋特、希爾尼斯（Sheerness），以及其他英格蘭東南部的港口登岸的時候，就會收到三明治、紅茶、啤酒，以及香煙等慰勞品，之後就匆忙搭上等候在旁的火車廂。在前往聚集中心途中，每當在火車站停下時，就會受到當地民眾的歡呼喝采。他們抵達英國各地的聚集中心之後，將換發新的衣物、休整，接著又將被送往各地的營區重新整編。

邱吉爾傳話給雷諾：「一旦我們重新整編撤出來的官兵，會先編成必要保衛英國的部隊，使不致於受到敵軍的威脅，或甚至入侵，之後我們將建立一支嶄新的英國遠征軍，並將其派遣到法國作戰。」不過，這個過程所消耗的時間遠比英國首相所估計的還要長得多——長達四年多的時間。

第五天　迷你大艦隊

那裡的船隻正在下沉。敵機又臨空俯衝轟炸。士兵們接二連三地掉落到水裡。有兩名士兵抬著擔架走過來，上面躺著的是其他弟兄的遺體。他們在沙丘和沙灘交界的地方停下來，把擔架垂下放在地面，用槍托鏟出了一個墓穴。接著他們就埋葬了那位死去的袍澤。沒有人知道他們抬著他的遺體走了多少英里遠的路，但他們已盡最大的力量使他更能接近家鄉。他們用沙子覆蓋了他的遺體之後與他道別，接著立正、向他敬禮。然後，他們沿著沙灘走向排隊的地方。

英國大眾對於英吉利海峽對岸的戰況並不清楚。法國方面有報告指出，自從開戰以來，已經有兩千架德軍戰機被擊落，這使得英國大眾覺得頗為欣慰。後來媒體也公布皇家空軍被誇大的擊落數。事實上，戰況已經極為吃緊，布倫和加萊已落入敵軍手中，比利時已經投降，而且皇家海軍的軍艦也有數艘已沉沒海底。雖然大眾並不瞭解英國遠征軍正被趕到海邊——英國國家廣播公司只說有許多「並沒有直接參與作戰的部隊」已經從法國撤離——有不少人已經知道，英國遠征軍已撤退到法國的海岸，而坊間也謠傳回到多佛及英國南部海岸許多港口、為數龐大的士兵都衣衫襤褸。

新聞檢查使得撤退行動無法被報導，不過發電機作戰結束後，新聞檢查也立即放寬，地方報紙就根據民眾的描述，報導那段期間從敦克爾克返抵國門的落敗部隊模樣。「那些疲憊、邋遢的部隊拖著沉重的步伐前往（在多佛）等候的巴士，要去火車站搭乘在那裡等候的火車……」。佛羅以德（Florid）的散文有時更能清晰地呈現整個景象。

在身上沾染了海水、臉上留有戰火煙硝味，飢餓和口渴造成難以用言語來形容的疲憊，拖著疲累的身體，緩慢走到這塊土地上可庇護他的處所。他們為了保護這塊土地，付出了許多心力。腦部因不停的轟炸而麻木，神經因現代戰爭的駭人巨響而虛弱，加上各種感官因經歷過可怖的景象而失去了感知，他們只渴望兩件事——慰藉與休養。

對新聞媒體的管制已較為寬鬆，美國媒體用不著透過多佛的目擊者和別人的報導就能夠知道真相——「疲憊不堪、受傷，穿著邋遢、精神不濟的官兵，搭著被炸彈炸得搖搖晃晃的船艦返抵家園」，以及「英國遠征軍的殘餘部隊——身上沾染了血跡和泥土，走路時就像個快睡著的人——已陸續抵達英國的港口。」

許多英國大眾終於了解到，當德軍突破敦克爾克防線時，英國遠征軍絕大部分的官兵很可能還留在當地的灘頭。不過，幾天前勸告妻子應該和他一樣，隨時攜帶自殺藥丸的新聞部政務次長尼古森，在《曼徹斯特衛報》（*Manchester Guardian*）的專欄裡呼籲英國民眾不要心灰意冷：

現在接到的是壞消息。未來幾天，我們可能會有更壞的消息……讓我們不要垂頭喪氣……難過是無可避免的，但希望也是如此。我們大英帝國所能掌握的資源遠勝過德國……德軍藉著運用在前幾次戰爭所未曾使用過的方法，或許可以讓幾千名士兵在大不列顛登陸……儘管隨時會發生混亂或破壞，但是整個英國無庸置疑將會像個男子漢，挺直腰桿抵抗侵略。

合眾國際社特派員在發新聞回美國時，很可能新聞管制已解除：「英國領導階層今晚已把德軍入侵英國視為是迫在眉睫的事實。」雖然他們不可能向記者說出那樣的話，這正是英國的領導階層所擔心的。德軍入侵的可能早已成為政府和軍方高層人士的夢魇。情報單位的報告也指出，德國海軍已增強在挪威沿海的活動，也在北海的港口集結了動力船組成的艦隊。德軍一直非常忙碌地在英國海域佈雷，但報告指出他們刻意保留英國海岸某水域是沒有水雷的。海軍元帥杜德萊・龐德爵士（Sir Dudley Pound）在戰時內閣報告中指出，雖然他深信皇家海軍必定能在德軍發動的主要海戰中與之抗衡而不落敗，但同時也認為某些敵軍的入侵船隻，也許會逃過皇家海軍的防護網。他推測英國很可能將要在陸上與敵軍對抗，但又無法說出敵軍將確切在何處登陸。

英國那個時候還未有能力在沙灘上埋設反戰車地雷，許多人擔憂一旦德軍從這裡登陸的話將造成極大的驚惶。那種地雷要等到下週才能開始生產。戰時內閣和參謀首長會議都對於海岸防衛軍力的不足而苦惱。在苦無對策之下，邱吉爾竟然建議，假如敵軍真的在英國的海岸登陸，那就用毒氣來對付他們。雖然國際法明令不得使用毒氣，但他覺得英國人「在自己的領土上有權做自己想做的事。」

大約二萬五千名從倫敦和其他城市撤離的小孩，擔憂德軍轟炸機的主要目標又將改變。原先他們是被送到英格蘭東部和南部的庇護所，可是現在這些地區已被認定是德軍最可能攻擊的目標。小孩將被送到其他地方：英格蘭內陸和威爾斯。

擔心第五縱隊進行陰謀顛覆活動，因此對未被拘留、年齡在十六歲以上的外國人實行了宵禁措施。此外，除非獲得警方的允許，否則任何一名外國人都不得使用腳踏車或足以協助其從事顛覆行動、具備動力的交通工具。

民防措施也很嚴謹。政府開始取締那些沒有在家中設置小型的波浪板鐵皮防空避難屋的民眾——政府已經免費供應兩百多萬片鐵皮。政府已訂定一條法規要求每一位獲得防空避難屋的民眾正確設置，否則必須向有關單位解釋原因。

在敦克爾克的坦南特上校這一天的開始，是他找不到理應早就該抵達敦克爾克港區的船艦身在何處。他不知道發電機作戰總部已經接獲「敦克爾克港遭封鎖」的錯誤報告，因此他在破曉之前就安排好，要從防波堤撤離數千名士兵。在附近道路和沙灘上的部隊正準備迅速前往碼頭，一旦船隻停妥就能登上航向家鄉的船艦。

船艦沒有出現，更是讓在防波堤的海軍以及等著撤退的士兵們如坐針氈。坦南特和他的部屬擔心，要是那些船艦在中途沉沒或拋錨的話，前一天那種重大的傷亡將會再度出現。他們並不知道，發電機作戰總部更改命令，要那些船隻在夜色的掩護下，從多佛出發後沒有前往敦克爾克港，而是在灘頭岸外接運小艇接駁的官兵。

在前一天夜晚抵達，以便瞭解當地作業情形的威克渥克少將，從天亮後所見，對於自己所要擔任的工作並不樂觀。船尾被炸掉四十英尺的比德弗特號（HMS Bideford, L43）砲船擱淺在附近。冠毛鷹號（HMS Crested Eagle）輔助防空輪起火燃燒後，擱淺在不遠處的沙灘上。其他各種不同大小船隻也有不同情況的損壞，有些被棄置在淺灘上、持續燃燒著。接近海水的沙灘上擠滿了成群的士兵，他們當中有些想要涉水過去救人。距離海水不遠的沙灘上已經站立著許多人數較多的群體，其他部隊還是在沙丘附近。船隻已經不再航向敦克爾克港，只見有少許船隻在附近徘徊，灘頭這邊還有幾艘小艇在作業。

一組海軍通信官兵理應在岸上用信號燈，示意停在外海的大船派出小艇並準備接運作業，可是當天早上以及之後的任何時候都完全看不見任何一名海軍通信兵。此外，敦克爾克、布雷以及沿著沙灘的其他任何地方全都沒有建立通訊機制。結果，灘巡人員雖然試著加速撤退行動，可是就不知道是否適合指示官兵走下數英里外的港區，去那登上停泊在防波堤的船隻。

沿著海岸的許多地方，登船的控制程序還是無法貫徹。有位海軍軍官後來在報告中指出，每當組織好搭乘下一艘船隻的小隊之後，經常會有一些零星單兵出現而破壞了原有的組織……零星單兵持續不斷湧現，造成爭先恐後的現象。

由於待撤退官兵始終受到敵方空軍的襲擊，他們需要被載離這個地方。因此位於德帕內的高特總部，持續不斷請求派出更多船艦。倫敦又再度接到報告，包圍圈防線的守勢無法再支撐多久，一旦德軍突破的時候將損失大量的人員。諸如此類的警示字眼，已經常性出現在德帕內和戰爭部之間的通訊。擠滿了許多疲憊且飢餓士兵的多處沙灘，不斷遭受到空襲，官兵們時刻戴著鋼盔，對自己身陷的危機始終保持警覺。德軍大砲的射擊範圍在這一天白天，終於納入沙灘區了。如今沙灘和港區都遭到敵軍大砲的轟擊，雖然並不十分準確、成效也有限，但已有人受傷甚至被殺害。沙灘上的遺體數量越來越多，有些有布料覆蓋著，有些沒有。

更糟糕的是此時又傳來不利的消息，德軍似乎沒有補給困難的問題，反而聯軍防線有些單位已經開始出現彈藥短缺。守軍沒有足夠的砲彈和子彈來和敵軍作戰，那些陣地將被敵軍攻陷。

高特希望在防線被突破之前，大多數在沙灘上等待撤退的人員都能夠完成撤離。然後防線上的兵力會逐步縮減、撤走，只留下足夠的人員和敵軍周旋。留下來防衛的最後一批後衛部隊將在夜色掩護下撤離，然後搭乘事先準備好的船隻離去。雖然計劃頗為周詳，但只要看一看仍然群聚在沙灘上的士兵就可以知道這似乎只是痴人說夢。

當天早上在多佛的雷姆賽和高特一樣，對未來並不抱持太大的希望。根據報告，敦克爾克已被封鎖，再加上在前一天現代化驅逐艦就被下令不得參與行動，民間客輪也因敵軍加強攻勢而只能在夜間行動，還有數艘大船要不是已沉沒就是無法服勤。除非敦克爾克港還未被封鎖，防波堤也還可供使用，否則似乎沒有任何有所做為的機會了。若防波堤喪失了作用，那將會是一個沉重的打擊。根據坦南特的估算：「一艘驅逐艦在外海接運來自灘頭的小艇接駁的人員，必須花費十二個小時才能接上六百人，若在防波堤臨時碼頭直接載運，只需二十分鐘就能完成。」這不僅關係著船艦及水手的安危，而且也和撤退的速度有關。

敦克爾克和多佛之間仍然無法直接聯繫。入夜後，雷姆賽派遣征服者號（HMS Vanquisher, D54）驅逐艦立即前往敦克爾克附近實地查探。根據該艦回報，雖然敦克爾克港受到嚴重破壞，但實際上並沒有被封鎖。船隻可在毫無困難的狀況下進出，雷姆賽可能從五艘從多佛派去的小船得知這個訊息，因為她們當晚就是如此地進出敦克爾克港區，消息很快從靠港船隻向上傳達去了。

威克渥克巡視了敦克爾克港區之後，證實防波堤雖然曾遭到德軍的轟擊，但還是可供使用。若和沙灘相比，防波堤更適合用來做快速登船的據點。海軍船艦——不包括民間客輪——又接到指示航向敦克爾克港的防波堤臨時碼頭繼續撤運。每艘船艦靠向防波堤時，待撤退人員都爭先恐後登船，他們原以為已被遺棄。一艘運送補給品給防禦陣地官兵的貨輪，卸貨還進行到一半，就因官兵迫不及待地想登船而不得不中止卸貨了。

灘頭上也出現了至今為止最大規模的撤退行動。數量遠比任何一個梯次都還要多的小船小艇，組成了一個大艦隊出現在外海。海軍總部的小型船儲備處，以及雷姆賽一開始派出去到處徵用民船的價值現在顯現出來了。那是一個頗為壯觀的景象。各式各樣中、小船艇都出現了——平底貨船、鐵道連絡船、汽車渡輪、渡輪、皇家空軍快艇、海釣船、拖輪、動力救生艇、划槳式救生艇、擺渡船、輕舟、捕鰻船、巡邏船、水上飛機母艦。也有各種的遊艇和休閒艇，有些是非常昂貴的船隻，有些是由小艇改裝成的船用救生艇。還有原本是用來遊覽泰晤士河的有頂觀光船，甚至還有一艘泰晤士河救火艇。

這些船來自樸資茅斯、紐黑文（Newhaven）、希爾尼斯、提爾伯利（Tilbury）、葛雷夫森德（Gravesend）、藍斯蓋特，以及英格蘭南岸和東南岸的各個大小港口以及各種遊艇港和造船港。有些船是內河用船，從未在大海中航行。這些船隻上的工作人員都是志願的，他們並不知道詳細的情形為何，只被告知，他們的船隻將立即去法國載人回來英國。其中大多數是經驗豐富的水手——職業、業餘皆有——也有不少是對於海上險阻完全一無所知的生手。如天氣變壞的話，有些人可能不會冒險出航，他們的經驗和船隻都無法勝任惡劣天氣。有些水手深信，為使撤退行動順利進行，敦克爾克海面在接下來十天的大部分時間，將會是平常少見的風平浪靜——「海水將像蓄水池內的水般平靜」——這是上天的賞賜，因為「上帝賦予英國這個國家重大的任務」。

部分被徵用的船隻當中，是由還在軍官學校訓練的海軍少尉來掌舵。他們大部分配發有航海圖，可導引他們迴避海峽裡的淺灘和沙洲，但部分的羅盤不甚準確，導致他們誤闖加萊外海、德軍火砲射程範圍內的危險水域。有個水手為探知自己身在何處，在一個荒涼的地點登陸卻撞見兩名驚訝的德國士兵，逼不得已用手槍射殺他們之後，立即逃之夭夭。

這些倉促成軍的船員事先並不知道敦克爾克的詳情，當他們抵達敦克爾克附近海灘時，對於舉目所見感到震驚——全身滿是污泥的士兵形成長長的隊伍，延伸至沙灘和接近水線的地方，他們看起來相當焦慮，充滿期盼地望著海面。已經站在水中很長一段時間的官兵，為捍衛自己在隊列中的位置，幾乎都不能移動。腳上的軍靴早就浸滿海水，變得沉甸甸的。

間歇性吹拂的微風，使得小船搖晃而增添困難，或甚至不可能抵達岸邊。當這種現象發生的時候，有些官兵開始憂心如焚，雖說救援就在眼前，卻可能永遠不會靠岸。在馬洛的某個據點，有一伙士兵從沙灘上的隊伍中衝出來，朝著海面跑去。他們是被興起的湧浪引發錯覺，以為小艇已經近到可以接運他們了。當發現船隻距離都還太遙遠後，只好帶著沮喪的心情重新回到原先的隊伍。

當風勢影響不大時，小船就可在沙灘上登陸，士兵只需涉水就能登船。但大部分的船隻都無法靠得那麼近，官兵只能走到水深的地方，希望可以被拉上船。其中一個船長說：「困難的地方就是，當我們丟一條繩索給一名士兵時，大約會有六人同時緊抓著那條繩，海水已經淹到他們的肩膀，他們只能抬頭茫然地看著我們。要說服他們不要同時緊抓著繩索，好讓其他人可以被拉上船可真是件艱難的事情。」

其中有些士兵似乎無法理解，當太多人同時想登船的時候，船隻就會翻覆的道理。那些上不了船的士兵只得涉水或游泳回到岸上，等待下次的機會。有些士兵則緊抓著木板或殘骸等任何可漂浮的東西奮力踢水，希望能把自己推向迎面而來的船隻。有人找到充氣式小艇，充氣後，利用步槍當作划槳，試圖划向外海的大船。有的人臨時拼湊出木筏，也有一些人自行脫下衣服向外海游去接運的大船。才剛抵達不久的遊艇上的水手，看見一名全身赤裸的男子游向他們時驚訝不已。其他則是穿著制服游泳的人居多。

這些新從英國過來的人員，很快就瞭解到所要面對的最主要危險是什麼。天空即將放晴，不久之後 Bf109 戰機將從遠處一路發出巨響飛來，機槍開始向下掃射。又或者，斯圖卡式俯衝轟炸機長嘯直下地投擲可致人於死地的炸彈。除此之外，還有其他要擔心的事情。士兵丟棄的衣服、繩索，甚至有時是遺體，會捲入車葉和船舵，這就要水手下水去移除它們。大部分船隻從來不曾如此過度地使用，更有一些船在參與行動之前被閒置了很長一段時間，機械和其他方面都有發生故障，英國南方的港口都安排了船舶工程師小組在旁待命，隨時解決問題。在行動期間，僅在藍斯蓋特港一處，就必須修護高達一百七十艘船艇。它們都是主機、電機，或是船身等非敵軍造成的故障問題。

將官兵從沙灘上接駁到外海大船的問題，始終未曾令人滿意地解決過。小艇根本就不夠使用。最後以可以接近水際邊緣的動力艇取代了手划艇。雖然如此，小艇還是非常缺乏，那些怕會擱淺的小船因無法靠太近，士兵根據自己的膽量冒險涉水過去自己能夠走到的最遠距離，寄望能被小船救起。

許多沿著海岸的地方，工兵是在灘頭上少數最為忙碌者，他搭起了臨時突堤碼頭——大多是由重型車輛建造而成——讓那些無法靠近的船隻能更接近海岸。他們在構築臨時碼頭時運用了高度的才智和付出了許多的體力。

> 大約十五輛左右的卡車，全長大概有一百五十碼長，在潮水退去的同時，要嘛是人員駕駛或以人力從鬆軟的沙灘搬運過去到堅硬的沙地後定位，車體前後相連在一起形成一個浮箱，讓小艇可以在它的兩側進行裝載。為「固定」這個突堤，所有的輪胎都要洩氣，通常是用槍擊的方式。然後大卡車車斗還要填滿沙土……「走道」是取自大卡車平台的木板，以及向一座木材工廠借用的三公噸木板組成……憲兵掌控走上去的士兵人數，通常每梯次五十名……在我們長時間的執行任務（維持這座臨時碼頭）期間，通常我們大半時間都是海水淹到肩膀的，全身也沾滿了卡車所滲透出來的油漬。

試圖尋找更多小船前往敦克爾克的努力，持續在英國各地進行著。來自馬蓋特救難艇站（Margate Lifeboat）的紹斯伯勒爵士號（RNLB Lord Southborough, ON 688）救生船船員，當天上午志願一同前往敦克爾克的海灘區。他們在只配有頭盔的情形下，就「精神抖擻的出發去」了。拉姆斯蓋特救難艇站（Ramsgate Lifeboat）救生船謹慎號（Prudential, ON 697），拖著八艘小船一起出發。總計有十九艘近岸救生船前往敦克爾克，但並非所有船員都同意前往。其中三艘救生船的舵手，被徵召來參與發電機作戰。他們被告知必須把船靠向海灘接運人員，但這些舵手認為，自己體格太重無法參與這種行動而拒絕前往。海軍於是徵用他們的船隻，並安排官兵來掌舵。另外有七艘救生船也是被強行徵用的，雖然他們的船員老早就有意願參與行動，但海軍事前並不知情，進而引發船員的憤怒。甚至有其中一艘救生船船員為了投入行動，都自己買好了鋼盔。雖然海軍最後終於瞭解這些人並不像他們先前所遇見的那些桀驁不馴的船員，基於已指派人員操船，只能帶原船上的機工前往。然而，其中一艘船的船員憤怒地說，要嘛全部人一起去，不然全部退出，結果通通都沒有參與。海軍面對極大壓力和負擔過重的情況下，根本就無暇對他們好言相勸，甚或用心瞭解實情。最後導致一些能提供幫助的水手卻被排除在撤退行動之外。

找尋小船小艇的工作依舊毫無間斷地持續著。海軍親自向小型船儲備處清冊中的每個人展開接觸。以「我的遠征號」（My Quest）遊艇船主查爾斯．杭特（Charles Hunt）為例，就有兩名海軍軍官前往他位於普特尼（Putney）的私宅探視。

> 海軍請他考慮把他本身和他的遊艇交由海軍處置，之後說明了大致情況和要求他保密。他的命令是要他愈早動身愈好。他把此事告訴他的朋友泰德．艾佛利（Ted Avery）。泰德立即志願前往……海軍最後是在希爾尼斯港接收了那艘遊艇。

小船小艇的工作表現比原先預期的還要好，至少從行動開始以來甚或在這一天早上看起來是如此。如今他們的數量龐大，就能夠從海灘運送數千名士兵撤出了。但是，撤運行動還是維持著繁複又缺乏效率的情況。除非更多大船能立即從防波堤載運大量的部隊，否則撤退行動——雖然直到目前為止已獲致一些成就——將會挫敗，大量全身溼透的英軍將成為階下囚。

雷姆賽前一天和海軍總部取得連繫，要求讓現代化的驅逐艦返回撤運的行列。他了解那些軍艦是防衛英國本土海上補給線所不可或缺的，但他還是強調，整個國家的安危還是取決於英國遠征軍能否從敦克爾克安全地撤離。假如發電機作戰失敗，國家的未來將會黯淡無光。雷姆賽說服了對方，於數小時之內，六艘現代化的驅逐艦——收穫者號（HMS Harvester, H19）、哈文特號（HMS Havant, H32）、艾凡赫號（HMS Ivanhoe, D16）、推進號（HMS Impulsive, D11）、伊卡洛斯號（HMS Icarus, D03），以及無畏號（HMS Intrepid, D10）——重新擔任救援任務——也就是閃避炸彈、協助官兵從防波堤登船，以及把大家載返英國。

高特的參謀長包諾爾將軍當晚從敦克爾克返回英國，向邱吉爾、各軍種首長，以及參謀首長會議面報。根據他的粗略推算，大約還有六萬名英國士兵尚未撤出，他要求應提升行動力度，以便儘快將官兵運回來。邱吉爾又再度重申，讓英法官兵登船是同等重要的。包諾爾告訴邱吉爾，他認為法國應自行負起救援法軍的責任。他對於法軍指揮部所犯的諸多錯誤仍是耿耿於懷——他認為英國遠征軍之所以陷入今天這種困境，法軍指揮部必須負起完全的責任。由於包諾爾並不知道法國軍艦早已加入撤退行動，雖然數量並不多。他再度向邱吉爾重申，只要法方無法提供船隻載運法軍抵達安全的地方，「每當有一名法軍登上（英國船隻）時，就意謂著將損失一位英國子民。」這是一個惱人的事實，邱吉爾對於英國被法國指控「逃跑」一事感到困擾，認為這席話並不中聽。雖然邱吉爾本人也承認，讓法國士兵登船將可能導致許多英國士兵無法被救，但是，他卻又堅稱，「基於共同的目標，必須接受這個事實。」

嘗試說服邱吉爾接受遠在海峽彼端所曾發生，以及正在進行中的事實依然無效。包諾爾還是努力向邱吉爾描述，高特在敦克爾克防線必須與混亂的情勢纏鬥的狀況。他說除了英國部隊之外，整個敦克爾克地區已經淪為「由毫無組織的法國士兵、難民，以及比利時士兵所形成的擁擠又混亂的局面。」在如此惡劣的情況下，根本無法維持紀律。他認為，這就好像一萬五千名法國士兵要蜂擁登上沙灘上的船艇，而不是排好隊等候上船。當英軍把馬洛的一處海灘分配給法軍使用之後，海岸地區的混亂情形才得以消失。不過，還有一些難題仍存在，防線的壓力依然沒有消減。

英軍當時並不知道德軍正把攻擊敦克爾克的戰車撤走。英方擔憂一旦戰車衝破防線抵達擠滿了部隊的海岸時，將會是一幅可怕的景象。與會者當中，沒有人相信「德軍的裝甲部隊在德國空軍的支援下往前推進」的情況下，還能撤出更多的官兵回國。包諾爾認為：「一旦防禦陣地的兵力削弱後，防線必將被突破，最後在海岸地區一定會發生大屠殺。」這對於才擔任首相不久的人來說，確實是一個既恐怖又棘手的情景，果真發生，那他很可能必須向國會以及英國民眾解釋，為何損失了那麼多軍人。

魏剛將軍又再度懇求，把那些從敦克爾克撤走的英國士兵運回來，協助法軍擊退可能前來攻打巴黎的德國部隊。倫敦並不會有多認真看待這件事情。即使英國國內的部隊比英國遠征軍的數量還多且訓練更為精良，也絕不會同意魏剛的要求。那些撤出來的部隊既沒有大砲，也沒有戰車和運輸工具。他們只有步槍而已，有些士兵甚至連步槍也沒有。英國再也沒有舉足輕重的戰鬥部隊。英國的部隊必須重建、重新武裝，以及整編。同時也沒有人知道最終會有多少人會被救出來。戰爭部認可包諾爾的估計，假如還有六萬名士兵等待撤離的話，希望當晚可以有四萬五千人脫離防線，並在天亮之前渡海，其餘守軍則在隔天撤離。但事實上，在敦克爾克包圍圈內還有超過十萬名官兵。

包諾爾在當天稍後與雷姆賽商談時，曾建議他考慮將後天清晨，也就是六月一日星期天清晨天亮之前，訂為撤退的「最後合理期限」，因為在這期限之前，後衛部隊應該還能抵擋敵軍的攻勢。但這並不意謂著德軍絕對不可能在這個期限之前突破防線。不過到了星期六凌晨一時三十分的時候，則又希望能將殿後部隊縮減到只剩四千名士兵。其他人此時則脫離防線，撤退到海灘或碼頭邊等待上船。英方需要加緊籌備，把各種船、艇、拖船給準備妥當，以便在星期六清晨一時三十分到三時三十分之間將最後那四千名守軍撤走，這也將是整個行動的最高潮時刻。雖然早先已經把大部分單位的資深士官以及經驗豐富的軍官優先將他們撤出，以便將來重建英軍。但是，這批最後守軍是精銳的作戰部隊，務必將他們運回英國！

英國將在次日下午——也就是五月三十一日，星期五——檢視結束發電機作戰的最後計劃，希望到了那個時候情況還是頗為有利。不過，包諾爾認為，到了那個時候，皇家海軍還是未能將所有人都撤出來。雖然他熱烈讚揚皇家海軍的努力和成果，但他懷疑海軍總部是否能完全理解其被指派的任務是多麼重要。他要指出的是，皇家海軍還未能跟得上局勢的演變——他們仍然必須、立即派遣更多的大小船艦前往敦克爾克！

邱吉爾基於整個軍事行動以及士氣起見，稍早曾在不情願的情況下告訴高特，當敦克爾克最後的時刻來臨時他該要怎麼做。現在他卻認為，必須對英國遠征軍總司令下達明確指示。作為一個勇者來說，對於他所帶領的部隊最後竟然面臨被趕到海岸的命運覺得很懊惱，高特早就表明，他將與弟兄待到最後一刻為止。他要是被俘，將會成為德國的宣傳工具。邱吉爾為此要求高特揚棄他那率領英國遠征軍戰至最後一兵一卒的英雄式想法，還命令他準備返回英國。

> 為了讓目前仍持續順利進行中的撤退行動，繼續堅守現有的防線到最大限度為止。每三小時通過德帕內向我們回報。當我們認為你的指揮部所能指揮的人員編制已減少，而我

們還能保持聯繫的話，屆時我們將會命令你挑選合適的軍官一同返回英國，然後把指揮權移交給一名軍長。你現在就該提出這個人選。假如通訊中斷的話，當你的有效作戰部隊不超過三個師的規模時，你就必須將指揮權交出並立即返國。這完全是按照正確的軍事程序所做出的決定，你不能擁有自由裁決的權利。基於政治方面的考量，當你因指揮少數部隊而遭敵軍俘虜時，將使敵軍更得意。接任你的軍長應該要與法軍合作接替防衛的工作，以及從敦克爾克或各個灘頭撤退。不過，當他判斷不可能再進行有組織的撤退行動，而且再也無法對敵軍造成相對應的傷害時，他將有權可以和法軍的高級指揮官商討正式投降的事宜，以避免不必要的殺戮。

英國遠征軍第三軍幾乎已全數撤離，第二軍也開始登船。這兩個軍的軍長——布羅克將軍和亞當將軍——將指揮權交給部屬之後，刻正準備動身返國。麥可·巴克將軍（Michael Barker）成為法國境內唯一的英國遠征軍的軍長。高特告訴巴克——他將接管防務，留在後方監督敦克爾克防線以及撤退行動的最後階段。他注定是要被犧牲的。他接到的指令，要儘他的能力拖延敵軍。當再也沒有其他法子可行的時候，他可以向敵軍投降。

當時已經接替布羅克擔任第二軍軍長的蒙哥馬利將軍，反對任命巴克殿後的命令，當時蒙哥馬利也在撤退的行列中。蒙哥馬利向來不把自己對他人的看法加以隱藏，他告訴高特，任命巴克這個緊繃且容易引發焦慮的男人擔任這個職務是個嚴重的錯誤。他認為，巴克並不適合擔任最後階段的指揮工作。第一師師長哈洛德·亞歷山大少將（Harold Alexander）雖然資歷比巴克淺，但是個較為合適的人選，巴克則應撤回英國。亞歷山大在面對難題時不但沉穩，而且還有條不紊，因此頗受敬重。蒙哥馬利認為，亞歷山大或許還能奇蹟似地阻擋敵軍，讓所有人都能夠撤離。

高特和許多曾與蒙哥馬利接觸過的人都知道，蒙哥馬利的自大傲慢令人十分反感。不過他自己倒也非常清楚，蒙哥馬利對於巴克的看法確實頗為正確，他已經是一位再也無法承受戰鬥壓力的老兵。事實上，高特自己也同意蒙哥馬利的看法，應該由亞歷山大來擔任殿後部隊的指揮官。當亞歷山大在次日告知巴克這個消息時，巴克先是崩潰，然後開始哭泣。

戰爭局勢的演變，使得長久以來介於英國和愛爾蘭之間脆弱的關係更形惡化。倫敦認為，德軍將樂於把愛爾蘭當成踏入英國的後門。一般都認為德國的情報單位早已在愛爾蘭建立了間諜網。根據反叛亂專家查爾斯．提格特爵士（Sir Charles Tegart）的報告指出，愛爾蘭境內到處都是德國特工，他們早就擬定出一個拿下愛爾蘭的詳細計劃。一星期以前，都柏林警方還曾經突襲一名德裔愛爾蘭商人的家裡，不但查出擁有愛爾蘭機場、港口、橋樑，以及軍事設施的詳細資料，還找出一台無線電收發機。德軍潛艇在愛爾蘭的水域相當活躍，一般認為那些潛艇是與岸上的特工連絡，並且提供間諜活動所需的各種裝備。

一個類似於法西斯主義、成員人數不多的愛爾蘭藍衫軍（Blueshirts）組織，在戰爭開打沒有多久就消失了。但是強烈反英國的愛爾蘭共和軍，倫敦根據各種證據顯示，他們比目前所知的威脅都還要來得大。前一年的聖誕節期間，愛爾蘭共和軍展現出他們敢於以及具備採取行動的能力，他們制服了愛爾蘭部隊位於都柏林附近的軍火庫的衛兵和守軍之後，帶著百萬發彈藥離去。愛爾蘭共和軍與德國情報單位之間早已建立了接觸的管道，他們的關係甚至可以回溯到第一次世界大戰之時。毫無疑問，愛爾蘭共和軍早已準備、願意協助德軍征服不列顛。倫敦擔憂在愛爾蘭共和軍的協助下，德軍將採取先在愛爾蘭登陸的行動，做為攻打北愛爾蘭的前奏。北愛爾蘭不論是在過去或是現在，都一直是聯合王國的領土。若北愛爾蘭被德軍佔領，那接下來必將是對英國本土的攻擊。

邱吉爾在前一天接獲情報單位的報告「德軍和愛爾蘭共和軍已共同擬定周詳的計劃，而今將準備直接襲擊英國。」張伯倫認為愛爾蘭共和軍的實力已強大到足以擊敗只有七千五百名正規軍的愛爾蘭部隊。張伯倫呼籲應準備派遣英國部隊前往愛爾蘭，協助鎮壓該國內部的叛亂活動，並擊退外部的侵略行為。事實上，駐守在北愛爾蘭的一支英國部隊，早已秘密地提升戒備，一旦接獲命令就會越界進入愛爾蘭。除非德軍真的對愛爾蘭發動攻擊行動，否則此舉很可能會造成反效果。

數以千計的愛爾蘭人早已被徵召進入英國部隊，其中許多還在敦克爾克。由於反英情緒依舊深植於愛爾蘭，在英軍服役的愛爾蘭人在休假返家時，事先都被規勸應穿著便服。除非德軍真的發動攻擊，任何同意英軍事先進駐的愛爾蘭政府都無法維持政權。依爾曼·狄·瓦勒拉總理（Eamon De Valera）告知英國，一旦遭到德軍攻擊，愛爾蘭將會奮戰到底，如必要的話才會請求英軍支援。但假如英軍不請自來，愛爾蘭政府將不會對後果負起任何的責任。

同時都柏林也轉達倫敦，愛爾蘭政府信心十足，認為能在沒有外部援助的情況下，獨自處理愛爾蘭共和軍的叛亂行為。然而，愛爾蘭外交部的約瑟夫·華許（Joseph Walshe）、愛爾蘭軍情報單位參謀長李安·阿奇上校（Liam Archer）兩人在幾天前秘密前往英國，尋求英國軍事專家的專業諮詢，準備如何對抗德軍來襲的企圖。當他們返回都柏林時，同行的還有一名穿著便服的英國軍事防衛專家，他的任務是現場提供防衛措施方面的建議。有關他出現在愛爾蘭的事，受到嚴格保密。

然而，參謀首長會議還是對愛爾蘭的局勢感到憂心。他們認為，「除非（愛爾蘭）放棄其中立的態度，不然無法全面抵禦敵軍在他們境內的活動，也無法獲得英軍的全力合作去預防和抵抗攻擊。除非愛爾蘭的安全能獲得保障，否則仍是我們在防衛英倫三島時的一個重大漏洞。」邱吉爾對於上述情形也感到擔憂，但他還是一貫地試圖從逆境中找尋有利的因素。他認為，假如德軍試圖攻打愛爾蘭，那英國將「會使絕大多數的愛爾蘭民眾，有史以來首次站在我們這一方。」他還是認為，假如德軍真的意圖藉由愛爾蘭、從英國的後門入侵，對於英國來說並不必然是件壞事。到時候皇家空軍「將在對我方尤其有利、對敵方不利的狀況下」，在愛爾蘭的空戰中痛擊德國空軍。邱吉爾這一番話必定會使戰鬥機司令部司令道丁深感震驚。他的戰鬥機中隊一方面要掩護敦克爾克，另一方面又得準備迎戰從新近奪取的歐洲機場起飛的德軍，所剩下的戰機數量甚為稀少。

英國陸海空三軍都積極投入撤退行動，無可避免地造成軍種之間的對立和反唇相譏。對於皇家空軍提供有限空中掩護之批評從未間斷。皇家海軍雖然在其被指派的任務中取得了頗為顯著的成就，也面對慘重的損失，但還是無法因而免除苛責。威克渥克海軍少將於當天傍晚在德帕內和高特碰面商討戰況，竟被要求評價海軍的表現。高特向來認為海軍的表現是值得表揚的，他強調陸軍已經做好把英國遠征軍帶到海岸的工作，現在一切就靠皇家海軍將官兵從海岸載運返抵英國了。若從灘頭持續擁塞的情形來看，皇家海軍似乎做得不夠好。威克渥克在驚訝之餘，並沒有質疑陸軍沒有做好撤退的計劃，或控制、或管理灘頭上的秩序，以及無法維持紀律。他向高特解釋，海軍的各項作業多半必須視氣候狀況而定，卻一直持續很壞；同時還有敵軍的意圖也應考慮進去。不過，令他感到懊惱的是，他無法消除人們關於「笨拙海軍」的抱怨。

德軍將領對於德軍未能封閉敦克爾克灘頭也做出抱怨。哈爾德抱怨為何部隊呆站在一旁看著「數千名敵軍在他們面前逃回英國。」布勞齊區也是滿腹牢騷：「最高統帥部犯下錯誤的效應……現在已開始感受得到了。我們喪失了將包圍圈給封閉良機。更糟的是，要不是當初裝甲部隊停下來，他們就可以直指沿岸把他們圍困在海灘上。」每個人都忙著責怪別人或某事，並認為是這些事導致法國還沒有被打敗——德國空軍被責怪未能炸毀灘頭堡；那道阻止德軍裝甲部隊完成任務的停止前進命令；兵力與裝備的分散等等。

從色當一路趕到敦克爾克的A集團軍，當天從敦克爾克撤離，不再參與圍攻英法聯軍的行動。該集團軍裝甲部隊在法軍開放運河閘門氾濫當地之後，顯得毫無作用可言，因此趁在這個時候重整、修護以及讓部隊休息，準備向南面進攻，讓法國完全屈服。德國陸軍總部的作戰官一再堅持必須強化破壞撤退行動，他抱怨道：「現在再也沒有任何一個人對敦克爾克感興趣了。」

不過，事實並非如此。對於受命負責摧毀灘頭堡的將領來說，敦克爾克灘頭堡的存在實在是頗令其難堪的。這些將領為此感到苦惱，還曾經考慮過從海面登陸的方式來完成任務。這些將領還想過撤離包圍圈的陣地，讓德國空軍可以肆無忌憚地轟炸包圍圈內的英軍。不過最後還是選擇由地面部隊負責突破防線，然而守軍的「抵抗意志非常堅定」。

如同英法聯軍，德軍也面臨通訊問題，以及難以協調友軍的協同攻擊問題。德軍指揮官擔心可能會導致部隊間被友軍誤擊的可能。從截收到的英軍無線電通訊內容更令他們感到挫折，雖然高特不斷地要求派遣更多的船隻，整個撤退行動卻還是進行得很順利，甚至還加快了腳步。

到了午夜時刻，總計當天共有五三、八二三名士兵被撤出，絕大多數都是從沙灘上登船的。港區被封鎖的錯誤報告被澄清後，只要從防波堤恢復登船作業，將會有更多士兵可以撤出。自發電機作戰行動以來，已經有總計一二六、六〇六人成功撤離。

英國戰爭部開始可以感受到希望，令人難以置信的情形居然發生了。從整體看來，會留在敦克爾克被德軍俘虜的人數，是要比前一天預估的要少很多了。這種急升的審慎樂觀看法，很快就被社會大眾之間流傳、足以打擊士氣的謠言給抵銷了。謠言說英國各地都捕捉到搞陰謀破壞的德國特工，暗示著德國正準備對英國發動大規模的攻擊行動。另外一則謠言又指出，愛爾蘭政府已經和德國秘密簽署同盟條約，這使得英國認為安全的背後暴露在德軍橫渡愛爾蘭海（Irish Sea）登陸的威脅。再一則最具打擊士氣效果、也最令人擔憂的謠言：對於發生在歐陸的情況，戰爭部只提供非常有限的訊息，這是因為英軍損失慘重。英國政府最後不得不告知民眾，究竟是發生了什麼事情。

第六天　全民皆知

五月三十一日早上，民眾終於從英國國家廣播公司以及報紙上得知，英國軍方正用盡各種方法，企圖從法國將英國遠征軍運返家園。倫敦《每日快報》（*Daily Express*）的報導：「在英法海軍以及皇家空軍機的火力支援下，絕大部分的英國遠征軍官兵，且戰且走了三天抵達了法蘭德斯海岸，現在他們已經安全返抵英國。」

倫敦《每日鏡報》（*Daily Mirror*）：「雙眼因缺乏睡眠而下陷，下巴的鬍子因數天未刮而濃密，有些還四十八個小時未曾進食，當他們蹣跚地走進一列又一列的火車車廂內時，神情都極為疲憊。」一家報社的漫畫將英國遠征軍描繪成不屈不撓的勇者。

然而卻沒有提及固守包圍圈防線幾乎快要一星期，使撤退走廊不至於被封鎖的守軍傷亡人數，也沒有提及在敦克爾克沙灘上被殺或受傷人數，更沒有搭船回國途中究竟有多少人被敵機攻擊而死的報導。經過包諾爾粗略估算之後，在第五天向邱吉爾報告，傷亡人數極高——大約在六萬到八萬人之間。擔心民間的謠言造成不良的影響，因此在隔天（即第六天）早上由新聞部發佈新聞稿，稍微「修正」了英國遠征軍的命運，使民眾的情緒不致於太低落。聽到有那麼多英軍渡過英吉利海峽、安全返回家園大家都感到安慰，而且後面還有其他人也會跟著回來呢。

當晚返回英國的人潮依然穩定進行著。然而，當天一大早從西北方向開始吹起高達三級的強風。雖然根據定義，還不算是什麼強烈的大風，卻是發電機作戰行動以來最為強烈的一次，其強度已經使得灘頭的登船行動給中斷了。許多小船小艇不是翻覆就是沉沒。所有的船艦，不論是大船、小船，都因浪潮的推擠而難以航行。試圖將船隻駛近海岸的紹斯伯勒爵士號救生船船長把這種浪潮稱為「狂暴的海浪」。

士兵從四面八方朝著我們而來，卻在我們船隻附近溺水，我們根本就無法靠近他們……我個人覺得，這麼做反而對他們造成更大的傷害（而不是好事）。他們穿著厚重的衣物，海浪撲倒他們的時候，就再也無法浮出海面了。

有些士兵雖然遭到海浪的拍打，還是被救起，因而覺得自己相當幸運。可是，當船隻翻覆時，他們則又再度落入水中。他們必須涉水或游泳回到岸上。放眼整個海岸，有許多被吹上岸或當浪潮退去時無法快速離去而擱淺在岸上的船艇。

如同指揮海神號（Triton）小艇的一名海軍後備軍官不久之後回憶說，對於那些被安置在小船艇上的人來說，忍耐已經變成一件困難的事。

我的船員和我自己，因筋疲力盡而變得神智不清、愚不可及。我不但全身刺痛，而且也一度希望能被擊昏，以便忘卻疲憊。負責發動機修護的那個年輕人正在睡夢中，舵手則是盡其所能地操控著……由於使勁地將士兵拉到船上，使得我雙臂感覺好像已脫離我的腋窩……當我的手下因筋疲力盡而放聲哭泣時，我把他們拉到一旁。上帝請原諒我，因為我真的不該讓他們遭受那段如地獄般的經歷。

沒有人知道這風還要吹多久。可能要數小時之後風勢才會減弱，也可能更久的時間。岸邊若持續地激起大浪達數天之久而沒有中止，那是件極不尋常的事。威克渥克從外海的驅逐艦上絕望地向發電機作戰總部報告，必須再度改變撤退行動的程序：「大多數的船艇因為受到風浪而橫轉，也沒有足夠的水手……幾經考慮之後，在敦克爾克港內搭載人員成了唯一的希望。」威克渥克擔心訊息無法被完全瞭解，不久之後再發另一封電文：「敦克爾克是我們唯一真正的希望。」多佛的發電機作戰總部認為防禦陣地隨時都有遭敵軍突破的可能，因此堅持無論如何都要盡可能同時使用灘頭和港內防波堤撤運。威克渥克簡短回覆：「敦克爾克港是我們唯一的希望」，然後就依照自己的想法，指揮抵達的船艦轉向敦克爾克港。

在沙灘上等待的士兵排好隊，在接到指示之後沿著沙灘往西前進，目標是敦克爾克港區的防波堤。當中有些還能以井然有序的隊形前進，有些是三三兩兩，有些自己獨行；儘管如此，拖著沉重步伐是他們的共有特徵，他們只希望能在港內的防波堤搭乘救援船隻。如同敦克爾克大撤退十天期間經常發生的其他事件，這也是一個壯觀的景象，對於參與行動的人來說，也是一個難忘的經驗。

> 由士兵所組成三或四排的長龍隊伍，像巨大的蟒蛇般四處鑽動，有時候會隱約令人想起在荒郊野外的以色列子民！……移動前往港區是至今最令我們感到身心交瘁的經歷。剛開始我們移動的速度相當快，平均每三百碼才休息不到十分鐘。當我們抵達港區時，速度就愈來愈慢。我們每次只能移動二十碼，但休息的時間卻高達半小時！……每個人都必須保持清醒而不能睡覺，以免在下一次移動時和自己所屬的小組失散，否則很可能不會被其他群組給收容自己。

敦克爾克依然還是個非常危險的地方。德軍從敦克爾克城西邊的陣地向英軍實施砲擊，空軍則專注於港區的攻擊。坦南特在當天早上九點向多佛回報：「我們持續不斷地被砲轟，德軍已經找到人員登船的位置。」事實上，防波堤上早已經有不少人傷亡了。

沿著防波堤走還不到一半的地方，有一具身著卡其色制服的遺體橫躺在木製的踏板上。他身上覆蓋著一件厚重大衣，我們無法看見他的臉孔，若在平時，會使人誤以為他是矇住雙眼在睡覺。附近有一個被砲彈碎片穿透的鋼盔，不遠處還有一個砲彈炸成的大洞，透過殘破的木板和底下的混凝土，可以看見海水正拍打著這一座防波堤。可憐的士兵！運氣多麼背！已經那麼接近，他幾乎快要成功搭上船了。我們沒有停下來也沒有多說什麼，只是繼續往前走。

砲彈落在碼頭上形成的破洞迅速擴大，使得鋪在上面的木板鬆動，不過部隊還是可以藉由跳躍坑洞的方式通過。威克渥克向多佛發出數則電文，請求炸毀敵軍的大砲，多佛也確實收到電文。即使皇家空軍盡其所能地轟炸，敵軍砲彈在當天幾乎每個時段都會落下。對於待撤退士兵以及在防波堤值勤的海軍官兵來說都是很大的壓力。海軍岸勤人員不但要在船艦停泊之後催促人員迅速朝船隻的方向移動，還要讓他們儘快登船，如此船艦才能立即轉頭駛離港區。

（某個岸勤工作人員說）我想，我大概永遠無法理解，為什麼防波堤還沒有被炸毀？只要準確地朝著靠近海岸的那一端一顆砲彈，就能使登船的行動完全被遏阻。當我們最後終於撤走半數的士兵之後，還不敢相信竟然已經讓那麼多人撤離了。

高特在當天早上從德帕內以電話與戰爭部通話，德軍似乎準備發動一場目的在於突破防線的大規模攻擊行動，以突襲港區和沿岸灘頭。有鑒於此，如何處理法軍待撤退人員的問題又再度浮現。邱吉爾在前一天半夜曾打一通令人意想不到的電話，命令高特加快撤離法軍的速度。現在，這位英國遠征軍總司令希望能獲得明確的指示。

高特在稍早前曾被告知，將殿後的部隊給載運返抵家園是件很重要的事，因為他們是英國精銳的作戰部隊。事實上，發電機作戰總部人員正擬定特別計劃，以便使他們能脫逃回到英國。現在高特想要從倫敦那裡得知，要是情況已來到再拖延下去就不能安全脫逃的時候，他是否應命令最後一批守軍迅速撤退，而完全用不著考慮是否會使大量的法軍，因暴露在敵軍的攻擊之下而遭俘虜。替代方案就是英國殿後部隊儘可能堅守陣地直到無法再守為止，這雖然將使他們面臨比之前都還要更大的危險，但也可以掩護更多的法國部隊撤離。如此這般，倫敦也做不了什麼。陸軍大臣艾登告訴高特，真到這麼一個時刻，高特最主要的任務將是優先確保英國殿後部隊的安全。

高特返回英國的行程終於安排妥當。他請求允許和他的部隊待到最後一刻為止，但基於與他前一天接到的命令相勃，因此遭到駁回。他隨即致電總部在港區附近——巴斯狄恩（Bastion）——還在協調撤退事宜的阿布瑞爾，高特通知他自己將在當天稍晚離開敦克爾克，亞歷山大將軍將會接管英國遠征軍的指揮權。高特提出讓法國高階軍官跟他一起回去英國的建議，阿布瑞爾斷然拒絕。由於表面上英國遠征軍還是在阿布瑞爾的節制之下，高特告辭的舉動倒不算太突兀。雖然被撤離的法軍人數正漸漸增加，但阿布瑞爾還是認為，英國人為了保全自己的官兵，很可能會毫無預警就拋棄法軍。

從整體局勢看來，法國的命運似乎是要走向災難的。雷諾還是努力不斷地再度懇求邱吉爾，希望能派遣部隊來協助阻擋德軍即將到來的攻勢，讓德軍無法攻下法國的首都。除了英國皇家空軍以外，雷諾也請求美國派遣空軍投入作戰，但華府一開始就拒絕了。喬治六世知道邱吉爾有親法傾向，覺得有必要提醒邱吉爾，他是英國首相，並非法國總理。但這是不必要的，邱吉爾對於雷諾的請求根本沒有答應的意圖。

其實邱吉爾也擔心，若斷然拒絕雷諾的請求，將使巴黎的失敗主義者趁機抓住理由來逼迫巴黎立即和德國簽訂停戰協定。邱吉爾為了提振法國的士氣，還在當天早上飛往巴黎參與法國的軍務會議。他的座機以及護送的戰機必須採取迂迴的路線避免遇上敵機，但他在抵達巴黎時不但看起來神采奕奕，而且身上還散發出信心十足的氣息。

相形之下，法國的領導階層可就無法像邱吉爾那般做作。由於國家的大災難已然逼近，他們頗為難受。他們對於英國在戰爭中的微不足道貢獻公開地表達了不滿。此外，他們也對於敦克爾克大撤退的進行感到憤怒。當邱吉爾大肆地吹噓整個撤退行動正要變成歷史上成功的撤退典範，被撤離的人員也遠超過原先預定的數目時，魏剛憤慨地問：「那撤離的法軍有多少人？」魏剛控訴「（法國人）都被拋棄了。」邱吉爾嘗試著減輕法國人的怨恨：「法軍現今正在英軍後面準備撤離。」許多人都認為，假如邱吉爾這一番話讓法國大眾聽到的話，那將造成很大的反感。他說：「我們兩國是患難之交。對於我們共同遭遇的不幸彼此相互指責，也根本於事無補。」

然而魏剛並非輕易就能被安撫的。對於邱吉爾持續要法國跟德國交戰的狀況盡可能延長下去的雷諾來說，也對敦克爾克的撤離現況感到不滿。他從邱吉爾的估計數字中列舉出令他感到不愉快的部分。在二十二萬名英軍中，目前已撤離了十五萬人，但是在二十萬名法軍當中，卻只有一萬五千人被撤離了。邱吉爾堅稱，造成此一數量上的不平均，法方應擔負最大的責任。他指出，直到目前為止，位於北部的法軍仍然沒有接到撤退的命令。他因此建議魏剛必須立即修正這個狀況。

在以沉重的語氣說出了英法兩國所承擔的共同苦難之後，這位英國領導者接著又宣稱，英軍在整個撤退行動中並沒有受到特別的待遇，相反地，兩國部隊應「攜手共同」撤離敦克爾克。更為重要的是，即使無可避免地將使他們遭遇大量的傷亡，英軍還是會為撤退行動部署殿後人員。這樣法軍就可以脫離防線，並將列入優先撤離順序。邱吉爾冠冕堂皇地宣布：「不容許法軍再有更多的犧牲了。」

邱吉爾華麗和令人振奮的誇張言辭，或多或少地減緩了法國領導階層的情緒。但並非每一個邱吉爾的同黨同志都滿意他的表演。例如，同樣與會的史皮爾斯就反對邱吉爾這種寬宏大量的說法。

> 我認為他的情緒已經把他帶到一個他難以完全掌控的地步。他顯得太慷慨了。畢竟我們處於如此危急的狀態，就是要歸咎於法國方面的無能，假如我站在法國人立場來看，在法國人的眼中，英國人之所以必須出場是因為他們需要我們的協助。這或許也是極為自然的舉動，但相反地對於我們來說，不應該為了援救法軍而犧牲我們生存的機會。今日若主客易位，相信法國人也不會為了我們而甘願犧牲他們的生存機會。人們認為我們可能會被入侵，那是因為英國並沒有部隊可以抵檔敵軍登陸，那怕是小型登陸也抵擋不住。

邱吉爾本人似乎沒有這種疑慮。他熱淚盈眶地告訴與會的法國領導階層，對於法國北部的法軍傷亡和其所遭到的苦難，他感到極為難過。他宣稱，英國已經決定奮戰到底。他指出：「英國不但不害怕德國的入侵，並將在每一個村落裡對敵展開最為頑強的抵抗。即使讓西歐文明所有的成就，在悲慘又壯烈的情形下給毀滅了，也總比其中兩大民主國家在納粹的統治之下苟延殘喘、喪失了生存價值的下場要好得多。」

邱吉爾在受到情緒影響、聲音數度中斷的情形下還表示，為了確保能將更多尚可投入戰場的士兵從敦克爾克運返英國、立即整編成新的戰鬥單位繼續和敵軍作戰，他已經下令將英國的傷兵留到最後才運送，這很可能導致那些傷兵成為敵軍的俘虜。到時候，標榜中立的美國人將會被要求去瞭解，殿後的最後一批英軍的傷亡情形及其可能的動向。邱吉爾宣稱，他絕不允許他的國家被奴役，「假如在戰爭期間兩個同盟國當中有一個受傷倒下來了，另一個盟友會等到受傷的盟友康復之後才會放下武器、才會稍作休息。」

這種對於不朽友誼的再度宣示並沒有達到預期的效果。有些人甚至覺得這根本不具鼓舞作用。軍務會議秘書長包德恩覺得這個宣示似乎暗示著，「英國已經很冷靜地認為，法國將會向敵軍屈服……英國已經準備向我們法國表達哀悼之意了。」包德恩不止一次質疑，法國是否真的應該繼續這場可以說是難逃失敗命運的戰爭，如同邱吉爾似乎想要指出的，若繼續下去，人員和財物的損失將非同小可。

當德軍轉往攻打巴黎、法國要求邱吉爾派援軍協助法軍作戰時，而又遭到邱吉爾的拒絕以後，包德恩的質疑又再度獲得證實。邱吉爾解釋說，從敦克爾克撤回英國的官兵無法在一夜之間就重新整軍經武，手頭上也沒有其他可立即派遣的部隊。除此之外，當時在英國全國各地的重型火砲總數還不及五百門。這些重砲的數量都還不夠在英倫三島用來抵禦德軍的入侵，更不可能武裝成一支遠征軍了。

邱吉爾一再強調，英國在與法國共同對抗德國的戰爭中也曾竭盡心力地做出貢獻。英國珍貴的戰鬥機中隊裡，就有十個中隊派駐在法國，其中絕大多數都在戰鬥中被擊毀。至於僅存的二十九個中隊，幾乎已不足以在德軍攻擊時防禦英國的城市和飛機製造廠。

當史皮爾斯於巴黎召開的會議中激烈地回應法國一位官員的看法——接連在軍事上的挫敗很可能會迫使法國修正其外交政策時，曾一度造成緊張。法國方面似乎暗示，與希特勒談和可能是突破僵局唯一適切的方法。史皮爾斯瞭解雷諾的一些閣員正準備建議要這麼做，因此提出警告說，假如法國的外交政策真的如同他所想像般地發生變化的話，英國也只得被迫封鎖法國，並且將轟炸法國境內被德軍所掌控的地區。如此一來，英法兩國將成為實質上敵對的交戰國。

與會的英法兩國人士在觀點和所強調的項目上仍然有許多歧見，對於英國的代表團來說，邱吉爾強烈意志的展現在會議最後階段似乎顯現出神奇的效果。會議結束的時候，與會的法方高階人員似乎已同意英國首相的看法，不光要毫無畏縮地繼續與敵軍作戰到底，這將引領同盟國走向獲致最後的勝利。

剛注入的一股新希望假若真的發生作用，事後證明也只不過是如曇花一現。邱吉爾不久之後了解到，一旦英法雙方都已相互保證將繼續作戰以便獲取最後的勝利之後，法國又將必須再度面對在戰場上屢遭挫敗的殘酷事實。他在巴黎過夜，晚餐則在英國大使館享用。雷諾和其他的法國賓客似乎比會議時的情緒要和緩了些。邱吉爾在賓客離去之後，「終於瞭解，在雷諾的心中法國已遭重挫，其他法國賓客也都知道，他們對於是否會被打敗，已抱著聽天由命的態度。」

對邱吉爾來說，應允英法聯軍將「攜手共同」從敦克爾克撤退實在是輕而易舉的事。但是，對於準備離開敦克爾克回國的高特來說，他非常清楚各種事件所帶來的壓力，根本就無法使他——或者接替他的亞歷山大——能無私地與法軍「攜手共同」撤離——即便英軍同意這麼做。漸漸地，愈來愈多的法軍接獲撤退的命令，刻也正湧進敦克爾克港區和附近的灘頭。雖然敦克爾克和多佛之間可靠的通信終於建立了，但不論是在沿岸的坦南特，或是在外海協調調度的威克渥克，都不知道將會湧入多少法軍。他們兩個人根本就不可能提供給發電機作戰總部所需的救援船隻數量等資訊。而有鑒於各種危機持續出現，救援船艦的規模將是項極為重大的考量項目。此外，也無法了解會有幾艘法艦前來參與行動。

當天早上由於天候不佳，小船艇難以接駁灘頭人員。不過到了下午，天氣已有顯著改善。風勢已經減弱，先前擱淺在岸上的船隻也因為漲潮而再度浮在水面。威克渥克又恢復調度船艇停泊在外海，小艇也重新從灘頭接駁人員到外海的船艦上。許多船隻只要發現沙灘上成群的隊伍被小艇接上，準備航向外海之後，都顧不得所在的位置是否就是威克渥克所指定的就放下船錨，對於來自布雷與德帕內的小艇來說，這個距離根本是遙不可及的。在距離敦克爾克較為遙遠的沙灘上的部隊一直苦等著，直到德軍的砲彈落下來時，他們才匆匆逃向接近港區較安全的地帶。

結果，有些真的如同指示去到很遠的地方接駁的小船最後憤怒地發現，只有少數的士兵在該處等待接運。威克渥克開始接到令人困惑的電文：海岸上沒有部隊。事實上，士兵的人數高達數千人。同時，他也接到岸上的電報：前來接運的船艇數量不足。許多從更遠的地方調頭返航的船隻，其實都沒有載送任何人上船。由於船隻和岸上無法直接通信，所以這一天的許多努力都白費了。

水手都過於疲累、周而復始的擁擠狀況、下沉的船隻和漂流在海面的殘骸，以及在外海經常必須緊急轉彎等，導致海上事故數量的增加。中午時分，兩艘驅逐艦，伊克洛斯號和史基米塔號（HMS Scimitar, H21）發生碰撞，史基米塔號必須返回多佛維修。其他互撞的船艦，不論是發生在港區或沙灘外海，則沒有那麼幸運。有些必須拖回英國，有些則下沉而使得海底殘骸船隻的數量又增多了。

當小船以及他們載走的灘頭上的官兵離開岸邊時，最典型的威脅就是來自空中的攻擊，因此大船艦需要在這個時候採取規避的動作避開空襲。

我們的遊艇航行到一艘驅逐艦旁。該艦舷側放下了許多的攀登網。當我們船上的士兵正準備攀登的時候，驅逐艦突然快速地往前航行。由於我們跟驅逐艦是綁在一起的，只得被拖著走。許多士兵從攀登網上掉落海裡。雖然他們大聲求救，我們卻一點忙也幫不上。我們的遊艇是被拖著走的。幾秒鐘之後我們知道為什麼了。那艘驅逐艦看見一架俯衝式轟炸機正從上方向下俯衝而來。許多炸彈投擲在驅逐艦艦尾的位置。至此之後，我們就再也沒有看見那些掉落到海裡的士兵了。

當天在德帕內沙灘上的局勢發展使人不得不關切。德軍已經把他們的大砲移動到逼近紐普特附近。而且還設立了一種頗為原始，但卻相當有效的裝置，在一個熱汽球上安置了人員，負責觀察指示大砲的射擊。威克渥克請求多佛派遣飛機將那顆觀測汽球擊落。德軍經常讓觀測汽球在白天的時候，時高時低、間歇性的出現，使得德軍的砲手能更準確地對德帕內的目標射擊，空軍更難擊落它。德帕內沙灘上聚集了許多士兵，使其成為英國一個嚴重的負擔。許多士兵被砲彈擊中，沙灘上只倖存極少數可用來照顧受傷人員的設施，至於適切埋葬死者的設施則已不復存在。

沙灘上到處都可聞到由血漬和因轟炸四濺的屍塊發出的惡臭。不管躲到任何一個地方，都無從躲避這個惡臭味。陣陣吹來的海風也無法驅散沙灘上已數日未埋的遺體臭味。我們那天真可說是走在充滿惡臭的一座屠宰場。

英國情報單位提供給戰爭部的報告指出，德國正製造能夠從海面直接開上英國海灘的水陸兩棲戰車。倫敦原本就感到擔憂，由於在敦克爾克不斷地損失軍艦和戰機，一旦德軍對英國本土發動入侵時，很可能將無法擊退。情報單位的報告更加深了倫敦的憂慮。不久前才完全認清戰局極為可怖的一些高層，對於有關德國境內已發生危機的報告都覺得還是無法令其安心。這些報告說，由於消費性物品和原物料的缺乏，已經造成廣大群眾的不滿。在西線的重大傷亡也引起德國民眾的警覺。納粹當局相當緊張，若是無法實現其對德國民眾所做的承諾，那麼戰爭將很快被迫終止。雖然這些報告聽起來都頗具鼓舞士氣的作用，但在開戰之前，同盟國不也曾對自己的軍力信心十足嗎？

事實上，有位在柏林的觀察家認為，德國民眾似乎沒有因為戰爭而感到不安。新聞特派員威廉．夏伊勒在日記中寫說：「在科夫爾斯特坦大道（Kurfuerstendamm）到處可以看見悠閒漫步的人們。在這三線大道行人道旁的咖啡店裡，坐滿了許多一面喝著代用咖啡或吃著冰淇淋，一面輕聲聊天的民眾……對柏林的民眾來說，國外的戰爭似乎沒有對他們造成太大的影響。」

不過，看著救援船艦遭攻擊而後沉沒的威克渥克，以悲傷的口吻向多佛的發電機作戰總部懇求，希望能派遣更多的船艦，讓他能夠有條不紊地處理因混亂而造成的許多問題。

> 對我來說，如何妥善處理當前的局勢一直是那麼遙不可及。我不知道什麼樣的船艦將在什麼時候抵達……多佛方面似乎也不可能給我太多的情報。船艦回到英格蘭讓人員上岸之後，又再度啟航。雖然陸續有船艦到來，但時間上卻不甚確定，因而實在不可能事先擬定好計劃。

當高特於當天傍晚動身返回英國的時候，亞歷山大就接管了還守住包圍圈防線的部隊指揮權。亞歷山大和前任的高特一樣，在職務上還是直接聽命於阿布瑞爾海軍上將的指揮。假如阿布瑞爾下達的命令，在他看來是「足以使英軍的安全受到威脅」的話，那他和當時的高特一樣，可以向倫敦請求採取不予理會的策略。不論邱吉爾對法國做了什麼承諾，亞歷山大的主要任務就是讓還留在法國的英國遠征軍能儘速撤退、返抵家園。他也獲得授權，若事態顯示「不可能再有組織化的撤退行動，以及，未能對敵軍造成相等比例的傷害」的話，他可以和阿布瑞爾諮詢以後，共同向德軍投降，以避免無謂的大屠殺。

亞歷山大接掌高特的職務不久，英法兩國對於撤退程序的歧見又再度浮現。現在大家都已經認知，原先的規劃是將次日清晨訂為英國遠征軍完成撤退的最後日期，如今已不可能如願完成。沙灘上和沙丘後方還有太多的官兵，而且令人感到驚訝的是，防線還可以堅持住。亞歷山大告訴阿布瑞爾，他認為撤退行動不可能會支撐得比一天一夜還要更久了。他呼籲英法部隊在今晚應共同致力於將早已等待著登船的部隊撤走，而在後半夜則是殿後部隊也給撤走。計劃的構想是在六月二日天亮之前，也就是比原先計劃推遲了二十四小時完成發電機作戰。

阿布瑞爾並不同意亞歷山大的構想。他認為亞歷山大所定的最後期限完全是錯誤的估算。他並不認為防守著最後陣地的法軍能夠那麼快就脫離戰線。他堅持要所有的部隊都登船了之後，才能放棄敦克爾克橋頭堡。

（亞歷山大的參謀長威廉・摩根上校（William Morgan）事後回憶說）阿布端爾認為……部隊應該繼續待下來，從目前所瞭解的，應該還可以再留下來一些時間。當然，我們知道這是不可能的。英國部隊已完全被打敗。他們再也支撐不了多久。

阿布瑞爾對於英國急於放棄法國感到憤怒，他語帶威脅地說，他將使用指揮官的權力關閉敦克爾克港區。不過，他這句威脅話當然不可能是說真的。他指責亞歷山大說：「將軍，你必須留下來。這攸關著英國的榮譽。法國士兵為了保護英軍能夠安然登船，已犧牲了不少性命。你們英國最後的一批部隊必須參與防衛敦克爾克的任務，讓我們法國部隊中的大多數官兵也能安然撤離。」

阿布瑞爾要求的，遠比當天稍早邱吉爾在巴黎主動提議要給法國的援助還要少。他只不過是要求英國分擔最後的殿後防禦責任，阿布瑞爾並沒有要求必須承擔所有的防衛責任。雖然他並不知道邱吉爾允諾將提供法國何種援助，但他清楚記得，當高特向他告別的時候——在他出發的時候已呈現出混亂的狀態——曾向他保證，英國的後衛部隊將繼續守住防線，以便法國部隊的撤退行動能持續下去。

不過，亞歷山大卻沒有聽說過那樣的允諾。高特一時疏忽忘了告訴他。這位新任的英軍指揮官只專注於所接獲的命令中提及的主要任務——絕對不能做出任何危及他的部隊安危的事。要是因而使法軍大失所望，那也是無可奈何的。他告訴阿布瑞爾，他個人認為，要是企圖將撤退行動之最後日期延長到六月二日清晨之後，「那一定是沒有真正地考量到戰況與海上情勢的緣故。」阿布瑞爾並不認為防線不可能守不住。他建議將防線往後退一或二英里，以更接近海岸（其實和海岸相距不到四英里），然後在該處整頓並頑強抵抗敵軍的攻勢。

亞歷山大認為這根本毫無道理可言。他抗議說更接近海岸的新防線，將使敵軍砲火的射擊範圍帶進敦克爾克港區和各個灘頭，將更無法進行撤退行動。這並不單純只是意見不合而已。亞歷山大對於阿布瑞爾的任何判斷都不具信心。他認為阿布瑞爾一直不願意從他那位於地下的碉堡總部探出頭來看看究竟戰況已演變到何種地步，因此無法真正理解何者可為以及何者不可為。當阿布瑞爾堅持必須按照他所擬定的方式時，亞歷山大認為他只好行使命令中給他的例外條款——向倫敦請示。

亞歷山大馬上回到在德帕內的英國遠征軍總部。雖然敵軍投擲了許多炸彈，不過，他如釋重負地發現，和倫敦之間的電話通訊絲毫沒有遭到破壞。他立即以電話和陸軍大臣艾登連繫，這也是最後一通能接通的電話。他告訴艾登，若依照阿布瑞爾的計劃將最後撤退期限延長，英國將會喪失掉部份最精良的野戰部隊。邱吉爾在巴黎曾允諾由英軍擔任最後的防禦任務，以便在敦克爾大撤退的最後階段當中名流千古。但艾登並不知道邱吉爾對法國的允諾，因此同意亞歷山大的看法。他授權給亞歷山大，按照他所提議的計劃，於六月二日清晨之前將英國部隊全數撤走。

雖然如此，實施起來卻不是那麼的簡單。亞歷山大根據指示，必須讓在敦克爾克剩下的英軍都登船：「愈快愈好，而且要與法軍以各一半人數的方式撤退。」所謂「各一半人數」可以有兩種解讀——以當前的狀況而言，還是要溯及既往。就亞歷山大的瞭解，「愈快愈好」只有一種意思。他的意圖是，無論如何一定要把英軍撤走。他返回阿布瑞爾的總部將意圖告知阿布瑞爾。他希望阿布瑞爾能讓自己的部隊也把六月二日清晨視為最後的撤退期限，如此最後的撤退行動將會大公無私而不會只偏重於英國部隊。他也明白表示，即使法軍不把六月二日清晨視為撤退的最後期限，那個時候一到，最後一批英軍還是會離去。

阿布瑞爾原本就是極為厭惡被人以最後通牒相逼的將領，更何況這次還是自己的屬下所為。不過，他也只能向巴黎當局抱怨而已。更使兩人交惡的是，由於當時已是夜晚，亞歷山大不想在黑暗中冒險回到當時已經移到距離敦克爾克市區更近的新總部。他和他的副官在阿布瑞爾的碉堡裡、冰冷的混凝土地板上過了這一夜。

當初預期將會有四十八小時，到目前為止，發電機作戰執行的時間已經幾乎是四十八小時的三倍了。不過，關於周邊防禦陣地是否還可以再抵擋德軍攻勢、那個由始至終的擔憂，現在是到了要見真章的時刻了。現在一方面要加快撤退行動，另一方面也要開始進行縮小短防禦陣線的艱困任務。

根據擬定的計劃，是要把防線的左翼，也就是在比利時靠近海岸的地區給後退、縮小，在法國和比利時邊界接近敦克爾克的位置，派遣殿後部隊重新建立一條防線。德帕內附近的沙灘將成為部隊撤退的所在地點。位於比利時防線的部隊將在清晨撤退到德帕內的沙灘。他們已經接到通知，將從該處撤離。行動的速度很關鍵，因為德軍很快就會發現防線的左翼即將成為空城。

雖然有夜色掩護，但是從德帕內穿越到沙灘是頗為危險的挑戰。德帕內曾經是個繁華的現代化城市，主要的街道當時都林立著由混凝土和玻璃建材建造而成的新式建築物，如今絕大多數的建築物都已成為廢墟。對於任何一支已經疲憊不堪的殘餘部隊來說，拖著沉重的步伐穿過該座城市，也著實是一個非常奇特的經驗。

德帕內街道的景觀令人驚異。道路幾乎都被任何一種所能想像的交通工具給阻塞……房屋被摧毀，散落的電車纜線和支柱到處可見。居民都躲藏在地下室。

德軍的觀測飛機投擲照明彈，想照亮看清楚現場狀況。不久，遠處的大砲發出了轟隆響聲，隨之而來的則是砲彈飛來的呼嘯聲。置身在空曠之處似乎是件危險的事，帶隊軍官大聲喝令士兵尋找掩蔽。

「離開街道！躲到商店裡！」街上可清楚地聽到這些喝令聲，每一名士兵只消被喝令一次，就已經知道必須迅速地躲到可供藏身的地方。我們所處這條街，有品質良好的厚玻璃片製成的窗戶，原先都還完好沒有遭到破壞，但受到步槍槍托的撞擊以後，厚重的玻璃片也應聲摔落在人行道上。士兵們快速往前衝……不久之後，在一家餐館的玻璃窗後面，餐館老板突然出現了。他急忙示意部隊停下來。由於尊重他人財物是一種與生俱來的天性，士兵們都暫停了下來，手上槍托也不再敲打玻璃窗了。那位餐館老板這個時候匆忙地把他的玻璃門打開，士兵們也魚貫躲進餐館裡，厚玻璃片才幸運地沒有被破壞。

對於那些士兵，以及數千名其他士兵來說，當第六天即將結束的時候，被援救、返回英國仍是遙不可及的事情。雖然執行撤退行動相當艱難，還面對許多的耽擱，慘重的傷亡也令人感到苦惱，但是到了五月三十日午夜為止，也就是敦克爾克大撤退行動的第六天，當天總計共有六八、〇一四位人員運抵英國——四五、〇七二人從敦克爾克港區撤退，二二、九四二位從灘頭上撤退——這是過去這麼多天以來，單一天數撤出人數最多的一天。大多數的英國遠征軍也回到英國。發電機作戰展開到第六天為止，已經救出了將近二十萬名官兵。

雖然倫敦的唐寧街十號首相府對此感到滿意，但是戰爭部還是毫不掩飾的說，現場還有數萬人仍在等待救援，隨著時間的流逝，救回他們的機會將會越來越渺茫時。一些關於曾被英軍俘虜後逃脫或被釋放的德國士兵，在扣押期間遭到英軍殘酷對待的報導，經由德國媒體披露之後，更讓人擔心這些被俘虜的英軍未來的命運會是如此。德國的報章指控英國軍官的行為，根本就好像是把德軍戰俘都看成是「食人族或殺人犯」。

他們遭到卑劣的侮辱、毒打，私人的財物被搶奪，甚至還被威脅會被殺死。他們要不是手腳被鐵鍊綑綁丟到一旁，就是被留置在街上，暴露於無情的砲火之中。在和英軍一同前進的時候，那些因為受傷或疲憊而無法跟得上步伐的（德軍），則被有虐待狂的（英國）軍官以棍棒敲打。當他們被質問有關於德軍方面的秘密時，雙眼都被矇住，以便減弱其反抗力。德國絕對不會忘記，也絕對不會容許施加此種暴行的人逍遙法外而不受懲罰。

英吉利海峽對岸大約還有六萬名英軍仍然深陷法國，面臨著不是被俘虜就是被殺害的威脅，上述德國報紙的指控和威脅聽起來就更是令人膽戰心驚。那些英軍不但將可能成為人質，而且還可能成為談判的籌碼。對戰時內閣來說，這更是令人感到不寒而慄。

第七天　致命的空中攻擊

對於那些從行動一開始就部署到船艦上的人員來說，他們身心的疲累程度已經達了瀕臨崩潰的臨界點。面對敵軍砲火攻擊還依舊能夠執行撤退任務的驅逐艦上，有許多人連續五天，或甚至五天以上，除了短暫的睡眠之外，一直都處於執行勤務的狀態中，至今已經再也無法承受了。對那些因所屬船艦進塢維修、得以短暫休息的人員來說，一想到將要重新回去執行發電機作戰的勤務，心中就感到懊惱。對於所有船上的官兵、水手來說，回到敦克爾克意謂著必須再度冒險進入人間煉獄，屆時不僅他們的神經將緊繃到極點，還很可能永無返回英國的機會。

船隻每次橫渡英吉利海峽時，其所面臨的危險絲毫未曾減緩——如砲擊、轟炸、低空掃射、德軍潛艇和魚雷艇的伺機而動等。至於船隻若是已停泊等待來自防波堤或沙灘的士兵登船時，則又必須長時期暴露在敵軍的空中攻擊之下。上述種種威脅和壓力，在每一次搭載了許多擠滿船上各個角落和空間的官兵返回英國的途中，都未曾絲毫減緩過。

船上的工作人員愈來愈感到焦慮和不安，其中有些還因為過度疲累和數度危險的經歷而遭受不知名的病痛。戰前航行於海峽的聖希瑞爾號（St. Seriol）蒸汽船的大副，當他在附屬於該艘蒸汽船的救生艇上，援救一艘正下沉中的船隻的乘員時，由於他幾近瘋狂地急於將生還者拉到救生艇，突然從腰部以下出現神經癱瘓的情形，使他自此之後有很長的一段時間無法站立。

有關船上工作人員失控的報告陸續出現。在滿船撤退官兵載往英國港口的時候，經常船上的官兵，其中包括大部分的軍官等，都有在途中睡著的情況。在這些往返兩岸、要去出任務的軍艦上的官廳，軍官們都有喝酒的狀況。兩個曾經是「性喜嬉笑怒罵且身強體健」的水手在登上懷特希德號（HMS Whitshed, I77）驅逐艦之後據說就變得「悶悶不樂、愁眉苦臉、沮喪，和悶不吭聲。」有時候，他們偶爾會扭絞自己的雙手。他們說，寧願跳到海裡也不願在敦克爾克再待上一夜。當哈薩號（HMS Hussar, J82）掃雷艇官兵突然放聲大哭的時候，使得該艇被迫暫停參與救援行動。赫伯號（HMS Hebe, J24）掃雷艇上包括軍官在內的三十名官兵，出現集體歇斯底里的狀況，全艇集體送上岸去接受治療。發電機作戰總部早料到會遭遇難題，多儲備了一些海軍官兵以便必要時，可以迅速前往多佛接替無法繼續執行任務的官兵。

對於被徵召到客輪上執行任務的民間船員來說，其所遭遇到的危險似乎較小。他們現在是在夜晚橫渡海峽，因而沒有遭到敵軍的攻擊。然而，這些民間船員沒有受過戰鬥訓練，也沒有必須返回戰區的義務。他們的船隻就像軍艦一樣，當停泊在敦克爾克港區的防波堤時，必須冒著可能被敵軍砲火擊中的危險。此外，當他們的船隻在橫渡海峽時，也會有隨時被魚雷擊沉的可能性。而在夜晚，船隻還可能會相撞。雖然雷姆賽的掃雷艇執行任務的成效不錯，但還是無法將德國軍機每晚持續不斷、在英吉利海峽和英國海岸布設的水雷給完全排除。小型且防禦力有限的客輪，從未航行到距離英國海岸很遠的地區，他們在橫渡海峽的時候，心裡的緊張程度實不亞於軍艦上的官兵。馬林斯號（Malines）的船長就解釋說為何他的船隻要退出行動。

> 顯然，我的船員已經快要鬧叛變了……我認為，讓我的船隻再冒險執行一次救援之旅，不但成功的機率很低，而且其所產生的效益也不大。不但我的手下不允許我把船隻航向敦克爾克地區的沙灘，碼頭也似乎快守不住了。

對於小船隻來說，情況也是令人有夠緊張的。大多數的小型船船員，對撤退行動都頗為陌生。沒錯，雷姆賽的一些幕僚仍然在英格蘭南部各區徵召更多可用的小型船。對於那些在沙灘上工作的官兵來說，其所承受的壓力卻愈來愈加高漲。在海峽航行期間經常會因為船艦同時聚集在一個海域而發生阻塞的情形，因此更加容易遭到敵軍的攻擊。當敵機對較大型且較快速的船艦進行大規模的攻擊行動時，小型船同樣也是暴露在敵機的攻擊砲火之中，也因而必須不斷地迅速轉向，避免遭擊中而沉沒。

官兵湧入舷窗全部緊閉的下甲板，那個惡臭難聞的環境可想而知。可憐的英軍事實上就像常說的擠沙丁魚那樣，被擁擠地塞在某處——有些甚至塞到在浴室或廁所裡。那些可憐的官兵們所能做的，就只是坐著靜觀其變。

有些船員他們是志願的，有的人則是被徵召而服勤的。如今，他們的船艇主機在重大壓力下發出了異常的聲響，他們自己的神經也緊繃得再也無法承受。當他們接運英軍回到英國以後，就不動聲色地將船駛回自己的母港。一些船長也指出他們不但累得像條狗，而且也盡到應盡的義務，就再也不去對岸的敦克爾克了。從許多個案中顯示，海軍艦艇接到指令，要「強迫民船回到他們的崗位上去」。許多從其他指揮部抽調來的海軍官兵被安排到民船上。他們除了要負責指揮民間人士的工作外，還有就是要提振那些從敦克爾克歷劫歸來的船員的士氣。

有些船長和船員誤以為撤退行動已告結束，當天夜晚他們就空著船從法國返回英國。

我們駕駛著一艘原屬英國皇家空軍的快艇進出沙灘區，不分晝夜。有一天傍晚，周遭的事情似乎寂靜下來。不知怎麼一回事地，喧鬧和鏘然作響的聲音都已停止。這使我們以為已經到了路的盡頭。我們極為疲倦。我們認為自己已經盡了本分。看起來似乎再也沒有什麼事情可做。於是我們就想：「回家吧！」不過，我們並沒有討論過這一件事。只不過很湊巧地，我們三個人都有這種想法。我們實在是過於疲倦，因此並沒有意識到要多載運一些待撤退人員和我們一同返回英國。事實上，我們甚至不知道是否能夠返回。天色逐漸暗了下來。我們沒有羅盤、沒有航海圖、沒有探照燈、沒有武器、沒有食物，我們什麼都沒有。我們甚至都不知道是否有足夠的燃油可以返回家園。

海岸邊的浪潮繼續詭異地流動著，對於不熟悉其速進速出奇特方式的水手來說，著實有很大的危險。許多小船上面的都是經驗不足的水手，所以在退潮的時候都可能擱淺在淺灘或沙洲上，極需拖船或其他具備拖曳能力的其他船隻來將她們給拖離。威克渥克注意到有一艘載著撤退人員、正準備航向多佛的拖船之後，立即示意該船轉頭前往布雷，將一艘陷在泥濘中的掃雷艇拖離困境。拖船船長並沒有接受這個指令，還是繼續將船開往英格蘭。拖船船長是志願駕著自己的船隻參與撤退任務，因此他執意要完成自己的工作。由於仍然有許多部隊等待撤離，威克渥克必須下定決心盡其所能地控制整個局勢。他命令一艘軍艦的火砲對準那艘拖船，並且指示一名海軍備役准尉登船接管拖船的指揮權，然後去協助擱淺的掃雷艇沙灘脫離困境。拖船船長對於遭到如此待遇極為憤怒。但有這種想法不僅他一人而已，在敦克爾克大撤退這幾天當中，他所必須擔任的事務比他原先所想像的還要多。

正好與他們的軍官的承諾相反，前線部隊前一夜趁著夜幕低垂時，從比利時已經退縮的防線，朝著德帕內的方向撤退，看來他們回家的路上又充滿了不少的困難。他們發現並沒有等著載運他們迅速撤離的船隻。他們以及其他經由德帕內市區滿是殘骸的街道、抵達沙灘的部隊發現，沙灘上只有令人感到毫無希望可言的混亂狀態。那裡早已群聚了許多部隊，在當地待命的船隻卻沒有載走多少官兵——每小時不超過三百人。再加上德軍不時發射的砲彈，以及沒有灘勤人員和岸巡人員向他們解釋該怎麼做，更加劇他們原本就已經是沮喪和感到恐懼的情緒。

擔任岸勤任務的海軍官兵接獲命令，無論如何絕對不能被敵軍俘虜。因此，大多數的海軍官兵已經撤走，少數還留下的是想瞭解是否還有其他事情可做。當新近抵達的部隊沿著海岸行走，希望能找到船隻時，使得情況更為混亂——砲彈落在他們的附近造成傷亡，其中有許多傷者也沒有人照顧。縱使在這些慘劇發生後很久，其中許多身歷其境的人還可依稀記得那些慘狀。

> 我的左右兩邊躺著三個動也不動的人形軀體；另外有一個人則用一隻手撐著，然後還說著話。他的聲音帶著一種夾雜著懇求和沮喪的語調：「救救我吧！救救我吧！」他一再說著這個句子。在黑暗中他的面貌無法辨識，只能約略地看見他的輪廓。我一直拖著沉重的步伐行走、沒有停下來，因為那是命令。主要目的還是為了自保，至於他後來是否活著被醫務兵發現，那就不得而知了。

當時在現場的高階軍官認為除了沿著沙灘朝著敦克爾克的方向前進之外，已經沒有別的方法了，或許在前往布雷途中或是抵達布雷附近的沙灘時，他們可以發現運送他們返抵英格蘭的船艦。可是，根據清晨時刻接連不斷地在海峽兩岸之間傳送的電文顯示，沿著整個海岸線，船隻似乎都已經不夠用了。

○二四三時——葛薩米爾號掃雷艇致雷姆賽：「德帕內以西需要更多的船隻。」

○三二四時——雷姆賽致葛薩米爾號文：「現在派遣再多的船隻已經不實際了。你必須竭盡所能用你的船艦運送。」

〇三四一時——尼格號（Niger, J73）掃雷艇致雷姆賽和威克渥克：「灘頭上的情況相當危急……急需更多的船隻。」

〇三五八時——葛薩米爾號致雷姆賽：「還有上千人（行走中嗎？）從德帕內朝西走。沒有看見船隻。」

〇四三〇時——第七近衛旅威特可（Whitaker）將軍致戰爭部狄爾將軍：「絕對必須要提供更多的小船，以及必要時拖走她們的動力船，以避免遭到慘重的損失，剩餘的英國遠征軍才得以全數運走。情況極為迫切。」

〇六一一時——威克渥克致雷姆賽：「所有被用來當做拖船的船隻都已經在夜晚朝著英國的方向航行。她們必須要回航了。」

前一晚聚集在德帕內沙灘上的官兵，大多數是紀律嚴謹的步兵，在他們留守的軍官指揮下，組成隊伍走在鬆軟的沙灘朝敦克爾克的方向前進。他們沿途還收容了一些其他部隊的殘兵。和自己單位失散的士兵在黑暗中大叫，試圖想要再度地找到他們：「A連，格林．霍爾斯！」「C連，伊斯．沃克！」雖然有些在破曉之前就在沙灘上被整夜都在執行任務的小船給救走，但大多數還是在敦克爾克港區的防波堤被載離。

我看見一座通往海面大約八英尺寬的棧橋，我就把船駛往那邊，希望能在其末端發現一些待撤退的人。當我發現原來士兵都站立排列成筆直的隊伍就好像是要參加閱兵一樣，我驚訝得簡直無法想像！當我接近他們的時候，有一位士官走到我的面前說：「報告長官，總共有六十名待撤退人員。」他走回到那一列筆直而不怎麼移動的隊伍……然後告訴那六十人登上我的船。

在極度沮喪和失望的情形下，其中有些人脫下衣服、丟掉武器，然後游向他們看見停在外海的船艦。有的人運氣不錯，他們被航向沙灘的小艇給接走。可是，也有許多人從此再也沒有消息。有三十名原本沿著沙灘前進的士兵，當一名與他們同行的軍官告訴他們，任誰只要自認能游泳抵達外海船隻的士兵都不妨試試看時，大家就一窩蜂地向一艘軍艦游去。那時是曙光乍現的清晨四時三十分，那些士兵開始朝著外海軍艦游去不久，德軍戰機就從地平面突然向著他們以及那艘海克揚號（HMS Halcyon, J42）掃雷艇突擊而來。雖然海克揚號沒有遭到重大損傷，但那三十名下水的士兵只有四人獲救，其中兩人是在海中受了傷的。

就在天亮前不久，士兵們冷靜地登上停泊在敦克爾克港區防波堤的船隻。當晚一度有一萬名英軍和二萬名法軍在碼頭等候撤運。這些英法部隊擠在碼頭和碼頭入口，隊伍甚至還延綿兩英里伸展到沙灘上去。他們當中有一些在前一天的白天就開始等候；有些則是在前一晚開始等候。德軍同樣也在這個地方持續著其不規律的砲擊。除了這些砲彈所造成的傷亡、破壞和恐懼感之外，仍然發出熊熊大火的敦克爾克油庫，以及有時候德軍所發射的照明彈，更襯托出這些疲憊不堪士兵在進行大規模的登船行動時的詭異。

法軍大量抵達，基於文化和語言等方面的緣故，使得撤退行動更是橫生枝節。不論就經驗或天性來說，法軍當中有許多士兵是出身於內陸地區的農民，對他們而言，海洋和航行的船隻是深不可測的。許多法軍在抵達海岸之後，就拒絕再往前行進。當他們被告知，這是提供一個渡海的機會，若不願渡海，也可在附近四處走動，但他們還是拒絕前進，這使得沿岸更加擁擠了。其他的法軍則和大多數的英軍一樣，在淺灘處陸續地爬到船上，根本就不去注意載重和容量等問題。有些船隻因而深陷泥沼動彈不得。船隻可說是某種避難所，因而那些早已登船的待撤退人員就安穩地坐在船裡靜候。他們打算等到漲潮時船隻再度漂浮之後就可以撤離。

在那些曾有大量人員聚集的地區，也就是自敦克爾克往北的海岸線從幾天前開始，就已經不再是整潔的海邊遊樂區。

海灘上散置的丟棄物簡直不是言語所能形容：步槍、輕機槍、軍用背包等，散置在每個角落。驅逐艦和各式各樣的大小船艦，擱淺在接近海岸的淺灘，桅柱、艦橋，以及煙囪都突出在水面上。其中有一艘驅逐艦不但遭到擱淺，船身也被炸成兩半。

六月一日清晨，敦克爾克大撤退的第七天，天方破曉曙光乍現之際，德軍已經展開了當天的首輪轟炸。大約一個小時之後，第二波轟炸攻勢再度發起，再經過一個小時，第三波轟炸行動也出現了。當天一整天，每當救援的船隻從英吉利海峽對岸駛抵敦克爾克，或是在搭載待撤退人員時，或者是甲板和船艙已擠滿待撤退人員並準備返回英國時，成群的德軍轟炸機、俯衝轟炸機，以及戰鬥機總是會一次又一次地從高空朝著那些救援船隻攻擊。德國空軍又再度將其最主要的注意力，轉移到轟炸船隻和瓦解留守的聯軍部隊身上這兩件事。現在包圍圈內大約有十萬名法軍和四萬名英軍。事實上，假如當初一開始就有系統地追擊英法聯軍，那將可望提前數日就粉碎了整個發電機作戰。有些官兵看著那些預定要接運他們的船隻——前排的士兵都已經登上那些船——先是被擊中，而後著火，最後沉入海底。

（有一名志願參與撤退行動的民間遊艇水手回憶）在岸上等候的部隊親眼看著海軍遭到轟炸……最驚人的地方是，那些官兵沒有（或似乎沒有）顯現什麼變化。我認為這是德軍一種非常高妙的恐怖心戰手法……對海軍轟炸，讓岸上的部隊親眼看見德國空軍的威力，讓他們想清楚，這就是想要搭船返回英國的人所將遭到的後果。

對於那些在沙灘上等待撤退的人員來說，這看起來就像是聖經裡面的「世界末日」（Armageddon）海上版，其間邪惡的勢力已佔了上風。對於許多英國水手來說，似乎也有相似的感受。艾凡荷號驅逐艦艦長在該艦受傷和面臨攻擊的時候，對著有意前來救援的哈溫特號驅逐艦大叫：「趕快離開這裡，否則你們的下場將會和我們一樣！」不久哈溫特號也被擊中，而且在港區入口附近沉入海底。在一切都失控的情形之下，艾凡荷號被拖離現場，最後還能夠被拖回英國。

巴西里斯克號（HMS Basilisk, H11）驅逐艦在德帕內外海被擊中，在試圖逃回英國的時候沉沒了。飛魚號（HMS Skipjack, J38）掃雷艇在德帕內外海搭載了大約二百五十至三百名人員後，船舯遭一枚炸彈擊中。在棄船的命令下達之前，她已經翻覆而下沉了。艇上搭載的人員都在底部的船艙裡，大多都命喪海底。那些跳到海裡或掉落在船邊的，則被敵軍的機關槍掃射。

法國海軍凡德羅依恩特號（Foudroyant, T52）驅逐艦以及皇家海軍莫斯基多號（HMS Mosquito, T 94）砲艇也都相繼沉沒。船隻一艘接著一艘地下沉、故障，或是擊毀。在這種可能使人致命的混亂中，有數百人被一些船隻救起而倖免於難。這些船隻不畏任何艱難險阻駛近受重擊的船隻，然後將待撤退人員及船上的官兵給載離。

德軍來自於空中的攻擊行動在當天接連不斷。聯軍只得利用兩波攻擊行動之間的空檔匆忙修復被擊毀的船隻，將人員載離，生還者從水中救起，而受傷者也受到醫治。然而這些空檔其實也是等著害怕的事情出現的等待期，沒有人會懷疑，包括斯圖卡、多尼爾、亨克爾、梅塞施密特等各型軍機，不久之後都將飛回來再度攻擊他們。敦克爾克外海已經變成一個海中冥府，其間有著火或燒毀的船艦，有的擱淺，有的船身已沉沒了一半，有的艦艏朝天，艦體和殘骸則隨著潮水隨波逐流。

就跟先前的狀況一樣，人們還是抱怨皇家空軍未能提供足夠的空中掩護。事實上，皇家空軍的戰鬥機司令部也處於不利的狀態。德軍能自由挑選時間和地點來對英軍展開兇猛的空中攻擊。英國戰鬥機只能儘可能縮短巡邏之間的空檔，並且靠著在時間挑選上的運氣，尚能抗衡敵軍的某些攻擊甚至中斷他們對地面的攻擊。皇家空軍當天損失了三十一架戰鬥機（德軍損失二十九架），但只要皇家空軍都沒有出現的時候，敵機就能夠在毫無任何阻撓的情形下，完全掌控敦克爾克的制空權。

當德軍戰機未受到英軍戰機的挑戰時，只消應付絕大部分來自於英軍驅逐艦上的防空砲火。德國軍機來得快又猛，速度快到連英軍砲手都無從分辨，來機究竟是英軍的噴火式還是德軍的 Bf109 戰機。他們不管三七二十一，只要是飛來的戰機，不論屬英軍或德軍還是會先開火再說，雖然效果有限，但他們還是會繼續射擊以自保。官兵都非常清楚，自己暴露在敵機臨空的這種狀況時，沒有什麼好保留的，更沒有節約彈藥的必要。英軍凱斯號（HMS Keith, D06）和其他參與行動的驅逐艦一樣，在將撤退人員送回多佛之後，又轉頭快速朝著敦克爾克的方向駛去。艦上當時一度只剩下最後三十枚防空砲彈。後來面對空襲，凱斯號快速規避、轉向，最後還是被擊中、癱瘓，然後沉沒。這一天儼然成為英國皇家海軍史上最悲慘的日子之一。

面對被召回，怨恨和羞辱必定大為影響高特的情緒。他當天早上返抵倫敦，並參與了戰時內閣會議。他有充分的理由可以相信，過去兩個星期以來，從戰爭部和邱吉爾本人下達的命令和指示，不僅訊息不完整而且也令人困惑。此外，撇開局勢不談，以高特身為部隊的指揮官而論，並不能因為他率領的部隊雖然只有一點作為，加上大部分是一再撤退爾後被逼到海角，就認定他沒有擔任指揮官的能力。雖然有許多官兵被困在法國的西北海岸，但整個撤退行動到目前為止已經大大地超乎原先的期望。高特因此在會議上還是受到熱情的接待。要不是國家安危面臨了吃緊的局面，他很可能會受到英雄式的歡迎，因為這樣有助於提升大眾的士氣。

戰時內閣急於想知道敦克爾克防線的最新狀況，以及依然在該處作戰的部隊持續進行撤退的展望。高特告訴與會的內閣官員和軍事首長，雖然防禦陣線可望守到次日早上，但到時候的撤退行動將充滿危險。他認為在當天夜晚就應該用盡各種方法完成撤退。邱吉爾一再堅持，縱使英軍必然遭受重大損失，也要竭盡所能盡量援救愈多的法軍。不過，這種看法似乎並不怎麼被高特認同。高特並不知道法軍殿後部隊——現正擔任防衛著敦克爾克地區的防線之任務，以阻撓德軍的前進——已展現出豪情壯志和堅定的決心，因此還懷疑仍留守在該地區的法軍當中，究竟有多少部隊還具有作戰能力。高特還是認為法軍指揮部應該為英國遠征軍後來所遭遇到的困境負完全的責任，因此他並不認為法軍值得皇家海軍冒著生命危險來救援。

高特認為發電機作戰在當天晚上就要終止，並獲得與會的各軍種首長的附議。海軍參謀長龐德爵士對於皇家海軍繼續遭受敵軍的痛擊感同身受。他認為待次日破曉之後，撤退人員登船的機會將會非常渺茫。龐德報告說，參與撤退行動的所有驅逐艦至少都遭到某種程度的破損。更為嚴重的是，德軍現在已將其大砲就定位，已經可以對最後一條可以安全航行的跨海峽航道直接射擊。法方原先允諾將派出一百艘漁船參與行動，結果只有少數幾艘出現。而原先參與撤退行動的一些法國軍艦接載人員之後，朝著敦克爾克以南的勒阿弗爾（Le Havre）的法國港口駛去，而不是在英國的港口上岸。

因損失的數量不斷增多而暈頭轉向的皇家空軍，也極力支持海軍的看法，撤退行動必須迅速告一段落。英國戰鬥機的力量據說「已經大量地銳減到維持本土空防最低限度以下」。戰時內閣也被告知，在過去的三個星期當中，戰鬥機司令部於執行任務中所損失的飛行員和戰鬥機的速率之快，已遠超過所能補充的數量。同時，再將噴火式和颶風式戰鬥機派上天也沒有用了。戰鬥機消耗的機關槍彈藥數量之快，後勤單位根本來不及補上。嚴重短缺的狀況正隱約的浮現當中。

邱吉爾於當天早上從巴黎返抵英國，他前一天在巴黎向法國的領導階層保證英國永不止息的同志愛。雖然軍事首長一再地辯論和提出警告，但邱吉爾還是把「撤出法軍」視為一項極為重要的任務。他堅持，即使會損失大量的海軍船艦和陸軍部隊，也都必須儘可能地守住敦克爾克，因為這樣才能使法方揚棄「遭到英國遺棄」的想法。不過，在經過一番勸說之後，邱吉爾也認為在現場指揮的亞歷山大將軍，是最為了解未來將可能發生什麼狀況的人。因此，撤退行動究竟何時中止，應該由他一個人來決定才對。

亞歷山大對於撤退何時停止的時間表顯得胸有成竹。當天早上，他在阿布瑞爾的碉堡和阿布瑞爾會面並告訴他，人數已經減少的英國殿後部隊將繼續地防禦著剩餘的防線直到夜暮低垂，之後防線的防禦工作將完全交到法軍手中。在巴黎的高級官員獲知此一決定時，都不約而同地勃然大怒。這更加使他們堅信，背信的英國人在援救了自己的部隊之後，根本就不會在乎其同盟的安危了。邱吉爾為了緩和對方怒氣，致電雷諾和魏剛向他們解釋影響英軍決定的因素。

撤退的重要關頭現在已經來臨了。五個戰鬥機中隊事實上一直在參與行動。這是我們為了掩護撤退所能提供的最大數量的戰鬥機數量。唯一可供通行的海峽航道已暴露在敵軍的砲火火網之下。有六艘幾乎都滿載著待撤退的人員的船艦，在今天早上沉沒了。敵軍對於戰局的掌控愈來愈加緊密，橋頭堡也愈加縮小。若是試圖固守到明天，我們將很可能遭遇最為嚴重的損失。假如我們在今天晚上就停止撤退行動，雖然還是會有損失，但必然避免許多不必要的損失。整個局勢無法被獨自待在堡壘的阿布瑞爾海軍上將，或是被你，或是被在這裡的我們所評斷。我們因此命令指揮著橋頭堡的亞歷山大將軍和阿布瑞爾海軍上將共同檢視戰局，以期能擬定出可供遵循的最佳策略。我們希望獲得您們的同意。

在邱吉爾起草致給雷諾和魏剛的原本電文中，說明了已命令亞歷山大「自己判斷」要如何進行。後來送出的電文即使修改後語氣變得較為溫和，但還是無法產生安撫雷諾的效果。法國總理冷淡地告訴史皮爾斯將軍，看來邱吉爾在前一天信誓旦旦的諾言，「英國絕不會單方面採取行動，」已快速且明顯地背棄了。當諾言接獲報告指稱，法國軍官在敦克爾克遭英軍粗暴虐待時就更加憤怒。他聽說有一名法國將軍和他的副官被人從一艘救援船上粗暴地拉下船，當事人被告知，因為他們的登船，將會導致少載兩名英國士兵回國，而這種情形是令人無法容忍的。

到了這個時候，史皮爾斯已經不再千方百計擺平巴黎和倫敦之間的摩擦。同盟國之間早已存在著根本上的嫌隙。雖然敦克爾克似乎將成為某一個值得英國人感到驕傲的地方，但是對於法國來說，卻是一個挫敗和羞辱的象徵。史皮爾斯不但沒有試著將事情解釋清楚，還揚言將對法國的指控展開反擊。對於那位在敦克爾克被不合適的方式對待的法國將領，他暗示說，那位將軍利用自己的職位之便，只想安然獨自逃離法國，根本就沒有想到自己部屬的安危，而這是極為錯誤的。至於雷諾對高特表現之批評也遭到史皮爾斯狠狠的駁斥。他堅稱，高特的失敗——假如他有任何失敗的話，是在於沒有抱怨「法軍參謀人員和將領糟透的失敗表現」。

關於阿布瑞爾海軍上將的看法和判斷，依然是個微妙的問題。英方人士——首先是高特，然後是亞歷山大和代表皇家海軍的坦南特——在著手計劃結束敦克爾克大撤退在陸上的行動時，早就已經不斷地徵詢阿布瑞爾的意見。不過，那些接連不斷的徵詢大多只是認可阿布瑞爾，作為敦克爾克地區最高指揮官的一些象徵性舉動而已。阿布瑞爾和法國方面一般來說都認為那些徵詢大多只是形式，並不具有多大的實質意義，因此他們對於那些徵詢根本就不具好感。但是對於英方來說——如同邱吉爾在傳送給巴黎的電文中明白指出的，假如阿布瑞爾還是選擇將自己隔絕在總部的碉堡裡，那他根本就無法處理任何事件。無可否認，這也是一個很好的藉口，因為這能夠使他們繼續根據英國方面自己的需求而行動，而那些行動在當時被認為是關乎著整個國家的生死存亡。

對那些仍然據守著最後陣地的英國部隊來說，末日似乎很快即將到來。除了所剩的彈藥已不多之外，他們還知道士兵的數量也削減了許多，到了再也無法阻擋德軍多久的時候了。有時候，命令和指示不是不清不楚就是不一致。部分軍官瞭解，在面對敵軍強大的壓力之下，假如戰況已沒有多大希望的話，他們自己本身就可以把自己的部隊給撤到沿海地方去。也有一些軍官則認為，在接獲明確的撤退命令之前，無論戰況如何發展，他們都必須堅守到底。國王蘇格蘭第五邊防營（5th Battalion, King's Own Scottish Borderers）的一名軍官，根據自己上級長官的命令要把部隊往後撤，結果被一名冷溪近衛團少校認為，即使對方不是歸他管，但還是以抗命的理由，還有他從防線上撤退下來的舉動而給射殺了。其實這麼做一點意義都沒有，因為在那不久之後，國王蘇格蘭第五邊防營終究還是要撤走的。

在這一天，殿後部隊被迫從幾個先前頗為安全的陣地撤退，在撤退的過程中卻傷亡慘重。德軍在防線東緣，也就是接近比法邊境的重大突破，有效地切斷了在沙灘上登船的機會。最東面的沙灘必須棄守，而直接從灘頭進行的撤退行動，也被局限在防波堤北面延伸過去僅一點五英里長的沙灘地帶。在前幾天有數千人從那裡撤走的沙灘，如今已空蕩蕩。少數可用的預備隊也投入了戰場，以便遏阻德軍的突破行動。到了傍晚，敵軍的前進已遭遏止。即將在當晚實施的登船計劃，雖然無法像先前所想的那般容易，但還是能夠進行的。脫逃計劃仍在進行當中。仍然據守著防線的部隊，卻對自己是否能夠脫離根本一點信心都沒有。

許多消息走漏傳回到殿後部隊那邊，包括數百具弟兄遺體橫躺在沙灘上；滿載著待撤退人員的船艦在海上遭到攻擊而爆炸。他們所處的陣地距離海岸之近，使他們能聽到發生在外海的爆炸聲和砲火聲。有些人甚至懷疑是否有登船的機會。根據經驗，以及來自在防線其他地方的有限消息，再加上早就已根深柢固的偏見，使得英軍對於防守著戰況日益吃緊陣地的法國士兵，能否肩負起更大的責任都不太有什麼信心。

然而，法軍卻展現出不屈不撓的戰鬥精神和堅定的決心。雖然亞歷山大將軍對於法軍意圖在距離海岸只有三英里多的地區，建立新的防線還是抱持嘲笑的態度。但是每當敵軍對其陣地施壓時，法軍都能夠迅速反應、阻擋。剩下的英國殿後部隊在夜暮低垂之後，將會經由那道防線撤退到沙灘上。亞歷山大認為，德軍很可能是在隔天清晨發動第一次的猛攻，之後那道防線將會瓦解。敦克爾克將很快就淪陷，城區、港區，和灘頭都將落入德軍的手中。

然而，亞歷山大在當天傍晚接到倫敦的指示，「儘可能守住陣地愈久愈好，以便讓更多的英法部隊可以撤走。現場狀況和局勢演變無法由倫敦這裡做出判斷。密切與阿布瑞爾上將合作，但你也必須要自己做出判斷。」按照表定，最後一批撤出的英軍應該是要在破曉之前離開，但倫敦所打的算盤，假如還有援救更多法軍的機會，那就應儘可能地延長發電機作戰的時間。果真如此的話，亞歷山大設定的新期限，也就是在即將到來的日出之前終止撤退行動，就不具有任何效力了。現在，該是由法軍來證實亞歷山大是錯的，他不該懷疑法軍阻擋德軍的能力。

有關當天海軍和海岸上待撤退人員傷亡的報告不斷湧入多佛的發電機作戰總部，雷姆賽非常清楚，撤退行動不可能像先前那樣沿著防線逐步進行。撤退的步伐並沒有減緩。橫渡英吉利海峽唯一僅剩、仍然可供救援船隻使用的航道，依然還是那麼的繁忙。

那條航道就好像是一條供船艦來回航行的高速道路，有不同的線道供快速和慢速的船艦各自航行其中。這裡也是是噴火式戰鬥機出現的地方（一名之前不曾看過噴火式的士兵如是說。）這是一條受到保護的航道。

不過，代價卻愈來愈驚人。天黑之前，三十一艘救援船艦，其中包括六艘驅逐艦，不是沉沒就是因傷退出救援行列。

根據雷姆賽事後的報告指出，處在這樣的狀況下，假如在白天持續進行撤退行動，損失的船艦及艦上人員，與撤退的人數相比根本就不成比例。假若持續進行下去的話，整個撤退的動力將自然且快速地銳減。

雷姆賽已下定決心，從次日早上開始，較大型的船艦，包括軍艦在內，將不會於白天出現在撤退行動當中。在發電機作戰終止之前，大型船載運待撤退人員的行動將只局限於夜晚期間。至於小型船艇，由於她們的損失既不會造成大量待撤退人員的傷亡，也不會減低英國本土的防禦能力，因此白天仍然可望在沙灘旁繼續執行載運待撤退人員的任務。

當夜色再度降臨敦克爾克時，船艦也開始進入港區，在停泊之後載運待撤退人員。同一時段有高達七艘船艦進入港區。由於是日白天港區內又增加了許多殘骸，因此船隻必須小心翼翼地航行。碼頭上並沒有怠惰的人。當船隻停泊下來的時候，等待撤退的部隊沿著碼頭快速移動，然後就爬上船。這些船艦又再度啟航，以便空出停泊的空間給其他船。船艦在碼頭邊停泊成二或三排。許多待撤退的人員運用那些緊靠著防波堤的船隻，以及被燒毀的殘骸和浮橋，攀登上那些將載運他們抵達英國的船隻。

午夜時刻，高達六四、四二九名——幾乎有一半是法軍——在當天被載返英國；其中四七、〇八一名由港區出發，一七、三四八名從沙灘出發。總計自從大撤退行動以來，共載運了二五九、〇四九名待撤退人員。其中還有不少正在航向英國途中。此一成就非凡的撤退行動很快地傳到世界其他角落。在大西洋的對岸，紐約《前鋒論壇報》更對此大加讚賞。

> 過去也曾有過部隊被圍困、可怕的撤退、危急的登船，以及負責殿後的部隊英勇事蹟等故事，但從來沒有將上述情形結合成如此大規模的軍事行動。在被打敗之後仍能如此堅忍不拔地挺立著，這不算是災難……這些是文明的軍人，他們堅強地忍受痛苦，這不但使他們永垂不朽，而且也為文明社會增添不少價值。

《紐約時報》則以邱吉爾式的誇大用語來盛讚撤退行動。

> 只要英文這個語言沒有從世上消失，敦克爾克這個名詞從此以後將以崇敬的態度被談及。在那個港口，出現了地球上從未有過的煉獄，在一場被打敗的戰役末期，原先已遭玷辱的民主靈魂如今又再度地清明。在敦克爾克，被打敗的部隊非但未遭征服，還散發出傲人的光芒來面對敵軍。

在包圍圈的防線裡，還有一些雖然受傷卻幸運地受到醫療照顧的士兵，他們的去向必須在此刻做出決定。他們大多數是在距離馬洛不遠處的內陸，羅森達爾。當地是當時最後一個尚存的傷兵處理站。邱吉爾曾向法方保證，受傷的英軍人員將不會被撤離，只有那些在返回英國後能立即投入戰場的士兵才會登船後撤。雖然如此，相關命令卻一直都沒有下達，很多受傷的士兵都是在防波堤搭上船隻，當他們所搭乘的船隻抵達英國之後，就迅速送往醫院治療。然而，德軍對港區的轟炸過於密集，最後不得不做出一個決定，為了使撤退行動能在快速且沒有遭到困難的情形下進行，只能載運那些還能行走的傷兵。

現在又出現嘗試要在德軍拿下敦克爾克之前，將受傷更為嚴重的士兵運抵家園的努力。兩艘英國有明顯標誌的醫院船，在大白天橫渡英吉利海峽的同時，軍方以無線電明碼的方式告知德軍將會有這趟任務。結果兩艘醫院船都遭受攻擊。一艘沉沒，另一艘損傷過重，只能調頭返回英國。在羅森達爾的二百三十名躺在擔架上的傷患，只能繼續待在當地的傷兵處理站。

但他們並沒有被遺棄。平均每一百名無法行動的傷兵，將配有一名醫官和十名士兵所組成的醫療小組留下來照料。在抽籤決定去留時，從帽子中首先被抽到的名字將從防波堤登船回家。三名醫官和三十名士兵將留下來照料傷兵並等待德軍來俘虜他們。

那些被遺留在德帕內、等著德軍前來接收他們的傷兵，命運卻似乎沒有那麼的好。當天較早時，四名以中立國身份、駐柏林的美國陸軍武官，被德軍帶到德帕內去視察。他們發回華府的報告顯示，在德帕內被棄守之前的幾個小時，當地已經陷入瘋狂的狀況，被遺留在那裡的傷兵只能聽天由命了。

我們在英軍完成從海上撤退的幾個小時之後，進入德帕內……德國官兵……仍然處於肅清整座城鎮的階段。英軍留下了一些尚未埋葬的屍首（我們在海灘以及通往海灘的大道上看見大約一百具遺體），傷患也沒有醫護人員在旁照料。根據統計總共有七百名傷患，其中五十人在德帕內淪陷之後沒有多久就立即死亡了。德軍的報告指出，英軍沒有留下任何一名醫官。

從那些巡視德帕內的美國軍官報告可以看出，他們所看見的戰後景象只有死亡和毀滅而已。

德國軍方承認，英軍實施了一次孤注一擲又頑強抵抗的作戰。英軍大多數的遺體被發現時，都是一小群散置在卡車或是大砲旁……我們也看見一些溺斃的英軍。他們的身上都有穿著外套大衣，可以斷定是從船艦的殘骸中漂流過來的。英軍大量的交通工具、各種口徑的防空砲、各種各樣的設備和彈藥，都可以在灘頭或是在城鎮裡，看見它們凌亂地被棄置在當地……有一艘英國驅逐艦一整個吃水線都擱淺在沙灘上。根據德軍的說法，那是該艦在當天稍早被一架斯圖卡攻擊後的結果……德軍的火砲正從我們頭上飛過，目標是敦克爾克方向。德軍在白天結合了砲擊和空襲的雙重攻勢，使得該城鎮變得滿目瘡痍……德軍一直維持著每分鐘一百發砲擊的頻率。

天還未亮之前，從港區內的防波堤登船的速度都很快。英軍和法軍似乎都川流不息地湧入。在破曉之前，大量救援船艦接連不斷地進入港區，直到天亮方休。成群的士兵排成四列沿著碼頭移動，其中兩列是英軍，兩列是法軍。他們上船時的秩序相當良好。雖然現場人數這麼多，船艦的動作也不少，加上匆忙間不停的裝載不勝負荷的人員上艦，卻絲毫沒有什麼太過吵雜的聲響。一方面是大家都太疲累了，所以無法閒話家常，另一方面則能夠在相對安全的暗夜之中登上返家的船艦，因此也就沒有什麼好抱怨的了。船艦輪機從待機到慢速、啟動起來，朝著外海快速航去。船笛短聲響起，但頻率沒有像處於繁忙的交通線時的那麼頻繁。夜晚的港區內砲彈零散地爆炸，現在已成為敦克爾克的景觀之一。除非引爆的地點在防波堤或船艦附近，否則根本不會引發特別的關注。通常來說每一次爆炸之後，就會很快當做從來沒有發生過什麼事情的樣子。

問題還是出現了。那些指向防坡堤的道路和灘頭，以及防波堤本身，在前一天晚上就被官兵給塞爆了。等待的人們在天亮之前會登上船並被送走。突如其來的平清，把行動原本繁忙的節奏給打亂了。防波堤上除了幾名艦上的軍官和水兵外，突然變得空蕩蕩。意識到他們很可能隨時會被砲彈給擊中，大家都神情緊張地盯著碼頭看看是否還有官兵要登船的。

由於通訊的不良，從港區傳達出去的訊息無法有效被那些在沙灘上等候多時、希望在德軍攻佔之前被載離的部隊當中。當天夜晚停泊在碼頭的驅逐艦上的軍官，在附近的沙灘與沙丘到處找尋，希望能發現一些待撤退人員，但卻沒有多大的成果。麥爾坎號（HMS Malcolm, D19）驅逐艦的航海長也在敦克爾克市區的街道上到處走動，並且還吹著蘇格蘭風笛，希望能吸引那些為了求得生命安全而躲藏在地下室的官兵爬出來，也同樣沒有多大的成效。

雖然英國殿後部隊的最後四千名士兵，在前一天天黑之後就已經從防線上撤離。在抵達登船點之前，他們必須穿越好幾英里的距離，其中大部分過程又以步行為主。當他們又飢又累地朝著海岸走去時，要穿越一條法軍新建立的防線。根據阿布瑞爾的構想，當次日清晨地面作戰重新展開的時候，該道新防線應該具有遏阻德軍攻勢的能力。對於他們大多數的人來說，能否被救就完全是隨意了。

一個暗黑的夜晚，只有從敦克爾克那裡有著明顯的亮光……天空斷斷續續出現法軍大砲發射的火光。法軍哨兵在黑暗中不斷地向我們盤問，當我們一面走一面又懷疑是否走對路時，突然間就抵達沙灘地帶了。我們左轉之後就朝著莫爾（Mole）的方向前進。雖然我們終於走在最後的這一段路上，但從大約一英里處的地方望過去終點站的莫爾，卻是一個看起來令人感到最不愉快的地方。在那後方有儲油槽，燃燒的熊熊大火就像是座煉獄，加上海岸附近的轟然巨響和大砲聲告訴了我們，莫爾一直都遭到炸彈和砲彈的攻擊。弟兄們，提起腳步來——一、二、一、二。突然間，一名年輕參謀軍官走上前來：「把你這一隊人馬帶到下面的沙灘，然後搭船離去，很多船隻正駛向沙灘。」士兵們都乾脆俐落地服從了命令。只是一個人划槳是不夠的，更多人一起來向前划，沒有看見有船隻駛進來，沒有人知道這是怎麼一回事。不過，就好像交通阻塞那樣，混亂的狀況最後還是靠自己給解決掉了，在破曉之前，第十八皇家野戰砲兵團（18th Field Regiment, Royal Artillery）大多數的官兵都登上幾艘小船上了。

那些仍然擁有車輛，或是徵用被丟置的交通工具之官兵，也就能倖免於步行之苦。雖然曾經努力嘗試想避免防線內造成交通大阻塞，但不光是敦克爾克和馬洛擠滿了許多交通工具，就連沙丘和海灘上也到處散置著無數的車輛。清晨一點的時候，偵察團第四十六營（46th Battalion, Reconnaissance Corps）營部剩餘的少數戰車和裝甲車，開上馬洛海灘水線邊際為止。

戰車組員走出車外到外面，把各車砲管、引擎給破壞掉。「之後大家涉水走出海去，早晚會被搜救船隻給載走的。」

第二十七皇家野戰砲兵團（27th Field Regiment, Royal Artillery）有二十四名官兵與單位失聯，而其他人正準備從防波堤登上船隻。當時人潮非常擁擠，這二十四人根本無法一路擠到碼頭，因此只好涉水走到一艘平日在泰晤士河運行的大型平底船。那艘大型平底船因為擱淺在附近的沙灘上，而被水手給棄置在現場。原來的那些水手，應該早已搭乘其他船艦回家去了。當潮水將那艘平底船的船身抬起時，那二十四名官兵就升起一張帆，然後一路航行橫渡英吉利海峽去了。

對於大多數根據指示朝著防波堤方向前進，準備在該處登船的殿後部隊來說可就沒有那麼幸運了。命令終於傳達給那些即將撤離的人員，碼頭正是登船之處，但突然間通往該座臨時碼頭的道路又擠滿了人潮，他們都非常急於登船、然後被載離。他們當中有一大群法國部隊，而這些法軍是後來才知道在防波堤登船的消息。他們蜂湧而至混入英國殿後部隊之中，對於那些英軍來說，原先所擬定的優先登船計劃如今已宣告失敗。

當早上的曙光開始出現在地平線上的時候，在港區裡一艘機動船上的威克渥克，凝視著那一道曙光。他在等待著下達當天最後一輪登船命令的時機。當夜幕再度低垂時，並不保證能重新展開登船的行動。

> 從海岸這邊看去，整座城市和港區被頂端的一陣煙幕籠罩，它們是內陸多個地點燃起的大火所引起的。在火光對照下，碼頭、港區和城鎮的輪廓極為明顯，而在碼頭上，重疊羅列著由戴著頭盔的士兵所組成的一排排永無止境的隊伍，它有時會移動，有時卻又靜止。船隻上面的煙囪和桅桿不論停泊在碼頭旁或是進出港區時都顯得相當醒目，至於船

體則在夜色的掩護之下不易被看見。

那些官兵在天空悄悄地出現亮光的時候，正沿著碼頭走向要載走他們的船艦，當天最後一艘船裝滿人後，走了。防波堤上的待撤退人員被告知，防波堤必須馬上清空，因為德機很可能在沒多久之後，從遠處向防波堤俯衝而來，他們不但用機關槍掃射，也會投擲炸彈。由於位於碼頭最遠處的待撤退人員是處於最暴露的地區，因而在接獲指令之後，就試圖調頭離開防波堤。但是，那些位於碼頭和海岸交界處最近的官兵不相信登船行動已經中止。他們可是等待了許久才離開地面、站立在碼頭上的。這時候你會看到推擠、人們在相互抱怨了以後，防波堤才可能完全清空。

部隊已經被告知，天亮以後登船行動就會中止，要等到夜暮低垂時才會再度展開。依然受困的殿後部隊只好返回沙丘的戰壕裡，並四處找尋食物和飲水。他們期盼著法軍能守得住新成立的那道防線一整天。一想到登船離開的事情被耽擱了，現在大家的心情都不是很好過。

有位冷溪近衛團的上校告訴我們，只要英國遠征軍還沒有完成撤退，或是敵軍的行動還不至於使撤退無法進行，登船行動就會持續進行。雖然如此，只要想到還要再等候十八個小時，心中就覺得前景黯淡無光。我們對於法軍堅守防線的能力並沒有多大的信心，我們只有步槍和輕機槍可與敵軍作戰……有個士官長走向前來問我有什麼命令要下達的，除了叫他們做必要的分散之外，我實在沒有什麼好指示的了。那真是一件令人羞愧的事。

由於登船行動中止，留守的英軍官兵都希望趁著白天，能躲在沙丘附近的戰壕裡養精蓄銳。儘管疲憊不堪，火力也沒有多強，有些人還是被長官從戰壕裡給叫了出來，要為附近防線擔任緊急預備隊。若是德軍突破了法軍的防線，它們就要填上去保護通往港區的道路。

德帕內已經淪陷，很顯然德軍可能會沿著海岸往南推進。英軍已將剩餘的十幾門戰防砲架設完畢，一旦德軍真的從上述的方向推進，那就可以將其擋住。然而，和敵軍所擁有可供運用的資源相較，那十幾門戰防砲顯得微不足道，英軍也將殘留的七門防空砲部署在沙灘上，不過其所需的彈藥卻嚴重缺乏。因此當敵軍戰機在黎明時刻恢復空襲時，那七門防空砲根本無法發揮太大作用。有位英國軍牧在太陽升起不久之後，在敦克爾克以東的沙丘上舉行聖餐儀式，他和參與儀式的官兵，都因敵軍戰機突然臨空俯衝而四散逃竄。白天的時候，附近海域和港區裡都沒有大型船艦出現，德國空軍只能將攻擊目標集中在法軍的防線和等待救援的部隊。這使得沙灘上罹難官兵的遺體總數不斷增加中。

> 雷姆賽向還有參與撤退行動的軍艦發出訊號：最後的撤退行動預計將在今晚執行，國家寄望於海軍能將此任務執行完畢。我（雷姆賽）要求每一艘艦儘快回報，是否適任並且準備要擔任此項要兼具勇氣和毅力方能執行的任務。

被徵召參與行動的許多人當中，不但已筋疲力盡，而且也冒著生命危險不斷穿梭於敦克爾克與多佛，他們真的寧願可以下台一鞠躬而不去執行撤退行動。然而，所有軍艦不是回報「適任且已準備妥當」，就是「本艦官兵已準備盡一己最大能力來效忠國家」。許多被徵召或志願參與任務的民間人士，他們雖然用不著聽從命令，也不用善盡軍人的義務，但是他們同樣願意進行下去。當海軍官兵等待黑夜降臨的時候，有些民間人士還自願在沙灘外海執行撤退的行動。但就像先前也發生過的狀況，也有些民間船員覺得自己已經做得夠多了，也就自行推出行動的隊伍。部分船艦上面安排有武裝的衛兵，他們的任務是要防止民間船員在海軍來得及替代他們之前，就先把民船給遺棄在英格蘭東南部的港口而不顧。此外，衛兵也可以確保這些船艦在黑夜抵達敦克爾克時，不會因為德軍砲火的轟擊，而害怕不敢進入港區。

自從全面性撤退行動啟動以來，當晚的撤退程序比其他任何時刻都還要來得更為謹慎小心。白天中止大型船艦的航行，使得雷姆賽和發電機作戰總部的人員能夠清楚地審視整個局勢。仍然可供雷姆賽支配運用的十一艘驅逐艦，預計在晚上九點開始，以每半小時為間隔的方式抵達敦克爾克。其他船隻包括十二艘客輪、兩艘貨輪、十四艘掃雷艇，以及各式各樣的船隻裡就位，要引導船艦前往停泊的地點。此外，也製造了許多特殊的梯子，以便加速部隊的登船的抵達時間，則比在此之前任何時候都還要規劃得更為精細。海軍的機動船將在敦克爾克港區行動。皇家空軍戰鬥機司令部也被要求在天黑的一個小時之前，加強在撤退地區上空的巡邏。至於一向擁有優良傳統的皇家海軍，則必須在破曉之前，沉穩謹慎且有效率地完成撤退行動。

人們無可避免地，會對究竟還有多少人員要被撤離感到困惑。一般認為大概還有四千到六千名英軍仍然留在法國，他們是來自英國遠征軍幾乎所有各個單位的散兵游勇。當天，幾乎所有的官兵都已做好迅速登船撤離的準備，只要法軍仍能守住防線，應不致於有太大的問題才是。至於德軍能否突破防線，完全要取決於法軍了。法軍人數大約在二萬五千人和六萬人之間。雖曾謹慎的計算過，其實當中很大成份還是經由猜測而來的。

當天早上防波堤暫停活動，使得連續五天監督敦克爾克港區撤退行動的碼頭指揮官克勞斯頓中校，能夠離開當地幾個小時。他搭乘一艘機動船快速抵達多佛港，除了參加當晚撤退行動的行前規劃之外，還可以小睡一會、洗個澡，以及吃一頓飯。在增強了些許的精神和體力之後，他在當天下午回去敦克爾克，繼續監督當晚將在防波堤進行的撤退行動。在返回敦克爾克途中，他的機動船——原先用於夜晚在港區裡為其他船艦導航——遭到德軍俯衝式轟炸機的攻擊之後沉沒。克勞斯頓和隨行人員落入水中。雖然另一艘同行的機動船轉向要前來援救，克勞斯頓相當清楚，敵軍戰機一直在旁虎視眈眈，任何船隻要是停在附近將非常危險，他示意那艘機動船離去。他和隨行人員則朝著有一些距離的船隻殘骸游去。後來，他的遺體被發現漂浮在海面。他的殉職對於當天晚上敦克爾克的行動有著重大的影響。

現在對於敦克爾克大撤退的新聞已無限制，英國的報紙到處都可以看見對於參與救援行動人員、英雄事蹟，以及許多待撤退人員被運離法國等相關之報導。海峽對岸傷亡慘重的謠言依然繼續在英國的許多地區流傳。愈來愈多的家庭收到戰爭部發出，有關其家人在法國殉職或受傷的慰問信函。雖然有許多關於待撤退人員大規模從歐洲大陸撤回英國的報導，卻依然有許多苦苦等候的人後來失望地發現，親人無法安全返抵祖國的懷抱。陸軍大臣艾登在電台發表談話，除了鼓舞士氣之外，也再度向國人保證，英國還是一個極為強盛的國家。

英國遠征軍依然屹立不搖地生存著，他們並不是一群殘兵敗將，而是已變成經驗豐富的老兵。……我們的士兵通過了嚴格的考驗。現在，英國遠征軍已經是一支士氣高昂的部隊。

雖然首相自己本身沒有表現出來，但是邱吉爾個人比誰都需要消除心中的疑慮。自從邱吉爾聽聞高特已決定向海岸撤退的時候開始，他的腦海中就時常浮現出大量英軍在敦克爾克「炸彈陷阱」區戰死和受傷，以及被俘虜的英軍「疲憊且大排長龍地走進德國的戰俘營、遭受挨餓的不良待遇。」他也非常清楚，假如真的如他一些顧問所料想的，只有極少數的英國遠征軍被救回的話，那他自己的政治處境將變得舉步維艱。邱吉爾現在為參與行動而損失慘重的海軍和空軍感到憂心忡忡，但是當他談及陸軍大多數的重型武器裝備都遺失在歐陸時，也只好語帶諷刺地說，「雖然行李不見了」，但總算人員都能返抵家園。

邱吉爾持續推動他的運動，防止資深的戰爭顧問群當中瀰漫的挫敗或陰鬱，他們不但容易獲得嚴重損失的情報和細節，而且對於大眾的想像力也知之甚詳。他告訴那些對於情勢較為瞭解的軍種首長，「英國三軍現在比起過去任何時期都還要來得強大」，入侵的德軍所遭遇的將不是「只受過一半訓練的隊伍，而且他們的勇氣已接受過考驗。德軍在和他們對戰過後而退卻，因此當英國的遠征軍從敦克爾克出發的時候，德軍並不敢對其做出嚴重妨礙的舉動。」要是將從敦克爾克出發的部隊聽到首相的「嚴重妨礙」等話，那很可能會搖頭歎氣。

同時，英國的三軍部隊也增強了英國沿岸的警戒。一名在德國那一邊採訪戰爭消息的美國記者，在他發出的一則快訊，提高了人們對於德國入侵的關切程度。報導說許多的新聞特派員看見「某種『專業化部隊』，卻拒不透露確切部隊的種類。」芝加哥一家報紙的頭版新聞故事則是「**神秘的納粹官兵群集在英吉利海峽**」，報導中提及的威脅，也正是戰爭部早已試圖想要對抗的。在英國境內從肯特到蘇格蘭，以及從海岸到內陸的所有道路橋樑，也都做好必要時加以破壞的準備。

戰爭部同時也在考慮必要的時候，要對入侵的德軍實施游擊戰。所有指揮部都頒發了製造「莫洛托夫雞尾酒」汽油彈的指導手冊。艾侖賽在日記中提及，奧狄・溫格特將軍（Orde Wingate）戰前曾經在巴勒斯坦成立過類似的組織。溫格特和當地的英國行政人員合作，從事「特別」的任務。他將猶太民兵組成幾個小隊，據守一條至關重要的輸油管，使其不致遭到阿拉伯叛徒的突擊。

當天在愛爾蘭的葛爾威，發生了一個截然不同的撤退行動。老羅斯福總統號郵輪從美國抵達葛爾威，要載運旅居英國或到當地旅遊的美國公民，使其不致於遭到戰爭的威脅。該艘郵輪平時的載運量是四百六十名乘客。本次的航行，卻載運了七百二十五人，部分人帶了他們的寵物狗，再加上三百七十五位船公司員工，所有乘員都穿上了救生帶。有許多乘客從來沒有在最高級的一等艙以外出遊過，但由於當時那艘郵輪擠滿了乘客，有些人還是不得不被指派到位於行李房或是郵局裡的臨時床位。為了使人不致於懷疑該艘郵輪的身分，船身的左右兩側都塗上了大幅的美國國旗。整個船身像聖誕樹般地點亮著燈火，而且事先也都將其所要經過的路線告知德國和英國，如此兩個交戰國的潛水艇就不會誤認。柏林當局指出，英國可能會攻擊該郵輪，並將其嫁禍給德國，好拉攏美國加入同盟國和德國作戰。

美僑緊急撤退的消息經報導之後，可以確定當該輪載著乘客從葛爾威啟程，遠離因歐洲戰爭而產生的燈火管制、物資缺乏，以及不確定性時，會出現一大群看熱鬧的群眾。《曼徹斯特守護神報》的報導：「船上乘客的朋友當中，只有極少數能夠來到葛爾威，向那些將返回夜晚有燈光照亮街道的美國人道別。」

在敦克爾克當夜晚來臨時，一切都準備就緒等待發電機作戰最後一個階段。格林霍華茲團第五營（5th Battalion, Green Howards）的一些警戒哨兵——他們從防線退下來後未能在前一晚登船——沿著連接防波堤的沙灘排成一列。他們在距離水線五十碼的地方排列成五百碼的橫列，好在救援船隻停泊於碼頭時，能快速地移動然後登上船艦。

這個方法做起來相當順暢。官兵在沒有受到干擾的情況下，先後在海灘踏上了通往防波堤的入口，然後再沿著防坡堤前往被指派的船隻，最後都能快速登上船去。行動進行得相當平順，在僅僅幾個小時之內，已經很難找到人來登船了。除了無法步行的傷患、照顧傷患的醫護人員，以及一些掉隊的人員以外，線上的所有英國官兵都已經登船了。原先以為不可能的，如今都已完成。坦南特上校在將近午夜之前，向發電機作戰總部發出「行動已經完成」的信號。原先認定絕大多數官兵都將被俘虜的英國遠征軍，如今都已經安全地撤離了。

當天總計有二六、二五六人順利登船，其中有一九、五六一人是從港區登船，其他的六、九九五人是從沙灘接駁。八天前開始的撤退行動，迄今為止總計載運了二八五、三〇五名官兵返回英國。這的確是一項非凡的成就。然而，救援船艦上的官兵、船員以為既然發電機作戰已宣告結束，應該可以不用再回到那可怕的敦克爾克了吧，後來證實現在還不是時候有這種想法。

第九天　救出法軍

撤離英國遠征軍的行動已在前一天的午夜完成，敦克爾克港區籠罩了一股怪異的寧靜。港區後面的儲油槽依舊在燃燒，德軍的砲彈也仍然斷斷續續地落下。不久之前還擠滿人潮的地方，如今看來卻闃其無人。

清晨零點三十分時，威克渥克向多佛發出一份令人感到困惑的報告。雖然防波堤停靠了救援船隻，但是原先以為應該已經準備要登船的數千名法軍卻蹤跡杳然。一個小時之後，他又再度向多佛報告：「很多救援船隻，但卻找不到部隊。」在港區的碼頭、防波堤，以及附近的沙灘上，都看不到等待撤退的部隊。更令人苦惱的是，也無法找出法軍殿後部隊的下落。那些部隊在發電機作戰最後兩天加派人員駐守防線，使最後一批的英軍得以安全脫離。

讓救援船隻停泊在碼頭等待著沒有出現的待撤退人員，這不但毫無意義也相當危險。征服者號驅逐艦在清晨二時三十分的時候，接到要從敦克爾克返回英國的命令。當該艦返回多佛港時，只搭載了三十七名從港外的一艘小船上接運過來的官兵。科德林頓號（HMS Codrington, D65）驅逐艦返回時只載運了四十四名官兵。至於麥爾坎號返回時甚至連一個人也沒有載到。此次的航程把所有救援船隻的能源都浪費了，其中還包括雷姆賽的五艘驅逐艦，她們是在六月三日清晨派遣前往敦克爾克執行最後階段的撤退行動。許多船隻在調頭返回英國之前，曾經徒勞無獲地等待了一個小時甚至更久的時間。有一艘船在決定航向英國之前，曾經停泊在防波堤長達三個半小時之久，該艦官兵對於非必要地暴露於危險之中都頗有怨言。

所有英軍都已經撤離，發電機作戰似乎也要結束了，亞歷山大將軍自己也打算離去。他先是登上港區裡的一艘機動船，然後沿著沙灘悄悄往東航行大約兩英里，途中他儘可能讓船隻靠近海岸，他透過大聲公不斷用英文和法文說：「還有人嗎？」都沒有任何回應。他返回港區內，並且在被破壞的碼頭上走動，然後還是問著同樣的問題，但是結果還是一樣。亞歷山大在得知已沒有等待登船的人之後，就心滿意足地和他的隨從人員登上一艘等候的驅逐艦，然後往英國的方向航行。途中他們還和皇家空軍的一架護送機聯絡上。亞歷山大一行人在破曉時分抵達英國的海岸。

但是，在防禦陣地裡還有六萬名法軍，其中一半以上是還未撤退到港區的殿後部隊。基於戰術上的原因，他們的反擊行動——阻撓德軍突破新防線的企圖——被延遲了，直到前一天傍晚快結束時才開始進行，因此他們現在仍然處於欲脫離戰鬥和準備撤退的階段。至於其他的法軍，由於克勞斯頓中校已經不在了——這位碼頭指揮官在前一天從多佛返回敦克爾克途中遇害——因而感受頗為強烈。還留在敦克爾克執行撤退的英方人員，以及接替執行登船督導的法國軍官之間並無任何聯繫，這不但使數千名法軍徒然地在西防波堤而非東防波堤等候，而且也使得在沙丘附近等候指示的法軍無法朝著港區移動。因此，喪失了在日出之前再撤離數千人的大好機會。

諷刺的是，在錯過這個機會之後，整個港區在將要破曉之前又突然地展開了撤退的行動。稍早由於不知情而沒有行動的法軍，如今快速地衝到東防波堤，要來登上多如過江之鯽的法國小船艇。除了在東防波堤之外，小型船艇也在西防波堤和港區碼頭載運等待撤退的法軍。殿後部隊在這個時候也開始出現了。

由於在港區內的相互擠壓，許多船隻衝入其他船隻的航道而相互碰撞。其中有些被撞到港區較內部的淺灘上而擱淺，必須等潮水高漲時才能脫身。沿著東防波堤前進的一些法軍擔心無法脫離，因而在看見第一艘船隻的時候就試著想要登船。如此一來就會使得其他部隊被擋在後面，而無法沿著防波堤走到停泊在防波堤較末端處的船隻。當破曉的陽光將要再度衝破黑暗，而船隻也將再度匆匆離去時，很多原本可以被載走的法軍卻被迫還要留下來。他們極不情願地退到沙丘附近，等待敵軍的到來，或是次日夜晚的撤退行動，而究竟何者先到來，他們也不知道。奇特且寂靜的夜晚，再加上斷斷續續的砲彈落下聲音，使得孤寂的感覺又再度籠罩在敦克爾克港區。

雷姆賽於當天早上接獲海軍總部要求再度救援受困法軍的指示之後，就在多佛的發電機作戰總部召集他的主要幹部商討如何進行。不久，他發出了一則幾近是道歉的電文給他指揮之下的船隻：

> 我原本希望，而且也認為，昨天晚上應該是最後一次了。由於那些掩護英國殿後部隊撤退的法軍，必須抵抗德軍發動的一次強大的攻擊，無法讓他們的部隊及時抵達防波堤並登上救援船隻。我們不能拋棄我們的盟友於急難之中，因此我必須請求所有的官兵，只為今晚更進一步的撤退行動做好詳細的準備工作，好讓世人知道，我們是絕對不會讓盟友失望的。

從敦克爾克返抵英國的亞歷山大在報告中指出，他並不知道法軍還有多少人留在橋頭堡。根本不可能決定該派遣多少船隻前去救援。前一晚冒著生命危險前往敦克爾克，卻空船而回的船員都非常憤怒。現在發電機作戰總部的人員開始檢討，以便瞭解到目前為止，海軍的損失究竟有多嚴重。

被指派參與撤退任務的四十艘驅逐艦當中，只有九艘仍可以返回敦克爾克。邱吉爾早已親自下令，必須繼續努力救出更多的法軍。雖然雷姆賽已開始為當晚的任務安排相關事宜，但他還是對海軍總部提出警告，假如發電機作戰不在即將到來的這個夜晚之後結束的話，那將衍生出許多問題。

> 在經過了兩個星期的極度緊張狀態之後，又進行了長達九天完全是史無前例的海上任務，不論是指揮官、軍官或者是船上的水兵們都已經是耗盡心力了。我認為，接受要求而繼續盡力執行撤退行動，將可能使官員因精神過度緊繃而再也無法忍受。假如我不把我麾下船艦的情況報告給閣下知曉，那就是沒有盡到一己之責。我認為，對於曾面對慘重損失，而且對每次的召喚皆有所回應的倖存船艦的官兵來說，若還要求他們再度接受我認為是超過他們忍受極限的考驗，那將會是件非常不幸的事。假如今夜之後還是要繼續執行撤退行動，那我將要竭盡所能地建議，應派遣新的部隊前往，而在交接過程有任何的延誤影響任務的執行，是可以接受的。

雷姆賽並非唯一一人擔心在當晚行動結束之後，還會有後續發展的人。在一場由戰時內閣召開的會議中，法軍留守部隊的堅強抵抗受到關注和讚揚。魏剛原先想要無限期地據守敦克爾克的橋頭堡，而不是讓該座橋頭堡只具有撤退的用途而已。雖然在德軍優勢軍力的壓制之下，但法軍還是可能守得住該橋頭堡。

不過，若是法軍能據守橋頭堡，卻也無法使英國的最高指揮部感到高興。果真如此，英國將必須繼續不斷地給予支援，這樣一來將使英國的海、空軍的資源不斷地耗損。根據一份報導指出，當天兩百多架德軍轟炸機攻擊巴黎郊區時，法國只派出三架戰鬥機升空，而且他們只在本場上空巡邏而已，並沒有要反制德軍的攻擊。這無法促進倫敦再派遣英軍前往防衛敦克爾克的意願。

由於經常必須處於警戒的狀態，皇家空軍戰鬥機司令部司令道丁又再度呼籲戰時內閣，一旦承諾派遣該指揮部的戰鬥機執行任務，那將招致許多危險。他在報告中指出，他在當天被迫抽調駐守在蘇格蘭的三個從未參與發電機作戰的戰鬥機中隊飛往敦克爾克上空。他指揮的其他戰鬥機中隊，在該作戰中已損失了寶貴的戰鬥機和飛行員。在前一天夜晚，還必須從八個不同的中隊裡拼湊出足夠的戰鬥機，以便在接下來的早上能於敦克爾克上空組成一支強大的巡邏機隊。英國並不希望打一場像這樣拼拼湊湊的戰爭。道丁警告說，假如德軍決定在那個時候對英國發動一次大規模的空襲，他實在無法保證英國的空中優勢能否保持超過四十八小時以上。

從他新近蒐集的詳細統計數字可以得知，皇家空軍現況確實令人頗為擔憂。在德軍發動攻擊的前十天當中，英國已經在法國損失了二百五十架颶風式戰鬥機。這種平均每天損失二十五架現代化戰鬥機的速度，和戰鬥機工廠每天僅能提供四架戰鬥機替換的速率相較之下，簡直不成比例。為了證實原先反對派遣更多戰鬥機到法國的看法是正確的，道丁還指出：「假如這樣的折損速率繼續的話，到了五月底我們將損失所有的颶風式戰機。」他向參謀本部提出的報告中寫說，尚可投入戰鬥的現代化戰鬥機數量在前一天，也就是六月二日時，只剩下二百八十架噴火式和二百四十四架颶風式。這還是高估的數字，因為當下有些從別的飛行勤務調過來的飛行員，至今還沒有真正進行他們各自的第一次戰鬥機單飛，所以無法真的說有戰力。

道丁素以沉鬱又誇張的手法，來達成他保護英國本土空防力量的目的而為人所知，由於他一再反覆述說著將招致許多危險，確實也引發了真正的恐慌。英國許多經驗豐富的戰鬥機飛行員，原先寄望他們能夠在德軍入侵英國時，可以在本土防衛這一方面扮演重要的角色。結果他們當中的許多人卻在敦克爾克陣亡。由於損失了許多的戰鬥機和飛行員，許多戰鬥機中隊又沒有補充新的飛機，和沒有時間幫新進飛行員完成戰備，因此都要做組織上的調整。空軍參謀長尼華爾經常試圖補充道丁反覆述說的警告。他曾說，就英德兩國空軍的軍力比較來看，英國若想取得空中優勢，那將必須以八比一的速率來摧毀德軍戰機。即使戰鬥機司令部飛行員所誇大的擊落敵機數量是真實的，也沒有達到那麼高的摧毀率。尼華爾還指出，英國戰鬥機建立的戰時防衛系統，是要保護英國免受從德國起飛的轟炸機攻擊，而不是應付從鄰近佔領區機場起飛，由短程戰鬥機護送的敵軍轟炸機在鄰國上空對抗。

上述的說法，再加上海軍總部對於損失過多驅逐艦而發出的警語，其暗示的就是——不論如何，必須儘速結束發電機作戰。陸軍能返回英國已經令人心滿意足，不管有沒有將武器設備一併運回。假若因為繼續在敦克爾克執行撤退行動，而導致英國的海岸與空中的防禦能力陷於癱瘓，那可就是一項無可原諒的疏失了。撤退行動必須在當天晚上結束。絕對不可能再延長。邱吉爾將結束撤退行動的消息傳給雷諾。

為了援救你們的人員，我們今天晚上還是會回到敦克爾克。請確保所有的設施都是勘用狀況。昨天夜晚，許多船隻在極度危險的情況下空等了三個小時之久。

對於魏剛來說，敦克爾克大撤退是他無法帶領同盟國走出戰敗羞恥邊緣的象徵。他對於邱吉爾的示好並不太在意。他還沉痛地回憶起邱吉爾那個未曾實現的承諾：英國將提供敦克爾克殿後部隊一切所需，直到結束為止。那是一個毫無節制相互指責的時刻。德國對法國的征服顯然是已無可避免的結果，魏剛指控英國「玩弄兩面手法，並且拋棄了法國。」到了這個時候，魏剛還在舊事重提，抱持他「本來有機會達成的好結果，但沒有成真」的虛幻想法。魏剛堅稱邱吉爾違反了十天前所下達的命令，使得在北部的部隊無法和在索穆河以南的法軍聯成同一陣線。他認為，要是英國人「能拒絕所有港口的召喚」而不一直轉頭看著海峽的話，那一個反擊行動應該是可以成功的。

類似這樣的牢騷，其實只不過是法國在替自己軍事上的錯誤決策，編織一個下台階的理由而已。事實上，在南部的法軍實力薄弱得可憐，即使在北部的所有部隊都朝著南部的方向推進——這將使比利時的防線出現缺口，也會使英國遠征軍的左翼面臨威脅——可能以較強大的兵力來和德軍作戰，但在非常短的時間之內就會被德軍裝甲部隊給完全制伏。這麼一來，將不會有敦克爾克大撤退——沒有救援行動、沒有大規模的逃脫，更無法撤離大批的英國遠征軍。

當天稍晚，一名駐敦克爾克法國海軍總部的英國連絡官回報指出，等待著登船的法軍人數還有三萬名（必須再度指出，這只不過是個假設性的數字）。當天傍晚，接連不斷到達敦克爾克接運的船艦，包括十三艘驅逐艦（法軍四艘）、九艘英國客輪（第十艘的船長拒絕啟航）、十一艘掃雷艇，以及由英國、法國和比利時的小船與機動船組成的小型艦隊。

整個載運的行動能否成功端賴以下三個因素——敦克爾克的登船設施、來自德軍前進陣地的大砲之威脅（如今更形嚴重），以及人員登船的速度。在前一天夜晚阻塞住登船區的一些法軍仍然拒絕登船，他們當中有的是害怕大海，有的則是不願離開自己的祖國。還有一些則要求除非整個單位能登上同一艘船，否則拒絕離開，甚至有一些已經登船、但瞭解船隻空間並不足以容納整個單位的弟兄以後，居然還要下船。法國海軍負責人陪同皇家海軍的碼頭工作小組，從多佛返回敦克爾克，以便能在撤退行動的最後階段協助解決諸如此類的難題。

仍然令人十分擔心的是，據守防線的法軍留守部隊是否還能挺得住。當天，德軍發動了數次攻擊企圖突破該道防線。德軍指揮部已經不再把攻佔敦克爾克視為最優先的目標，但顯然當地的防線亦即將瓦解，法軍殿後部隊的命運要不是死亡就是被俘。縱使如此，他們還是為了每一寸土地、每一條街道，以及每一間房屋而戰。在很多地方，他們都是戰到最後一兵一卒為止，但是防線依舊存在，只不過又往後退了一些而已。雖然已經退守到敦克爾克，但是，距離港區還是有一段距離。當白天結束、黑夜再度降臨之際，仍能按先前計劃進行最後的撤退行動。從這些法軍所展現的決心、膽識，以及純熟的軍事技能，使人可以看出，要是法國的高階將領具備這些士兵的特質的話，開戰以來在法國的諸多戰役，將很可能是截然不同的結果。

德軍距離勝利只差臨門一腳而已，卻因為法軍的奮勇抵抗、疲於戰爭，以及對地形不甚熟悉等諸多因素，使他們裹足不前，不敢太接近法國守軍。不過，德軍信心十足地認為到了隔天白天以後，必定能輕易獲取勝利。因此當黑夜降臨時，又再度停止往前壓迫的行動。殘餘的法軍殿後部隊把握住此大好時機，悄悄地脫離戰線，朝著停泊船隻的港區前進。這些船隻將會把他們載離敦克爾克，使他們逃離戰死或遭俘的命運。

那個時候，已經有許多船隻從英國抵達敦克爾克，並且已經開始載運法軍待撤退人員。船員發現港區裡「到處都是成群的法國漁船和其他種類的船隻」，其中有些是停泊在東防波堤的。經過好言相勸之後，這些法國小船才答應駛離並且到西防波堤和碼頭載運官兵，如此大船才有空間可以停靠。這些載運較多待撤退人員的大船無法在其他的地點停泊。威克渥克對眼前的情景為之詫異。

阻塞的情形造成一片混亂，向後退的船隻撞到了往前航行的船隻。法國驅逐艦聲聲尖銳的船笛、小船到處亂竄，使得港口出口處變成最危險的地帶。

追撞和互撞的情形時有發生。殘骸堆積在港區裡。有些小船擱淺在西防波堤的尾端，要等到潮水高漲時才能脫困。太擁擠的情形也出現在防波堤上，現在只有一名年輕英國海軍少尉在該處擔任碼頭指揮官，他的任務就是儘可能地讓愈多的法軍登船愈好。

上帝請幫助我吧！等到這個夜晚結束時，我將因擔憂而白髮蒼蒼。首先，隨時都會有砲彈飛越上空並且在他們面前落地，這必須要再花至少三分鐘時間才能使他們再度往前移動。當敵軍的砲彈以每兩分鐘齊發的時候，他們就根本不能移動了。然後當他們抵達第一艘船艦的第一道梯口時，都試著想要一起登上這條船，因而導致全面大阻塞。沿著防波堤停靠的其他船艦，因沒有人登船而進退不得。假如有人對他們點出問題的話，就會被大聲叫罵地回應：「既然同單位一半以上的人員都已在這艘船上，其他的官兵也應一同登上……」在極其無奈的情況下，我只好採用半哄半強迫的方式。我把塊頭最大的那些水兵，安排在防波堤離登船口最近的那些船艦附近，然後把法國士兵一個接一個地沿著防坡堤把人「丟」散開去，但也會把團的編制給打散。另外一個方法就是先詢問他們屬於那個團，然後藉著大聲公：「第十團的」，結果就能快速帶領著他們沿著防波堤走到停泊在防波堤末端的船隻，使得整座防波堤都能供人員登船，這種情形也正是我們樂見其成的。

到了六月三日午夜，德軍從晚上起就停在距離港區還有兩英里處。在一片混亂和擁擠以及白天必須暫停行動的狀況下，當天還是撤走了二六、七四六名人員。這使得行動執行以來，撤走人數總計高達三一二、〇五一人。原本當初認為只能持續四十八小時的撤退行動，如今已將邁入第十天了。

第十天　行動中止

直到六月四日清晨兩點，也就是發電機作戰的最後一天，最後一批的殿後部隊從他們在前一晚抵擋住德軍的敦克爾克港區和郊區的防線，做最後一次往後撤了。從晚上開始，敵軍陣地就不斷有機關槍和步槍的射擊，但是零星和毫無特定攻擊目標。從這個跡象可以看出，敵軍的士兵和最後一批殿後部隊都同樣地極為疲累。只不過最後一批守軍非常清楚，一旦破曉時刻來臨，所有的撤退行動都將結束。這些法軍官兵不動聲色地穿越了敦克爾克市區的廢墟之後，又朝著港區的方向撤離。由於多佛總部接到報告指出，德軍魚雷艇在奧斯坦德不遠處的沿岸出沒，試圖攻擊救援船隻，皇家海軍因而提高警覺。但是最後一批法軍殿後部隊對此事一無所知。他們只知道自己將要登船。在不到一個小時，當他們穿過敦克爾克市區之後，將會有船隻在港區等候他們登船。

這些曾經守住最後一道防線，讓最後一批英軍和數千名法軍得以脫離的殿後部隊就要大失所望了。當他們穿越敦克爾克市區，抵達東防波堤準備要上船時，發現通道被先到的一大堆官兵給堵住了，這實在令他們難以想像。數以千計曾在敦克爾克和馬洛的地窖、廢墟裡害怕地躲藏了好幾天的法國士兵，得知德軍即將來犯之後，就不由自主地群聚起來，從藏匿的處所出現，要求優先登上救援船隻。他們是來自於各單位的殘兵敗將，其中大多數是屬於非作戰性質的支援性部隊。他們在和自己的單位失散之後，於很早之前就已經湧向敦克爾克，並且在當地尋覓了安全的藏身之處。這些突然出現而且數量龐大的殘兵敗將擠滿了通往防波堤的道路，他們形成了如同銅牆鐵壁般堅固的人牆阻擋了殿後部隊，使他們無法登上救援船隻。

他們實在沒有別的辦法可想，只能苦悶地眼睜睜看著，並且希望奇蹟出現，在天亮之前讓這一群毫不遵守秩序的士兵們能退讓出足夠的空間，好讓他們能搭上前來救援的船隻。可是，就在清晨的第一道曙光來臨之前，以及大多數的待撤退人員仍舊等待著的時候，最後的幾艘大船，其中包括頗受尊崇的英國司克利號（HMS Shikari, D85）驅逐艦，在只載運了一千名官兵的情形下，駛離敦克爾克港區。

黎明乍現之際，一些較小型的船隻繼續從港區載運數量不多的官兵。但大規模的撤退行動已經劃上了休止符。滯留的官兵不得不退回到敦克爾克市區，等候德軍的到來，其他人則留下來等船。

巴黎曾下達命令，要求阿布瑞爾海軍上將不能被德軍俘虜。在破曉之前，他連同勞倫斯、法格德，以及巴斯利米（Barthé lemy）等諸位將軍一齊動身前往英國。這些將領們在法國北部戰役即將步入尾聲之際曾經率軍進入戰場，試圖挽救法國軍隊的聲譽。當天早上，阿布瑞爾在多佛和雷姆賽商談，看看撤退行動是否能再多延長一晚，或許還能救出一些流落在敦克爾克的官兵。阿布瑞爾認為這只不過是多浪費時間和精力而已。他指出，依然還在敦克爾克等待撤退的官兵，已經沒有彈藥可用來阻擋敵軍的前進，若再嘗試進行撤退，將會使救援船隻陷入不必要的險境。

事實上在天剛亮不久，敦克爾克的市區和防波堤以東的沙灘已受到敵軍輕武器的攻擊。

……（皇家海軍其中一位最後離去的官兵說）到了我們要離去的時刻，德軍已經佔領了敦克爾克城大部份的地區……整座城鎮陷入巨大的火海之中，偶爾可看見一些遭砲彈摧毀的建築物矗立其間。

所有的抵抗皆已告終，使得德軍能夠迅速進入敦克爾克城區。德軍為了確保能掌握城區和港區，建立了許多關鍵的據點，以便在必要時採取更進一步的行動。毫無疑問，敦克爾克終將成為他們的佔領區。當早上來臨而撤退的最後階段已告終的時候，有位忙於投入撤退行動而沒來得及撤走、如今只得等待成為德軍俘虜的英軍救護車司機，對遭受摧殘過後的寂靜景象做了如此的描述。

現在一切都顯得那麼地沉靜無聲。受到摧毀的建築物只冒出了一縷煙，原本應該是美麗和清新的早上，卻看見港區內到處都是下沉的船隻。至於在外海的情形也一樣，一艘泰晤士河大型平底船的錨具沒有下沉而船在漂浮——碼頭、運河兩側，以及海灘附近都擠滿了各式船隻——許多遺體橫躺在沙灘上，淒涼的景象顯然已使人覺得一切都結束了。海軍已經離去。防空砲也已經離去。無線電卡車也被破壞，我們再也沒有任何希望了。

當天早上九點，被留下來擔任該地區法軍指揮官的布法羅利將軍（Beaufrére），和德軍攻擊部隊指揮官法德利克．卡爾．克倫茲中將（Friedrich-Carl Kranz）會面，商議安排在橋頭堡的三萬至四萬名法軍（沒有人知道確實數字）向德軍投降的事宜。納粹黨的「卍」字旗在敦克爾克市政廳高高升起。令人感到諷刺的是，當德軍在東防波堤升起了一面卍旗，並準備要接管他們的俘虜的時候，一些法國士兵還在東防波堤上排隊等待著要登船。

整個早上陸續不斷有各型船艦抵達英國南部海岸的港口。雖然濃密的大霧使得她們的航行倍增困難，但也由於是大霧的緣故，使她們航行於英吉利海峽時受到保護，免於來自空中的攻擊。在船上的乘客一一登岸之後，雷姆賽於當天早上十時三十分命令她們解編。軍艦接著就開始準備做好逐退可能來犯敵軍的相關工作，至於其他的民用船隻則回到英格蘭南部各地的母港。急迫、壓力、空襲、砲擊，再加上航行於滿是殘骸、淺灘、沙洲、水雷海域中的緊張情緒，如今在一瞬之間都結束了。對於那些在救援船隻上的水兵、船員來說，最後這一趟返抵的行程就如同威克渥克所言：「好像是從一場惡夢中驚醒一樣。」

當天下午二時二十三分，倫敦的海軍總部正式宣佈：「發電機作戰現在已經全部完成。」戰爭部的官方公報也指出：「可稱之為有史以來難度最高的發電機作戰之所以能夠如此成功，主要是歸因於同盟國部隊極為優異的作戰能力，縱使在最惡劣的環境中也能夠處變不驚和紀律嚴明；以及同盟國海軍的全力搶救與英國皇家空軍的英勇掩護。雖然我們的損失極為慘重，但是和幾天前看似無可避免的損失相互比較，卻顯得是那麼渺小而微不足道了。」

在發電機作戰的最後一天，總計有二六、一七五名官兵——其中幾乎全是法軍——從敦克爾克載抵英國。連同發電機作戰行動開始之前的幾天撤離的那些「暫時用不上」的官兵在內，最後總撤退人數高達三六四、六二八人，其中二二四、六八六名為英軍。幾天過後，有許多法國部隊再折返回去法國，試圖阻止希特勒的軍隊，要讓德軍無法將其祖國全部佔領，不過卻徒勞無功。由於原先幾乎快要被俘虜的英軍都能返抵家園，對於邱吉爾本人、位於倫敦的最高指揮部、以及英國民眾來說，都是一件令人感到寬慰的事情。

尾聲

假如一個由各軍種幕僚人員所組成的小組責令調查，一項在位於敵對的海岸，要將三十萬人從被敵機以及近距離的地面部隊威脅的港口、灘頭撤出來所要面對的難題，他們的結論很可能是非常悲觀的。根據所有已知的案例，這種撤退行動根本就不可能會實現的。

——一九四〇年六月十八日，皇家海軍報告

雖然被認為是不可能的，但還是有達成的可能性。那些從敦克爾克載運返抵家園的英軍在英國所受到的歡迎，就好像把他們當成是勝利返鄉的英雄，而不是一群被逼到死角必須救援的殘兵敗將。英國各地的報紙都熱烈地描述著英軍，在成就敦克爾克撤退行動當中所展現出的戰鬥技能與勇氣。不過，擺在眼前的事實是，英國才剛遭受一次重大的戰敗。邱吉爾對於事實知之甚詳，所以一直不肯授權鑄造動章給每一位從敦克爾克撤回英國的官兵。

其實也有不少英國人質疑，究竟有什麼值得歡呼喝采。六萬八千多名英國遠征軍不是陣亡，就是被俘、受傷，或是在執行任務時失蹤了，其中包括了在發電機作戰時因敵軍攻擊而陣亡或負傷的兩千多名士兵。傷亡人員的家屬已知道他們陣亡或負傷。有些則因為一直都沒有收到他們安全返家的消息，都擔心情況可能很不樂觀。

皇家空軍戰鬥機司令部在發電機作戰期間，總共損失了一百零六架戰鬥機和八十名飛行員。他們也因此緊急清點所有可供運用的資源，以便防範敵軍可能對英國本土的空中攻擊。皇家空軍轟炸機司令部損失了七十七架飛機。在參與發電機作戰的六百七十三艘英國船隻當中，二百二十六艘沉沒，其中包括六艘驅逐艦。另外還有十九艘驅逐艦戰損無法執勤。參與行動的其他同盟國的一百六十八艘船隻當中，也有十七艘被擊沉。英國陸軍絕大多數的重型武器裝備，包括各型戰車、戰防砲和重型大砲、六萬四千輛載具、幾達陸軍一半數量的機槍，以及五十萬公噸的彈藥儲量都遺留在法國。

英國遠征軍嘗到了浩劫的滋味。有許多人堅稱，雖然發生了那麼多狀況，但在當時的情況下，官兵們的表現應該是無愧於心，不應遭到責備。不過也有人認為，英軍被趕到海邊以及輕易就把責任推給法軍則是兩大不爭的事實。無可避免，總是會有人做事後諸葛，認為當初要是如何做就不會有如此下場；又或者是那些人該擔負起責任等等。一向心直口快的蒙哥馬利將軍認為，高特根本是個不適任的將領。在一次與帝國參謀總長狄爾將軍私下會面時，語氣堅定的說，某些軍官就是不適合擔任指揮官的工作。狄爾之後覺得自己有義務停止部隊裡的毀謗式傳言，因此對所有的師級指揮官發出一則訊息。

我知道英國遠征軍裡有一些指揮官對於其上司、同級軍官，以及基層軍官，在最近於法國和比利時的撤退行動中的表現多所批評。諸如此類的批評很可能會動搖陸軍各級指揮官的信心，尤其在目前這個時間點更是如此，我用不著強調，大家就自然能明白其所帶來的危險性。我希望各位能制止此種批評。指揮官或是參謀軍官若有任何過失，都以機密的形式經由適當的管道提出，而不是在私人的領域之間就加以討論。

經歷過敦克爾克大撤退那些驚恐過程的官兵，有些人也許要花一段長久的時間，情緒才能恢復平穩。他們當中有許多曾親眼目睹同袍被殺害，或者是自己也幾近被殺。許多人無法輕易忘記遭遇俯衝轟炸攻擊和砲彈的猛烈攻擊，以及救援船隻爆炸後在水中掙扎的恐怖景象。其中有些人自此之後好長一段時間，都時常做惡夢。有些人極力想忘卻從沙灘撤退時，因犧牲了自己的同袍而讓自己獲救的罪惡感，有的甚至一直都無法原諒自己。他們不僅自己曾親身經歷戰爭，也被戰爭所困惑、驚嚇、凌辱。其中有許多人返回英國之後，自我退縮達數星期甚至數月之久，他們看起來神情茫然，很少說話。有些不明事理的報紙竟然指稱，那些返抵家園的士兵所最需要的是「在啤酒屋裡狂飲一番」。捏造出這種歪曲事實的人士，根本就不知道英國遠征軍曾遭受過那些苦難。

雖然如此，軍隊的士氣整體上來說比原先所預期的要好很多。國家正遭到空前的威脅，舉國上下都充滿著準備擊退來犯敵軍的氣氛。不可諱言，還是有很多人對未來感到擔憂。雖然英國民眾和領導階層都對即將發生的感到憂心，但是受到英國遠征軍順利撤回的高漲士氣影響，他們也都信心十足地認為，不論將遇到什麼樣的難題，最後一切終將迎刃而解。這或許可以稱之為敦克爾克精神：不論多麼地艱難，也不論所將經歷的蕭瑟道路多麼地可怕，最後終將獲得勝利。最重要的實際效果，就是戰鬥機司令部相信了他們自己宣稱的誇大擊落數量，反而在作戰的過程中萌生信心。即使遭受慘痛的損失，但是和德軍的空中武力相較還是不相上下，特別是皇家空軍在不久之後，還要捍衛的英國領空。

平心靜氣而論，就整體而言，英國整個國家的未來並不全然是充滿了光明的遠景。法國即將被迫投降，英國非常清楚，到時候他們將獨自對抗擁有更為精良武器裝備，正在距離二十英里的英吉利海峽對岸蓄勢待發的納粹部隊。德國空軍已經佔據了幾個重要的機場，只消幾分鐘的時間，戰機就能輕易地飛抵英國海岸。雖然英國對於最後的結局充滿了信心，但還是焦慮地等待著來自空中的死亡攻擊以及來自海岸的冷酷摧殘。

假若當時發電機作戰失敗，邱吉爾的政治生命將就此結束。下議院在發電機作戰結束才幾個小時之後，就群聚一堂開會，此時正是邱吉爾要向大眾就整個局勢做報告的時刻。他坦承，有一段時候曾經認為「英國部隊的根基、核心，以及中樞即將在戰場上消逝，或是即將因飢餓而不光榮的被俘。」他絕對不會讓自己的民眾自欺欺人地認為，英國遠征軍原本很可能被全數殲滅的情況下成功地被救援，可以把他看成是已經獲得了一場勝利。他公開宣稱：「光是撤退並不能贏得戰爭。」他絕不容許因為英國軍隊獲救，而使民眾忘卻國家仍需面對的重大威脅。

不過，他倒真的運用發電機作戰裡所取得的成就，提升對於贏取最後勝利的信心，使英國大眾因而瞭解，不論將會面對何種困難險阻，勝利終將屬於英國。邱吉爾在如今已成為現代史上最令人印象深刻的公開演說中，呼籲英國大眾堅定地抵抗納粹德國。

即使歐洲的大部分地區和許多古老著名的國家已落入或將要落入蓋世太保以及可惡的納粹黨的手中，我們絕對不會退縮，更不會落敗。我們將繼續地奮戰到底。我們將在法國作戰，我們將在海上作戰，我們將以日益增強的信心和軍力與敵軍在空中戰鬥，我們將保衛我們的島嶼，不論所需付出的代價如何。我們將在沙灘上作戰，我們將在登陸地點作戰，我們將在曠野和街道上作戰，我們將在山丘上作戰。我們絕對不會投降，即使這一座島嶼或是其大部分的地區被征服；就目前的情況看來，我不相信這會成為事實。我們大英帝國駐守在海外國土的艦隊將繼續和敵軍戰鬥，直到上帝應允的時間到來。到了那個時候，新世界運用其武力，將站出來援救古老的世界。

在接下來的幾個星期，邱吉爾都能夠運用他自己獨特的人格特質，使得國會、外交部，以及戰爭部都不再質疑他在英國處於如此極度危急的時刻中，是否具有領導英國的能力。邱吉爾作為敦克爾克精神最為顯著的倡導者，即使在幾個星期之前那些還對於他的能力幾盡輕蔑的人士，在敦克爾克大撤退成功之後，也都不約而同地把他當做英雄看待。如同那些疲憊、饑餓的英國大兵，焦慮地從敦克爾克的海灘和東防波堤遙望著遠處的海面等著登船；邱吉爾和那些英國大兵一樣，因為發電機作戰而被解救，他們還要帶領英國遠離戰敗的邊緣。

結語

當發電機作戰最後一批救援船隻抵達英國港口時，德國陸軍總部聲稱，其部隊在法國北部和比利時的勝利，將「成為戰爭史上最偉大的殲滅戰役」。希特勒更據此大肆吹噓自己的部隊獲得空前的大勝。在不到一個月的時間，不但英軍被趕出歐洲大陸，法國也搖搖欲墜即將投降。不過，希特勒並不知道，未來還有更多、更大規模的勝利會出現。但是，希特勒非但不應該因此而感到得意忘形，反而要感到沮喪才對。英國遠征軍成功地從敦克爾克撤退，是導致他的軍隊戰敗、他的納粹帝國瓦解，以及五年之後他自殺的首要原因。敦克爾克大撤退是納粹帝國毀滅的開始。

在任何勢均力敵的情況當中，「假如」和「但是」是令人感到不甚愉快的兩個因素。不過，從先前所發生的，以及接下來將要發生的看來，可以合理地找出造成另外一個全然不同結果的諸多因素。假如希特勒沒有下令他的裝甲部隊在運河防線停止前進達三天之久；假如高特沒有自作主張將英國遠征軍撤退到法國沿岸；假如英吉利海峽的氣候如同往常般刮起大風大浪；又或者，假如沒有皇家海軍和皇家空軍前往協助執行大撤退的計劃等等。

在希特勒得知英國遠征軍已經從敦克爾克抽身，以及英國還擁有一支軍隊之前，他自信滿滿地告訴他的一位高級將領，他預期英國將會「明智地簽署和平條約」，而到時候他就能夠將心力轉移到征服蘇聯的作戰。當法國被迫投降之後，這位德國的獨裁者還是經由許多中間人向英國傳達停戰的提案。假如發電機作戰是徹底失敗的結果，絕大部分的士兵被德軍俘獲的英國，就不得不認真考慮希特勒所提出的那些停戰條件了。

由於邱吉爾意志非常堅定，甚至都不考慮和志得意滿的納粹德國簽訂不會喪權辱國的停戰協定，還因此而激怒了哈利法克斯。在倫敦的一些資深政治人士也認為，或許可以簽訂尚可接受的停戰協定，如此一來英國就不致於遭受如同德國空軍所宣稱的威脅那樣，將造成傷亡和摧毀。這些資深政治人士和無數的英國男女都試圖尋找一個使英國不再陷入戰爭的方法。這些英國人相當擔心二十五萬名英國年輕人的命運，深怕他們會成為德軍的俘虜。

當初被挑選擔任英國首相，希望能帶領英國在戰爭中獲勝的邱吉爾於就任之後的幾個星期，極可能會引領英國人民打一場英國歷史上最具毀滅性的敗戰。果真如此，他的首相職位必將不保。由於許多重要人士對於他的領導能力多所批評，使得他很可能會被迫下台。假如不可能在戰爭中取得勝利，而敵軍蹂躪的腳步又日益迫近，再加上一般民眾又施壓要求無論如何必須接受希特勒所提的「不喪權辱國」停戰條件，那英國政府幾乎不可能會有任何的抵抗了。

假如英國在這個階段退出戰局，那將造成蘇聯和美國的情況在基本上發生重大的改變。就蘇聯來說，結果將變得非常可怕。德軍在不列顛戰役中雖曾試圖掌控英國的領空，卻未能如願。要是英國退出戰局，根本就不可能發生不列顛戰役。這場歷史性戰役，在發電機作戰結束後的第六個星期發生。德國空軍在此戰中不但損失了一、八八二架戰機，也失去了大多數作戰經驗非常豐富的戰鬥機與轟炸機飛行員。假如沒有遭受到上述那些重大損失，希特勒隔年六月對蘇聯發動閃擊戰時，至少可以多擁有九五一架以上的戰機供其運用。

除此之外，要是英國退出戰局，希特勒就用不著為了對付英軍而必須部署軍隊在大西洋長城（Atlantic Wall）、西歐的其他地區、埃及西部的大沙漠地區，以及利比亞等地。如此一來，他將可多部署高達四十個師以上的部隊來與俄國作戰。即使沒有上述那些可望多出來的師級部隊和戰機，德國軍隊在入侵俄國的前四個月當中，就已經俘虜了大約三百萬的蘇聯戰俘。在最初的五個月時間，德軍佔領了全蘇聯百分之四十人口所居住的地方。德軍在冬季來臨之前，不僅已摧毀了莫斯科城的外圍防線，而且也使蘇聯政府覺得有必要執行棄城的行動。

假如德軍用不著派遣一些部隊和從敦克爾克撤退後整軍經武的英軍對抗，即使蘇聯擁有再多的後備部隊，那也將是不足為懼。德軍大可以在一九四一年五月初就對俄國實施入侵行動，而用不著等到六月底。同時也可以在季節變換之前佔領更多的土地，莫斯科也就很可能早已被佔領。甚至列寧格勒也可能臣服於德軍。這樣歷史上預告納粹德國將走向毀滅的道路、著名的史達林格勒「冬季風暴作戰」的結果也將可能大為改觀。

在德軍入侵蘇聯的第一個冬季，美國開始奮力運送必要的補給和裝備給蘇聯，希望能協助他們阻擋德軍的前進，並且轉為對德軍採取攻勢。要是敦克爾克撤退行動失敗並使英國被迫退出戰局，美國很可能還是會堅守著先前那種不捲入歐戰的信念。根據國務卿赫爾的看法：「假如我們對於英國繼續奮戰到底的決心還存有絲毫質疑的話，我們是不會採取措施對其提供物資方面的援助。」假如不對英國提供援助，當然就更不可能對由共產黨所統治的蘇聯提供援助。但這並不意謂著蘇聯這個世上最大的國家必然會遭到德軍的摧毀。不過，若美國沒有伸出援手，那不但很可能改變戰爭的結局，而且也可能使戰後的蘇聯發生重大變革。

法國在英國遠征軍被救出後的第三個星期就淪陷了。這使美國非常震驚。然而，敦克爾克精神的充分發揮以及英國展現出奮勇抵抗納粹德國的決心，贏得了大西洋對岸的美國人的讚賞、同情，以及支持。在發電機作戰結束後隔日，《華盛頓明星晚報》（*Washington Evening Star*）反映了美國政府和一般大眾的看法：「由於攸關我們國家的安危，因此我們必須立即解除對於同盟國的物資援助之禁令。」才不過幾天，財政部長莫根索私底下向一位官員透露：「我們正盡最大的努力來提供武器給予同盟國，不論合法或不合法。」自此之後，為了阻擋納粹使其無法掌控西方世界，美國已經不得不直接介入戰爭了。

衡諸歷史上發生過的各個事件，沒有一個歷史事件能夠像敦克爾克大撤退這樣，在短短幾天的時間之內，不但所有的禍害和陰謀都被擊退、逆轉，最後還能夠徹底改變世界歷史的趨勢、格局。

謝誌

感謝許多人在我們撰寫本書的時候所提供的寶貴協助。他們包括了敦克爾克退伍軍人協會的秘書長哈洛德・羅賓森（Harold Robinson），他提供了廣博且具啟發性的建議。至於在倫敦時對我們提供相關資料協助的，則包括了以下幾個單位的工作人員——帝國戰爭博物館文件與書籍部、大英博物館的英國圖書館、倫敦圖書館、科林戴爾（Colindale）剪報資料館、位於格林威治的海洋博物館檔案部、位於基佑（Kew）的公眾紀錄辦公室、位於萬茲渥斯（Wandsworth）公立圖書館西丘分館（West Hill Branch）的經常被忽略但卻擁有絕佳資料的特殊收藏部，以及位於契爾西亞（Chelsea）國立軍事博物館的閱覽室。此外，位於華盛頓特區的國家檔案局軍事參考部，以及位於紐約海德公園的佛蘭克林・羅斯福圖書館之工作人員也提供不少協助。非常感謝位於倫敦的國防部空戰歷史館之艾瑞克・孟岱（Eric Munday）、皇家海軍歷史館之保羅・麥爾頓（Paul Melton），以及英國傳統博物館的史考特（K. W. Scott）等人提供在位於多佛絕壁的發電機作戰總部所發現的一些遺物與遺稿。

尤其要感謝的是敦克爾克大撤退中的生還者，其中包括了在一九八八年五月隨同敦克爾克退伍軍人協會再度造訪敦克爾克期間所認識的老兵，他們好心地允許我探索其所記憶的事件，甚至還將個人的日記、信件、照片，以及其他未出版的資料借給我或是拿給我參考。我特別要感謝約翰・艾格特（John Agate）、史丹利・艾倫（Stanley Allen）、約翰・卡本特將軍（General John Carpenter）、西得・道得（Sid Dodd）、詹姆士・艾爾斯（James Else）、法利（F. R. Farley）、哈利・詹德斯（Harry Genders）、萊斯利・金士堡（Leslie Ginsburg）、湯姆・葛利菲絲（Tom Griffiths）、派屈克・漢那西（Patrick Hennessy）、亞瑟・哈普肯斯（Arthur Hopkins）、威廉・克爾蕭教授（Professor William Kershaw）、李查・梅考克（Richard Maycock）、李查・麥瑞特少校（Major Richard Merrit）、史坦利・奈特爾指揮官（Commander Stanley Nettle）、湯姆・諾依斯（Tom Noyce）、厄尼斯特・李查茲（Ernest Richards）、維克多・史洛特（Victor Slaughter）、法蘭克・塔布洛爾（Frank Tadrar）、西瑞爾・湯普森（Cyril Thompson）、亞伯特・懷特（Albert White）、伯納德・懷亭少校（Major Bernard Whiting）、艾斯頓・韋德將軍（General Ashton Wade），以及比爾・渥威克（Bill Warwick）。

我非常感激皇家威爾斯燧發槍團（Royal Welch Fusiliers）的麥可・伯克罕中將（Lietenant General Michael Burkham），他不但誠摯地審閱本書的草稿，而且還提供了極具建設性的看法，若是本書還有任何錯誤，請原諒本的人不察。

我最感謝的是我的妻子芭芭拉的建議和精神上的支持。

敦克爾克奇蹟

Dunkirk: The Complete Story of The First Step In The Defeat of Hitler

作者　諾曼・格爾伯 (Norman Gelb)
譯者　張佩傑
總編輯　富察
責任編輯　區肇威
企劃　蔡慧華、趙凰佑
封面設計　薛偉成
排版　宸遠彩藝

社長　郭重興
發行人兼出版總監　曾大福
出版發行　八旗文化／遠足文化事業股份有限公司
地址　(二三一) 新北市新店區民權路一〇八－二號九樓
電話　(〇二) 二二一八－一四一七
傳真　(〇二) 八六六七－一〇六五
客服專線　〇八〇〇－二二一－〇二九
信箱　gusa0601@gmail.com
Facebook　facebook.com/gusapublishing
Blog　gusapublishing.blogspot.com

法律顧問　華洋法律事務所 蘇文生律師
印刷　成陽印刷股份有限公司

初版一刷　二〇一七年六月
初版二刷　二〇一七年六月
定價　三八〇元

國家圖書館出版品預行編目 (CIP) 資料

敦克爾克奇蹟
諾曼 . 格爾伯 (Norman Gelb) 著 ; 張佩傑譯
-- 初版 . -- 新北市 : 八旗文化 , 遠足文化 , 2017.06
320 面 ; 17 × 22 公分
譯自 : Dunkirk : the complete story of the first step in the defeat of Hitler
ISBN 978-986-94572-0-0 (平裝)

1. 第二次世界大戰　2. 戰役

712.843　　106003573